未来教育对话

李咏梅 刘 超 主编

清华大学出版社
北京

内 容 简 介

本书汇集和探讨了全球化新技术下的高等教育、通识教育的融合与发展、产业经济与工程教育的互动及教育创新推动社会进步等主题。通过北京大学"大变局下未来教育与可持续发展"未来教育论坛观点碰撞和系列教育对话,期望挖掘和提炼数字经济时代背景下未来教育发展的重要方向及有效实践。通过观点的分享和启迪,读者可能会更清晰认识到教育发展中的不同维度,也能认识到 21 世纪人才需要的能力类型,以及创新人才培养的重要方向。书中提及的未来教育模式、中国基础教育 K12 阶段的教育改革、欧林工学院教育创新模式、"终身教育"模式、人才联合培养模式及中国教育体制创新等,都为未来教育改革提供了参考和实践启示。教育学者关于中国顶尖研究型高校大学生学习动机、中国一流大学建设和高等教育与国家的关系、大学生能力水平及增值的国际比较等问题的实证研究,一线教授关于本科生培养认识与思考的话题,足以引起大学教育与管理者的省思。

本书读者对象包括高校教师、教育研究者、大学管理干部及政府相关人员。

版权所有,侵权必究。举报: 010-62782989, beiqinquan@tup.tsinghua.edu.cn。

图书在版编目(CIP)数据

未来教育对话 / 李咏梅,刘超主编 . —北京:清华大学出版社,2024.2(2025.6 重印)
ISBN 978-7-302-65623-4

Ⅰ.①未… Ⅱ.①李… ②刘… Ⅲ.①教育研究-中国 Ⅳ.① G52

中国国家版本馆 CIP 数据核字 (2024) 第 048250 号

责任编辑: 王巧珍
封面设计: 傅瑞学
版式设计: 方加青
责任校对: 王凤芝
责任印制: 沈 露

出版发行:清华大学出版社
    网　　址:https://www.tup.com.cn, https://www.wqxuetang.com
    地　　址:北京清华大学学研大厦 A 座　　邮　编:100084
    社 总 机:010-83470000　　　　　　　　邮　购:010-62786544
    投稿与读者服务:010-62776969, c-service@tup.tsinghua.edu.cn
    质 量 反 馈:010-62772015, zhiliang@tup.tsinghua.edu.cn
印 装 者:涿州市般润文化传播有限公司
经　　销:全国新华书店
开　　本:155mm×230mm　　印　张:17　　字　数:219 千字
版　　次:2024 年 3 月第 1 版　　印　次:2025 年 6 月第 3 次印刷
定　　价:138.00 元

产品编号:104362-02

前　言

我们正处在一个变化的时代。信息技术的快速发展改变了人们的生活、学习和工作方式，智能技术的突破性进展也将改变社会对各类人才的需求。我们的教育应当做出改变。但是，目前的教育研究更多地侧重学理，对中国和世界的教育与办学实践的研究和总结不足。2019 年 1 月，北京大学未来教育管理研究中心（以下简称中心）建立时，我们提出"问题导向、跨界协同、知行合一、共创未来"的理念。中心的目标是形成科学务实、面向未来的教育共识性文件，努力成为具有全球品牌效应的教育交流平台，成为具有全球影响力的中国教育智库。中心希望动员和汇聚各学科领域的学者和关心教育的社会人士，从实践出发，针对中国大学发展中的关键问题，总结国内外优秀大学的教育和办学经验，揭示大学发展的内在规律，对其本质有清晰的认识，得出符合实际、能够指导实践的理论和方案，帮助推动中国大学的发展，使中国的高等教育进入世界前列。

在中国工程院的支持下，中心承担了战略咨询项目"世界顶级工学院建设的战略研究"。2020 年 1 月 8 日，中心举办了"2020 未来教育论坛"与"未来·教育·对话"讲座沙龙。在未来教育论坛上，来自国内外的高等教育管理者、教育研究专家、教育行业同人、教育未来发展产业实践者共计 450 人参会，其中包含外方代表 5 人。第一天的大会上，23 位嘉宾聚焦四个主题进行观点和实践分享，包括全球化新技术下通识教育和专业教育的融合与发展、产业经济与工程教育的互动及教育创新推动社会进步等。基于特定视角，他们从不同国家、不同学校、不同领域进行研究，为未来教育提供创新方法、实践探索与解决方案，引导教育工作者从未来去反思现在的平台与契机，得到与会者的一致认可。

"2020未来教育论坛"第二天举行了小型闭门会议，包括北京大学原校长、未来教育管理研究中心主任林建华，欧林工学院院长理查德·米勒（Richard Miller），上海纽约大学副校长杰弗里·雷蒙（Jeffery S. Raymond），新加坡国立大学副教务长梁慧思等在内的顶级学者与嘉宾分享了对未来教育的洞察及发展建议。他们探讨了未来教育模式、中国基础教育K12阶段的教育改革、欧林工学院教育创新模式、"终身教育"模式、人才联合培养模式及中国教育体制创新等，这为发展未来教育提供了很好的思想观点与实践指引。

在"未来·教育·对话"讲座沙龙环节，中心组织邀请了国内外的专家学者和业界人士，共同研究探讨大学教育面临的挑战和机遇，拓展大学管理者的视野。在系列对话中，每一期都邀请相关主题领域的教育专家和学者，对相关问题的缘起、发展进行深度交流和分享，其中有4期的主题引发了广泛思考和讨论。如专家学者探讨了中国一流大学学生学习动机的发展及其影响、为什么中国高等教育能够容忍如此巨大的分化，交流了本科教育教学过程中的经验，以及大学生能力水平及增值的国际比较等问题。未来教育论坛和教育对话相关主题的分享与交流，为我们理解教育、思考设计世界顶级工学院顶层战略提供了深度洞见和重要参考。

本书的目的在于启迪智慧，启发读者对未来教育的思考，也激发政府、学校、科研机构及其他人才培养机构对创新教育实践的改革探索。通过教育论坛观点碰撞和系列教育对话，我们期望探寻数字经济时代未来教育发展的重要方向，挖掘和提炼体现未来发展要求的有效教育实践。通过观点的分享和启迪，读者可能会更清晰地认识到教育发展中的不同维度，认识到21世纪人才需要的能力类型及创新人才培养的重要方向。在本书中，我们将分别详细展示"2020未来教育论坛"及"未来·教育·对话"讲座沙龙各专家学者的观点、见解，以供读者品鉴。

目　　录

第一部分　观点碰撞与思想启迪 / 1

林建华：今天的教育决定国家的未来 / 5
吴朝晖：全球科教变革与创新型大学建设 / 13
高松：华南理工大学的产业领袖培养 / 17
李培根：教育要因应人的存在形式而改变 / 22
理查德·米勒：重塑21世纪工程教育 / 25
宋志平：我的企业管理教育历程 / 32
王旭东：当紫禁城遇上敦煌 / 37
席酉民：我们的教育与管理实验 / 45
李猛：建设自由学习的共同体 / 53
杰弗里·雷蒙：博雅教育，如何应对新时代的网络文化？ / 58
饶毅：医学教育应根据科学研究的发展前沿来进行改革 / 63
张宗益：面向未来的工程教育模式探索与实践 / 67
梁慧思：VUCA时代，新加坡国立大学的教学模式创新 / 72
玛利亚·柯罗：这所美国毕业生薪资最高的大学是如何让学生爱上学习的？ / 76
唐士其：专业教育培养的是专家，通识教育培养的是人 / 81
顾佩华：新工业革命与新工科教育范式：机遇与挑战 / 85
邬大光：大学治理——从经验到科学 / 91

第二部分　专家对话　/ 95

　　教育专家共话教育改革与社会发展　/ 97

　　未来教育：研讨与展望　/ 106

第三部分　主题报告　/ 153

　　朱红：中国顶尖研究型高校本科生学习动机的发展及其影响　/ 157

　　王蓉、周森、杨钋：为什么中国高等教育能够容忍如此巨大的分化——高等教育与国家：理论的迷思与现实的观察　/ 179

　　裴坚：大学教育要避免把"大一"变"高四"——一个教书匠的非专业体会　/ 225

　　马莉萍：大学生能力水平及增值的国际比较　/ 245

　　结语　/ 262

第一部分　观点碰撞与思想启迪

教育不仅有社会、政治、文化功能，促进社会进步和秩序建立，还有个体功能，帮助个人实现自由发展与能力提升。高等教育是教育中非常重要的一部分。现代大学教育源自西方，在中国只有100多年的历史。我们先是借鉴了欧美高等教育的经验，后又根据苏联教育进行改造升级。在中国特色社会主义理论体系引领下，我国高等教育培养了大批经济建设、社会发展的各类人才。中国高等教育经历过挫折和复兴，随着国家的发展变革，逐步实现了内涵式、跨越式发展。在数字经济新时代，高等教育承载了新的使命和功能，面临巨大挑战，需要努力实现习近平总书记提出的"四个服务"[①]，探索中国特色社会主义高等教育发展方法论。

当今世界处于百年未有之大变局中，科技革命、全球政治与商业模式、新冠疫情等让世界发生了深刻的变化。特别是数字技术的发展，既重构了生产生活方式，也给教育领域带来了巨大的冲击和挑战。欧盟发布了《数字教育行动计划（2021—2027年）》，明确指出，要运用数字技术开展教与学，培养学习者的数字能力，同时要促进高性能的数字教育生态系统形成。为此，欧盟将专门建立"欧洲数字教育中心"。学者们发现，未来教育要充分考虑技术带来的颠覆性影响，促进技术世界与现实社会的融合共生；要革新与重构传统课堂，更要重塑教育理念与认知。

教育论坛和教育会议成为专家学者进行教育改革探索的重要阵地，以及主张和传播教育思想观点的重要渠道。如联合国教科文组织与中国教育部连续两年（2019年、2020年）共同举办国际人工智能与教育会议，探索全球教育的未来发展之路，形成共识文件并推动了智能技术与教育的创新融合。亚洲教育论坛则作为享誉海内外的

---

① 2016年12月7~8日举行的全国高校思想政治工作会议上，习近平总书记指出，我国高等教育发展方向要同我国发展的现实目标和未来方向紧密联系在一起，为人民服务，为中国共产党治国理政服务，为巩固和发展中国特色社会主义现代化制度服务，为改革开放和社会主义现代化建设服务。

重要交流平台，不断共享先进教育创新发展经验、共谋未来教育发展方向。大学校长全球论坛[①]上，来自世界各地的专家学者、产业代表等共同展望大学未来发展的愿景与新使命，探讨大学变革的前景和挑战，探寻更开放、更融合和更具韧性的大学发展路径等。这些论坛和会议使得创新或有效的教育理念、实践得以彰显，如在大学校长全球论坛上，大多数校长认为，疫情使得全球学校更有机会构建开放的、跨边界的共同体网络，这也是对未来教育发展方向的一个共识。

  为了更好地理解未来教育，守正创新，北京大学未来教育管理研究中心举办了"大变局下的未来教育与可持续发展"未来教育论坛暨未来教育管理研究中心正式成立大会。全国人大常委会原副委员长、全国政协原副主席韩启德在会上表示，新中国的教育取得了举世瞩目的成就，大学教育也成了大众的教育，然而我们现在需要依靠非常有创新的、有突破性的、有颠覆性发明创造的科学家和其他各方面的人才来支撑国家发展。如何构建未来教育，如何坚持教育的初心，如何让受教育者树立信仰、完善人格、建构整体知识体系和终身学习，如何找到未来教育发展之路，这是值得深入探讨的话题。在未来教育论坛的嘉宾主题分享部分，我们请来了有代表性的大学的校长与专家学者分享他们对教育的思考。本书基本保留了嘉宾的演讲内容，包括嘉宾自身的经历与学习调整等，相对完整、清晰地展示了嘉宾理解教育的知识背景与认知逻辑。从客观中立的角度看待学者的不同思想观点，有助于开阔眼界，厘清未来教育发展的重要方向。接下来，我们将分享嘉宾的主要思想和观点，以飨读者。

[①] 2021年，大学校长全球论坛全体大会在清华大学举办。来自全球330多所大学，77家国际组织、学术机构、大学联盟、产业界的代表超过500人在线参会，来自中国70所大学和62所中学及清华大学师生等300人现场参会。

林建华[①]：今天的教育决定国家的未来

> **导读**：在"2020未来教育论坛暨北京大学未来教育管理研究中心成立大会"上，北京大学原校长、未来教育管理研究中心创始主任林建华发表了题为"今天的教育决定国家的未来"的主旨演讲。林建华教授认为，教育改革必须建立在广泛共识的基础上。在演讲中，他提出了五个共识：敬畏教育才能办好教育；教育要以人的全面成长为中心；关注"知识"之外，还需关注"常识、见识、胆识"；释放学生潜能才是成功教育的真谛；大学要打开边界。本文根据演讲内容整理。

改革开放以来，我们国家高等教育的基础条件、教育规模、学术队伍、学术影响力等方面都有了很大变化。但是，我们在最核心的人才培养方面的进步并不明显。一方面，高层次学术人才仍然倚重国外；另一方面，整体质量不高，还不能满足社会公众的期望和国家经济社会发展的需要。在未来的世界中，知识会越来越重要，人才将会是国家竞争力的核心，今天的教育将决定国家的未来。我们必须下定决心，改革教育，提高人才培养质量。

人们总是喜欢走在熟悉和舒适的道路上，即使它只会带我们走向平庸。大学的教育改革是一件典型的费力不讨好的事情，既不能在短期内提高学校排名，也不会立即取得"双一流"建设成效。因此，对教育改革，学校并没有很强的内在动力。

最近，教育部提出"以本为本"，营造出了变革教育的良好氛围，这对大学改革是一次推动。但教育改革毕竟是一项复杂的系统工程，各学校要根据各自的定位和特点，建立各具特色的人才培养

[①] 林建华，现任中国老教授协会会长。曾任北京大学、浙江大学、重庆大学校长，第十三届全国人大常委会委员、全国人大外事委员会副主任委员。

体系。因此，我们不能躺在舒适区，不能"等、靠、要"，而要树立危机和责任意识，把危机意识传递给院系和教师，让大家都行动起来。

尽管每个大学的情况很不一样，但高等教育还是有一些基本规律的，这些规律决定了教育改革的方向和所应遵循的一些基本原则。在实践中，我们不是简单地把改革任务下达给院系和教师，而是把改革的方向和理念告诉大家，调动院系和教师的主动性、创造性，由他们设计培养方案和教学计划。因此，我们需要总结和阐明教育的这些基本原则。在这里，我仅从教育观念方面分享一些思考。

教育是一个很特殊的、面向未来也决定未来的事业。不论我们的意愿如何，各个领域的未来领导者正漫步在我们的校园中。我们今天给予他们的知识、素养、品行和能力，将影响国家乃至世界的命运；无论我们喜欢与否，今天的大学也许就是未来社会的缩影。

我们今天的校园文化氛围，是严谨沉稳还是功利浮躁，是开诚布公还是虚与委蛇，是刚正不阿还是阿谀奉承，将会熔铸于学生的心中，影响他们的行为和判断。我们今天的价值追求，是卓越还是平庸，是胸怀天下还是精致利己，是诚信还是虚伪，将影响他们的人生。今天大学校园的文化，必将从不同侧面影响我们未来的社会风尚和国运。今天的大学绝不止于教育，而是在塑造国家、民族甚至人类的未来。

作为教育工作者，我们应当认清自己肩负的责任。我们建立的第一个共识应当是，只有敬畏教育、热爱教育，才能办好教育，才能真正担负起教育的责任。我们应当清楚，教师的言谈举止、学校的每项政策决定，都反映了我们的价值取向，都会在学生心里留下印记。我们的职责是立德树人，学校不能因社会上的各种评价和压力而随波逐流，忘记自己的初心和使命。教师也不能因个人得失而荒疏了教书育人。我们的共同使命是抵御浮躁和各种不良风气，坚守真善美，传播人文精神和大爱情怀，帮助学生唤醒内在潜能，使他们成为具有健全人格、全面发展的人。

敬畏教育，就要敬畏教育规律。随着教育的普及和知识水平的提高，人们对教育有了更多的体会和理解，有一些人甚至认为不再需要教育学专家了，或者认为人人都是专家了。这种认识显然是很片面的。人的成长是有规律的，人的培养是有规律的，办学也是有规律的。实际上，我们对教育规律的认识和把握也不是一帆风顺的。改革开放以来，很多学校的教育改革都经历了很多探索和尝试，其中不乏失败甚至反复。直到今天，我们也不能说已经把握了中国高等教育的规律。我们应当以开放的心态，认真研究、虚心学习，要鼓励学校和教师根据学校实际，探索中国高等教育改革发展的道路，千万不能照葫芦画瓢、反复无常。只有尊重规律、敬畏规律、按规律办事，才能真正办好中国的高等教育。

总体来看，我们的大学教育仍然以专业知识的传授为中心，重专业知识和技能、轻人的全面素养。这种观念始于20世纪50年代。当时，国家工业化、现代化任务紧迫，各类专门人才极度缺乏，采取这样的教育方式可以迅速弥补人才缺口。但我们也应当清醒地认识到，这是一种短期的带有很强功利色彩的教育模式。

进入新时期，教育和高等教育的外部环境与目标任务都发生了巨大变化，学生的素养和能力成为驾驭未来的创造力。因此，我们要建立的第二个共识是，教育一定要以人的全面成长为中心。以人的全面成长为中心，首先是要把学生当作人而不是工具。作为人，除了专业技能，更需要懂得人性中的守望相助，懂得利他、大爱与关怀，这不仅会影响周围的人，也将影响家庭幸福，影响事业和成就。在本科阶段，我们不应先入为主地把自认为重要的专业知识都灌输给学生，以为这样就可以塑造拔尖创新人才。与应试教育一样，这种急功近利的工具性理念是有百害而无一利的，不仅会限制学生的想象力和创造力，也会因缺乏价值判断和人文素养的根基，使他们的未来失去飞得更高、走得更远的可能性。

以人的全面成长为中心，大学不仅要给予学生更合理的知识结构，还应当使他们了解人类文明的精髓和发展历程，具备艺术审美、道德推理、科学分析和跨文化思考的能力。人们已经广泛注意到，在科学和技术快速发展的今天，缺乏人文情怀的"技术至上"，会使我们误入歧途；而完全无视科学技术的"人文主义"，也很难认清人类未来的价值主张。

目前，世界高等教育更加注重人的全面成长，更加注重通识教育与专业教育的融合。例如，加州理工学院、斯坦福大学等以理工见长的学校，人文社会科学的课程已经超过1/4，而很多以通识教育为主的博雅学院也开始关注学生的科学素养教育。有人曾讲，教育就是试图用一个新的、更加开放的头脑，去代替原有的空洞和封闭的头脑。知识可以使人的头脑更充实，但当我们灌输固化了的或碎片化的知识时，得到的可能是一个被充满但封闭了的头脑。因此也有人讲，更大的危害不是没有接受过高等教育，而是过于狭窄的知识结构、僵化的教育模式和过度的制约规训，使人的头脑更加封闭和僵化。因此，我们需要建立的第三个共识是，不仅要关注"知识"，还要关注"常识、见识、胆识"。

好的教育能使人"因真理而自由"，差的教育也会使人"因知识而羁绊"。"常识"是人们在生活中积累总结的一些基本认识，不仅仅是你知道什么，而是你的内心要相信、信仰和坚守什么。"见识"是综合连接和运用各种知识，对事物进行判断的能力。"胆识"虽表现为勇气和执行力，更内在的是对见识和目标的高度自信，这是需要经过磨炼甚至经历苦难才能培养出来的品质。

我们要有意识地培育学生综合运用所学知识，发现、辨析和解决问题的能力，使学生逐步养成独立思考的习惯，使他们更有见识；

也要努力营造更多实际场景，在实践中增长才干、磨炼意志、增强自信，使他们更具有胆识。在教改实践中，我们曾大幅降低各专业的毕业学分要求，目的是鼓励学生更多地阅读、思考、参与讨论和实践。但已经习惯了应试教育的很多同学，还是把所有的时间用于学习更多的课程或第二学位。

过去多年的应试教育造成了思维方式固化。我们既不能怪罪学生，也不必怨天尤人，要面对现实、面对挑战，以释放学生内在的创造潜力为主线，推动教育理念、教学方法改革，使大学教育真正成为他们人生中非凡的成长体验。因此，我们需要建立的第四个共识是，教育必须释放学生的内在潜能。我曾经听过不少学校的课程，多数都是老师讲、学生听，师生很少有互动。课堂规模大并非问题的关键所在，教师习惯于知识灌输，知识点讲解得很清楚，像是社会上的考研辅导班，学生只要认真听老师讲课，考试应当不会有大问题。

大学教师更应是学生的教练或向导，而不应是知识的"二传手"。无论是大课还是讨论课，教师都要设法激励学生，引导和鼓励学生主动拓展自己的知识疆界。培养学习力比记住知识点更重要。在一次教学研讨会上，一位讲授生物化学的老师提了一个问题。他用英文讲授这门课已经近10年了，有一些学生建议他改用中文授课，以更好地理解课程的内容。他询问我的看法。我反问他，你上这门课的目的是什么？仅仅是为了向学生传授生物化学知识吗？我相信更重要的是把学生带入这个领域，激励他们主动去学习和探求其中的奥秘。英文讲授对于新生掌握课堂内容的确困难一些，但对他们拓展阅读、了解前沿进展以及未来的学术发展也许是更有利的。

"知行合一"是最好的激发学生潜能的教育方式，对于中国学生而言，更是如此。我们应当让学生较早地了解学科问题和进入实践。

据我了解，很多学校都开设了新生研讨课，请资深学者介绍学科发展的趋势和面临的问题。一些学校从低年级开始进行野外实习和工程训练，还有一些有条件的专业安排低年级学生进入实验室或参与实际工程项目。这些尝试对激发学生的学习兴趣、释放他们的内在潜力是非常有益的。加强批判性思维训练，对学生的学习和后续成长是非常重要的。"批判"这个词很容易被误解，许多人认为批判性思维是要质疑和否定一切。实际上，批判性思维是一种理性的逻辑思维方式。对任何观点，无论其身份或来源如何，都不应轻易相信或反对，而要经过自己的独立思考、充分研究和逻辑辨析，再得出结论。批判性思维是一种基础性的思维训练，每个人都应当具备这种能力。特别是在今天的网络环境下，虚拟空间中的信息丰富而庞杂，如果没有批判性思维能力，很容易迷失方向，走向极端。

当我们展示自己的观点和看法时，要给出充分的论据和完整的推理过程，切忌空洞和武断。有一些学生文字功底很好，文章、演讲的辞藻很华美，但缺乏鲜明观点、严谨逻辑和故事情景，总让人觉得大而空，难以打动和感染人，这也是一种缺乏批判性思维训练的表现。从整体来看，中国学生的批判性思维训练是比较弱的，需要进一步加强。我们不仅应开设专门的批判性思维训练课程，还应当把批判性思维训练纳入通识课程和专业课程的要求之中。对于国外的学术著作、教材和教学参考书，我们应当从是否符合学术规范、逻辑体系是否完整合理来判断。学术发展只有在汲取和批判前人成果的基础上才能发展进步。

世界观、人生观和价值观，也要经过对各种不同思想理论的学习和辨析才能真正形成。学生只有在不同思想、观点、理论的比较和批判中，才能进步成长。我们千万不能有鸵鸟心态，把自己封闭起来，既无法进步也会丧失免疫力。我们只有秉承尊重差异、包容多样的态度，才能在多元中立主导，在多样中谋共识，在多变中定方向，让一切有益思想文化的涓涓细流汇入主流意识形态的浩瀚大海。

高等教育的外部环境发生了巨大变化。一方面，信息技术的发展使人们可以方便地获取任何知识，大学已不再享有唯我独尊的知识垄断地位，企业成为技术创新主体，社会将会蕴藏更加丰富的教育资源。另一方面，社会变化加快，为了使学生适应快速变化的社会，大学自身也必须做出相应的调整。面向未来，我们不能再固守封闭的教育观念、专业壁垒和灌输模式，而要打开学科边界、学习边界和学校边界，充分调动校内外各方的资源和潜力，使我们培养的人才更加适应未来，使大学的社会价值更加发扬光大。因此，我们需要建立的第五个共识是打开边界。

相比于其他学术组织，大学的最大优势之一是学科的多样性，但院系之间的学科壁垒不仅阻碍了学术合作，还制约了学生的跨学科思维和综合能力培养。打开院系和学科的边界，不仅可以释放学者的创造潜力，还将会给予学生更好的学习和成长体验，使他们在常识、见识、胆识等方面都得到锻炼与成长。我们的教育不应局限于专业知识，学生的学习也不应仅仅局限于教室或校园。我们应当打开学习边界，让学生在更广阔的空间中，磨炼意志、增长才干，真正能够懂自己、懂社会、懂中国、懂世界，成为德智体美劳全面发展的社会主义建设者和接班人。

展望未来，企业和社会的知识创造与传播能力将会继续提升。我们不应把它们看作大学教育的竞争者或威胁，而应作为合作伙伴和重要的资源。我们应当打开学校边界，加强与企业、社会的学术和教育合作，为教师和学生的发展提供更广阔的空间。要通过参与社会实践和企业创新，培养学生的独立性、责任感、挑战与创新精神。重庆大学从 2013 年开始与辛辛那提大学合作，设立学校—企业合作教育项目（Co-op）[①]。在 5 年的本科学习期间，学生交替地在学校学习和在企业工作。经过实际工作和生活的磨炼，学生们不仅巩固了知识，还增长了见识、培育了胆识。在 Co-op 项目毕业的同学身上，你可以感受到他们的自信以及对未来的期盼和信心。这正是我们希望看到的大学教育。

我们倡导打开边界，并不是要削弱大学独特的社会价值，而是要在新的历史条件下，使其更加发扬光大。杰出的学者、美丽的校园、丰富的学科资源以及宽松、自由、兼容的学术文化氛围，使大学永远都会是哺育新思想、探索前沿科学和未来技术的学术殿堂，永远都会是培育社会栋梁的理想园地。

面向未来，大学必须坚守自己的核心价值，也必须拥抱变化、勇敢变革，只有这样才能永远保持青春与活力。只有守正创新，才能真正引领未来。需要说明的是，这里提出的五点共识或五个原则，都是教育理念层面的，无论对什么类型的学校，这些共识或原则大致都是适用的。我们期待，我们的研究和思考能够点燃更多同仁和朋友们的激情，敬畏教育、热爱教育、解放思想、建立共识，共同创造新时代中国高等教育的辉煌。当然，对于任何一所学校而言，教育改革措施都是具体的、独特的，改革进程经常是很复杂和艰难的。我相信，经过大家的不懈努力，我们一定能探索出一条中国高等教育的发展进步道路，也一定能在中国建立起为世界所尊重的高等教育。

我们责无旁贷，因为，今天的教育决定国家的未来。

[①] CO-op（Co-operative education）是由学校、公司和学生三方共同参与的一种项目。学生首先通过入学考试，然后在学校学习一段时间，成功完成学校学习任务并通过公司面试，正式进入公司工作，工作期间学员定期向学校汇报工作情况。

吴朝晖①：全球科教变革与创新型大学建设

> **导读**：2020年1月8日，在"2020未来教育论坛暨北京大学未来教育管理研究中心成立大会"上，浙江大学校长吴朝晖教授做了"全球科教变革与创新型大学建设"的主题演讲。吴朝晖教授认为，世界变化的背后是创新驱动发展规律与拔尖创新人才竞争态势。他分享了自己对世界大变局、创新型大学建设的思考，以及浙江大学的战略实践，以更好地探讨高水平大学如何为建设社会主义现代化强国提供强有力的科教支撑引领。本文根据演讲内容摘录。

百年未有之大变局

变化一：未来的科技创新由"多中心"共同引领支撑

第一，世界科技实力将由单极化向多极化转变，地域分布由单中心向多中心转变，亚太地区有望与北美、欧洲并列为全球三大科教中心。第二，世界科技中心与世界教育中心相互支撑发展。教育中心将为科技中心在源头创新、人才创新和知识创新等方面提供有力支撑。第三，以科技和教育为代表，全球开放式网络创新体系已经形成。创新资源和要素将呈现网络式分布、联动性汇聚、跨区域合作等特点。

变化二：科技创新的趋势：融合、交叉、汇聚

21世纪的创新范式将不同于以往的单一组织机制、个体探索模式、实验研究方法，而是向以生态系统为特征的创新3.0转型，向有组织的大科学研究、开放式的产学研合作、基于大数据的新范式

---

① 吴朝晖，中国科学院院士，第二十届中共中央候补委员，现任科学技术部党组成员、副部长。

转变。知识也将走向大融通。科技与人文的联系将日渐紧密，学科板块之间通过理论移植、知识互鉴、对象转移等强化交叉与汇聚，新学科、新专业、新方向、新理论、新思想、新知识将不断涌现。

变化三：智能教育革命

随着新一代人工智能不断取得链式突破，包括教育在内的经济社会各领域加速从数字化、网络化向智能化跃升。可以预见，智能增强时代正在加速到来。人机共存、物理世界与虚拟世界将更加交互并行。人、物理世界的二元空间将转变为人、物理世界、智能机器、虚拟世界的四元空间。人类智能与机器智能协同的模式迅速向教育、学习领域延伸，推动教育 1.0 转向学习 2.0，人机协作将成为常态，师生交互将成为必然，终身学习将成为主流，泛在学习将成为普遍。

当今世界正处于百年未有之大变局，变与不变深刻交织。变化的是全球政治经济格局、文明演进与科教发展趋势，不变的是创新驱动发展规律与拔尖创新人才竞争态势。第一，创新与育人的高度融合仍然是未来高等教育发展的普遍性规律。通过创新驱动教育发展，培育拔尖创新人才，构建人才驱动创新发展的生态循环与动力系统，将形成大学教育与创新联动发展的局面。第二，我国建设高等教育强国的特殊性要求扎根中国大地办大学，走我国自己的高等教育发展道路。要始终坚持一切从国情与办学实际出发，继承而不守旧，借鉴而不照搬，追赶而不追随，坚持中国高等教育发展的道路自信、理论自信、制度自信与文化自信。

更加卓越的创新型大学

建设更加卓越的创新型大学是中国特色高等教育发展道路的必然选择。我们将积极回应自主创新能力提升、原始创新突破、创新人才供给等核心问题，既解决追求世界一流与坚守中国特色的问题，又体现补齐教育短板与提供中国方案的统一，为世界高等教育新的发展作出中国贡献。相较于以往的大学类型，更加卓越的创新型大学在创新维度、内部结构、外部网络、治理保障等方面更具有优势。

（1）创新维度的五个要求。①开环回应时代新人培育的要求，做到体系开放、主体转变、课堂融通。②会聚回应学科交叉融合的要求，优化交叉融合的学科布局，构建学科新增长点，推进跨学科协同攻关。③联动回应创新驱动发展的要求，推动有组织创新、创新范式转型和集成攻关等。④开放回应全球合作办学的要求，探求内涵式发展的国际化合作模式，建设面向全球开放发展的工作体系。⑤包容回应治理能力提升的要求，倡导和而不同的文化、以师生为中心的理念，完善内部治理架构，理顺外部关系，激发人才活力。

（2）建设育人与创新的双内部结构。更加卓越的创新型大学应具有人才驱动创新、创新驱动教育的"双驱动"模式，形成两个相互叠加支持的内部生态结构：以学科、人才队伍、教学为核心要素的育人内部结构，以及以学科、人才队伍、科研为核心要素的创新内部结构。这两个内部结构通过学科、人才队伍的衔接协同，形成面向全球的开放式平台。

（3）多网络融合的外部生态。更加卓越的创新型大学需要形成多网络融合的大学外部生态，这些网络包括人才发展与成果转化网络、社会服务网络、国际合作网络、校友联络网络。内部结构与外部网络之间通过育人开环、创新开放和文化开源实现互动联通。

（4）以治理保障一流办学。更加卓越的创新型大学将以开放式的治理体系、现代化的治理能力保障一流的办学事业，包括健全党委领导下的决策与统筹协调机制、以校长负责制为核心的行政执行与责任机制、依托学术委员会的教授治学机制、依托教职工代表大会的民主管理机制、学生自我管理和全面发展的服务保障机制、多网融合的开放式发展共同体机制等。

浙江大学的五大战略

　　建设更加卓越的创新型大学是一项开创性、战略性事业。浙江大学以"扎根、铸魂、启真、崇善、开源、奋进"的精神状态攻坚克难,以"卓越思维、整体思维、实践思维、开放思维、底线思维"谋篇布局,通过五大战略加快建设更加卓越的创新型大学。战略一是推动"以学生为本"的一流教育教学。建设一流的本科生教育、卓越的研究生教育和有特色的继续教育,围绕学生成长成才需求构建开环教育体系,推动教育教学由以教育者为主转向以学生为中心,实现"四个课堂"的实质性融通。战略二是推动一流学科体系的创新发展。完善学科体系布局,推动高峰学科、一流骨干基础学科、优势特色学科等竞相发展,实施"创新2030计划"加快学科会聚造峰,加快形成共创一流的学科生态环境。战略三是构建开放协同的创新生态系统,包括推进"学科—人才—科研"一体化发展,以一流学科集聚一流人才,以学科高峰带动形成科研高地,提升学校源头创新水平。战略四是以国际化为主轴实施全球开放发展战略。对外开放方面,提升国际化横向拓展能力,将国际化理念全面融入整体办学活动,通过国际化办学提升全球竞争力。对内开放方面,发挥院系的主体作用,服务国家和区域重大发展战略。战略五是推动治理能力现代化。深化治理体系改革的路径,在内部理顺校、院、系(所)的关系,在外部理顺学校、政府、社会和全球网络的关系,推动大学文化的创造性转化和创新性发展。

　　面向未来,我们要共同努力,进一步适应大变局的要求和建设世界主要科技中心的需求,加快构建更加卓越的创新型大学,为建设高等教育强国和创新型国家作出新的更大贡献。

高松[①]：华南理工大学的产业领袖培养

> **导读**：2020年1月8日，在"2020未来教育论坛（暨北京大学未来教育管理研究中心成立大会）"上，华南理工大学原校长高松发表了题为"华南理工大学的产业领袖培养"的主旨演讲。为什么华南理工大学会赢得"工程师摇篮""企业家摇篮"的美誉？是珠三角地区特有的营商环境催生的，是学校活跃的创新创业氛围影响的，还是学校特殊的培养模式产生的？华南理工大学高松校长提出，大学早已不再是知识生产的单一主体，大学、政府、市场及企业、公民社会的主体协同作用越发凸显，只有立足于大学和社会两大维度，才能培养学生成为引领未来的产业领袖。本文根据演讲内容摘录。

很高兴与各位相聚北京大学（简称北大），共同探寻面向未来的教育模式和策略。大学要为国家和地方经济社会发展服务，这是大家的共识。我之前经常用杜威的一句话来评价北大，"世界上很少有一所大学能像北大那样，与一个国家和民族的命运这样紧密相连"。

到华南理工大学（以下简称华南理工或华工）一年多，我也有这样一句话来评价华工，"国内很难找到一所大学像华南理工一样，与地方的社会经济发展有这样紧密的联系"。这种紧密的联系，重点之一就是产业领袖的培养。

产业人才培养的摇篮

长期以来，华工坚持"融入发展促发展"的办学理念，在科

[①] 高松，中国科学院院士，现任中山大学校长。曾任华南理工大学校长、北京大学常务副校长。

技型企业家、研究型工程师培养方面成效突出，赢得了"工程师摇篮""企业家摇篮"的美誉。《广州日报》的数据和数字化研究院发布的《在穗主要高校支撑地方经济社会发展评价报告》显示，华工的贡献度多年来排名第一。据不完全统计，20世纪90年代，珠三角近60%的企业负责人或技术骨干是华工校友。目前由华工校友创办和领导的上市企业近百家，其中TCL集团、广汽集团等10余家企业进入2019年中国500强。在"2019最具财富创造力中国大学排行榜"上，华工位列全国第六，这些数据从一个侧面反映了学校在杰出企业家培养方面的成果和优势。

改革开放以来，很多华工校友投身到产业革命中，为"中国制造"走向世界作出了重要贡献。比如，从无线电"50177超级班"走出了我国彩电"三巨头"：TCL总裁李东生、创维集团创始人黄宏生、康佳集团前总裁陈伟荣；机械专业出了"格力之父"朱江洪、中集集团总裁麦伯良。在LED、集成电路、建筑陶瓷、新能源汽车等多个领域，也有不少行业龙头企业的负责人是华工校友。近年来，新一轮创新创业大潮催生了一批新生代企业家群体，华工已有5位新生代创业校友入选福布斯"30岁以下精英"榜单。

以上提到的这些只是华工校友企业家的缩影。我们也在思考，形成华工这一优势和特色的根源在哪里？是珠三角地区特有的营商环境催生的？是学校活跃的创新创业氛围影响的？还是学校特殊的培养模式产生的？从2009年起，学校每年都组织学生赴全国各地对校友进行采访。提到母校赋予的特殊印记，"务实"是校友们口中出现频率最高的词。正是学校开放务实的校园文化和搭建的一系列锻炼平台，让他们能快速地成长起来。

我们选取了110位知名校友企业家，从所学专业类别、从事行业分布和专业行业相关性三个维度进行的数据统计分析显示，在所学专业类别上，理工科占比为82%，这一结果与学校在工科领域所具有的学科优势相契合。在从事行业分布上,制造业的高达77人,可见华工企业家校友更多选择了坚守实业,服务于民族工业发展。在所学专业与从事行业的关联性上,相关性较强的占到85.5%,说明扎实的专业培养有利于学生发挥专业所长,更好地成长为相关产业的领袖。

我们知道,技术打破了大学对知识的垄断,大学早已不再是知识生产的单一主体,在产业领袖的培养过程中,大学、政府、市场及企业和其他公民社会主体也都发挥了重要作用。

立足大学维度厚植产业领袖成长的肥沃土壤

华工地处改革开放前沿,继承和发扬了"敢为人先、开拓进取"的岭南文化特质,形成了自己的办学传统、理念和特色。学校正式组建于1952年,是新中国"四大工学院"之一,其办学可溯源至1918年成立的广东省立第一甲种工业学校。这所学校是中国高等工程教育的探路者之一,出了一大批革命志士和民族精英,世称"红色甲工"。1999年,学校在全国率先提出"三创型"人才培养目标,形成了人才培养的"华工模式"。这个模式的一大特点就是强调实践教学与课堂教学的互动、互补和互融。

一是鼓励老师把课堂建在企业和生产线上,让学生"真刀实枪"地锻炼成长。华工的产学研结合有着非常悠久的传统。改革开放之初,学校就有不少教师加入"星期六工程师"大军,教师自身所积累的丰富行业实践经验,有利于培养出学生更为敏锐的行业触觉。当前,学校依然注重对接产业需求开展横向课题研究,每年有2 000多人次本科生在参与横向项目过程中提升了实践能力,培养了行业意识。

二是系统推进第二课堂建设,实现课内与课外的深度融合。学校构建了"国家—省级—校级—学院"四个层次大学生创新创业训练计划项目体系和以"一院一赛"为核心的学科竞赛体系,营造了浓厚的创新创业氛围。举个例子,机器人创新基地是华工最大的本科生实验室,基地成员来自各个学院,连续两年夺得全国大学生机甲大师赛总冠军,已孵化出8家创业公司,培养出500多名优秀机电一体化人才。学校的创新创业孵化基地,5年来已孵化出团队140余支,超过30支团队注册了公司,获得风险投资的项目近20个,参与学生达900多人。

立足社会维度整合产业领袖成长的优质资源

20世纪90年代初,学校在全国高校中开与地方政府、企业共建和联合办学之先河。进入21世纪,学校进一步前伸触角、下移重心,服务区域发展,与地方经济形成了共生共进、深度融合的关系。一是深化校政企协同,培养卓越人才。学校与政府共建交通学院、电力学院、广东民营企业家培训学院等,与深圳华大基因研究院、中国南方航空公司等研究机构和企业组建校企联合培养创新班,成建制培养行业优秀人才。二是大力拓展企业资源,为学生建设实训基地。学校与科大讯飞等规模以上企业共建51个校企联合实验室,与知名企业共建641个校外学生实习基地。实施"名企实习计划",与行业龙头企业共同组织学生实习教学。与名企共建"未来创新实验室",接收学生创新创业项目,为学生提供实景式培育指导。三是引导学生走进社会大课堂,增强社会责任感。推动学生将所学运用到社会调查和志愿服务中,帮助学生更好地了解国情、读懂社会,感知相关行业的发展趋势。

培养引领未来的人——一流大学的共识和使命担当

当前,中国高校"双一流"建设如火如荼。在服务与支撑的基础上,培养能够引领未来的人,已成为一流大学的共识和使命担当。

为此，学校于 2019 年正式发布《新工科 F 计划》，大力推进"为未知而教，为未来而学"，致力于培养具有学习力、思想力、行动力这三项核心关键能力的"三创型"工科领军人才。我们在部、省、市、校四方共建的广州国际校区规划了 10 个新工科学院，这些新的学院和专业更多是跨学科的，跟现在、未来的一些产业密切结合。

此外，我们希望能够更进一步地加强基础研究，提供更好的环境以吸引全球最优秀的师资，帮助激励我们的学生能够更加自主地学习，使他们成为"引领未来的人"，为国家发展和人类进步作出应有的贡献。

李培根[①]：教育要因应人的存在形式而改变

> **导读**：2020年1月8日，在"2020未来教育论坛（暨北京大学未来教育管理研究中心成立大会）"上，华中科技大学原校长、中国工程院李培根院士发表了题为"教育要因应人的存在形式而改变"的主旨演讲。李培根院士认为，智能社会，人和机器还是主从关系吗？数字智能系统会造成哪些微妙深远的影响？面对人的存在形式的改变，教育该如何应对？李培根院士分享了他对人的存在形式与未来教育的前瞻思考。本文根据演讲内容整理。

人与机器，谁是工具？

我们知道，AR等技术在工程上的应用，使工人可以在全息画面引导下一步步地标准化操作。以前我们讲机器是工具，现在这个形态在改变——当然我们还不能说人是工具——但至少这个人不是主人。人与机器更多的是一种伙伴关系。

未来有没有可能在一些情况下，我们设计一个人机智能系统，人做什么、怎么做，由智能系统指挥；做得怎么样，由智能系统监控。这种情况下，可能让人感觉到自己更像工具。

很多年前我就讲，我们要从人的意义上理解教育，不能从工具意义上理解教育。面对人类存在形式改变的未来，教育应该有什么样的预警机制，这是我们需要思考的。

未来世界，人的存在形式有何变化？

未来世界已经开始，人的身体活动在减少。而且有学者讲，数

[①] 李培根，中国工程院院士，华中科技大学原校长（2005—2014年）。

字智能系统的出现造成了更微妙、更深远的影响：生命动力或者意义的失调。这种影响可能会变得越来越严重。西方基督教认为，人到这个世界上应该是通过努力奋斗获得生命的意义。现在技术发展之后，生命动力或者意义的失调会带来什么样的后果？教育应怎样去看待这样的问题？

我们已经看到的一种危险就是"技能退化"，这是美国学者哈里提出的。还有一位学者讲"自动化孤立综合征"，在这样的工作中，他们感觉自己像机器人。我们多数人没有意识到——但仔细想想就能够感觉到——人的存在形式正在改变，非生物科技已经与我们的存在结合在一起。手机就是个很好的例子。今天的手机已经和我们紧密地联系在一起，包括手机的云端连接，只不过我们没有意识到它是我们存在的一部分。而过去的飞机、汽车都不能说是人的存在的一部分。

马斯克的脑机接口预料到人类能够"有效地和人工智能融合在一起"。有的未来学家还提出把思维下载到机器人上，甚至提出人的"永生"。虚拟现实、增强现实、混合现实的应用，使得现实空间和虚拟空间的界限越来越模糊。情感连续还是情感阻碍：虚拟空间的人际互动会增强还是阻碍现实空间人与人之间的交往？这些都在悄悄地改变我们人的存在形式。

面对人的存在形式的变化，教育如何应对？

首先是"存在"的危险，比如，2018年11月，基因编辑婴儿露露和娜娜的出生。有一位学者讲，现代人更多地考虑技术上能否做到，面对技术说"不"的能力和智慧已经荡然无存。这是教育应该注意的问题，我们应该教给学生说"不"的能力。

有人预测未来20年70%的工作会消失，我们的教育现在应该怎样面对职业改变？这显然是需要思考的问题。从未来教育角度来讲，我们今天教的知识，面对企业的现实需求是不完全的，我们需要面对未来需求。

未来对人才的需求到底要怎么改变？人的能力会有哪些变化？比如说，哪些能力未来不需要了，可能需要什么新的能力？这些问题现在还难以达成共识。要把这些话题向学生开放，哪怕教师回答不了，让学生去思考、去想象，这也是非常有意义的。我认为引导学生关联更大、更多的问题空间，开放话题非常重要。

未来教育会回归对话教育吗？

我们还注意到，学生的存在方式在改变。比如，从哪里学习，我们过去以老师为中心，现在却要去中心化。知识的获取、知识的存储、社交媒体等都在影响学生，所以教师的存在方式也需要改变。我们以前习惯以教师为中心，我教什么你学什么，我讲什么你听什么，这个一定得改变。未来有没有可能利用数字技术，比如说"数字"教师去教一些共性的知识，人类教师做个性化的辅导？苏格拉底的对话教育虽然被现代教育抛弃了，但是未来数字智能技术的发展会使我们在一定程度上回归对话教育，共性的东西由智能完成。因此，个性化教育更多的是靠教师和学生的对话。

总体来讲，我认为，未来的教育要更多地让学生去想象人类存在形式可能的改变，这有利于他们的创新。不能就技术论技术，技术也会引发问题，而是要培养"说不"的能力。我们还需要去理解未来学生和教师在教育活动中可能的变化。要向学生开放更多的问题，让学生去思考——尽管我们现在还没有答案。

理查德·米勒[①]：重塑21世纪工程教育

> **导读**：2020年1月8日，在"2020未来教育论坛暨北京大学未来教育管理研究中心成立大会"上，美国欧林工学院（Franklin W. Olin College of Engineering，Olin College）校长理查德·米勒（Richard Mille）发表了题为"重塑21世纪工程教育（Re-Making Engineering Education For the 21 Century）"的主题演讲。创新教育是教育界一直关注的重点问题，如何培养创新人才是近些年来专家学者们持续探讨的热门话题。美国欧林工学院是一所形式特殊的大学，以项目制为主要教学手段，探索创新人才的培养模式。米勒校长在演讲最后提出，最终改变世界的并不是技术，而是人们内心的愿望与想法，要把这条原则融入教育中。本文根据演讲内容翻译摘录。

我是欧林工学院的创始院长，也是学院的第一名员工，已经在学院工作了20年。我们的使命与众不同——重新思考什么是工科教育，面向21世纪我们要做什么样的工科教育？在这方面，我们做了很多尝试。很多人对我们的了解不多，接下来，我将介绍一下我们学院的情况，并讲一讲我们在探索创新人才培养过程中的体会和经验。

关于欧林工学院

欧林工学院创立于1997年，1999年我成为学院的首位雇员。2001年是学院非常重要的一年，这一年，学院正式投入运营。我们用了一年的时间，以15位男生、15位女生为样本来进行相关尝试，

[①] 理查德·米勒，美国欧林工学院创始校长和现任校长。

我们想看到新的教育方式对高等教育会有什么样的影响。这是非常重要的一步，如果当时没有进行这样的尝试，或许今天我就不会在台上跟大家交流了。

我们从中获取的东西在教科书上是学不到的。欧林工学院不是传统意义上的大学，它成立的宗旨是要成为一个工科实验室。如图1所示，欧林工学院就像一个小拖船，可以拖动航空母舰；而高等教育就像是航空母舰，在欧林工学院的拖动下朝新的航线转向。为此，欧林工学院制定了一些相应的指导原则。比如，没有终生教职，没有专门的学部设置，研究人员通过自己的项目来争取经费，可以获得10万美元的拨款，任何一个项目都有截止日期，也就是说不实行终身制，等等。这些指导原则都是非常重要的。

图1　欧林工学院与高等教育之间的关系

过去50年，人们过多地强调学科的分界。在我长大的那个城市也是如此，一切都划分得非常清晰，小镇的主要街道是怎样的、邮局在哪里……50年来我一清二楚。但是50年过去了，我们必须改变这种模式。在过去的10年间，我们与来自65个国家的800多所大学的2 500名访问学者进行了充分的交流。

体会与经验：创新人才如何培养

在这个过程中，我们有很多体会。

先来介绍一下欧林工学院的课程设置。我们的课程是动态的，不断地进行更新迭代，几年之后就会有所不同。与此同时，工程师的定义也在不断地改变。在我们看来，工程师应该有强烈的愿景，希望创造更加美好的世界，我们希望未来的工程师是怀着这样一种全新的愿景去开展工作的。所以，欧林工学院的教育是以愿景、而不是以技能为基础。我们会同时实施二三十个项目，项目完成之后，学生就可以获得学分。这是一种崭新的教学模式，学生可以参与其中，实实在在把项目实施落地。

在工作开展的过程中，我们有一些体会。我们认为，教育不仅仅是知识。以前大家都认为，送孩子上学是为了学知识，知识越多，生活就会越好。采取的方式是向学生灌输知识，有博士学位的教师站在讲台上，给学生讲知识。于是形成了这样一种教育模式：专家给学生讲课，然后测验、考查他们的学习效果。那时我们认为，通过给学生灌输知识，世界会变得更好。

美国有一档电视娱乐节目，人们在节目上回答问题。回答的问题越多，获得的奖金就越高。这个电视节目非常直观地反映了知识经济的模式。过去，这样的模式是没有问题的；但是有了谷歌之后，这种模式就难以为继了。因为现在只要动动手去谷歌上搜索一下，节目上那些看起来"高大上"的问题，就能找到答案。谷歌的出现，让知识经济的重要性开始快速下滑。

现在已经进入了创客经济时代。在这个时代，孩子们不仅要学知识，还要创造知识。老师的角色也要随之转变。老师不再是站在台上"布道"的圣人或专家，而成了引导者，让学生组成小组进行创客活动，去开展一些实践项目。其实，整个人生就是一个大的项目，需要我们自己去创造、去管理。

在创客经济时代,我们不仅关注一个人了解什么样的信息,还要关注他能够创造什么。因此,我们不只是传授知识,还要培养学生动手解决实际问题的能力。这是全球很多高校都已经关注到的一点。

展望未来,我们会看到,在创客经济之上,创新经济也将到来。这要求学生不仅要能够掌握知识、能够创造,还要产生新的想法,有创新的思想。对创新经济,我们的了解还非常有限。我想,在创新经济时代,老师的角色或许又会产生新的变化。未来教师角色的变化,或许不仅要从"圣人"到导师,甚至还可能要充当同辈,帮助学生获得由内向外的学习动力和创新思维,并与学生一同成长。这些转变其实并不是新鲜事物,英国诗人叶芝在很多年前就曾说过:"教育并不是要灌满一桶水,而是要点燃一团火。"

从这个角度,我们可以理解为什么教育要发生转变,教育在21世纪必须做出转变。

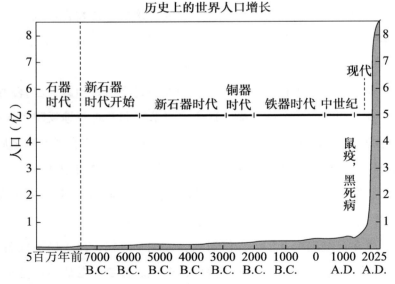

来源"世界人口:直到下个世纪",著作权(1994)-人口统计局

图2 历史进程中的人口变化

通过图2，我们可以看到人类有史以来的人口发展变化。在右侧，人口几乎是直线上升的；而在左侧，一直到1900年之前，人口一直在10亿以下。那么，1900年发生了什么大事？由技术创新和工业革命引发的人口爆炸性增长。1900年时，美国人的人均寿命大概是45岁；到2000年，人均寿命增长到75岁，几乎翻了一番。这就是创新和科技革命带来的益处。

但这同时也带来了一个负面影响，就是生存危机。人口不能漫无边际地增长下去，因为地球的资源是有限的。所以，我们要思考科技进步带来的一些意想不到的负面效应。在这方面，已经有很多国际性的研究。比如，美国国家工程院（National Academy of Engineering）早已开始关注这方面的问题，联合国提出的可持续发展目标中也指明了多个挑战。而对所有这些目标的实现，教育都发挥着不可或缺的作用。但是，传统教育方式有可能恰恰是阻碍创新人才培养的桎梏。通过图3，我们会发现，工程学院、商学院以及人文社科学院分别扮演着不同的角色。

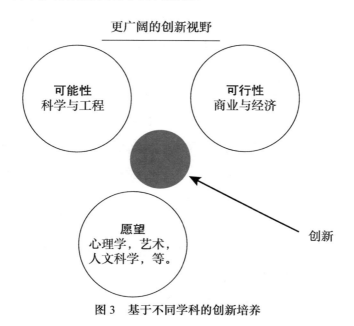

图3　基于不同学科的创新培养

我们现在对学生的培养，可能会游走在三个圆圈之外，或者是仅仅在某一个圆圈之内。比如学工科的学生，可能就只学习自然科学规律、学习某一门技术；读商科的学生，如果他的老师是商科和经济学领域的专家，他可能会告诉学生这件事在法律上、经济上是否可行；而如果他的老师是人文社科领域的专家，他可能就会跟学生探讨真理的意义、价值的意义等。过去高校教育的这种模式，学科之间是割裂的，学生学的专业也是割裂的，相互之间很少有互动。

未来，我们想培养创新人才，就要把这三个圆圈融合起来，要培养处于三个圆圈重合处的最中心的那些人才。也就是说，创新人才不仅要了解一件事在科技上的可行性，还要了解其在经济和商业上的可行性，以及它在社会伦理上是不是我们真正应该追求的东西。比如脸书，它的创新之处就是让人们可以把自己的故事告诉他关心的人。为什么这样的商业模式是可行的呢？社会学家可以解释这个现象：每个人生活中最重要的内容，也会成为另一个人生命中的重要组成部分。基于这个社会学原理，脸书找到了这样一种商业模式，并使其产生了经济价值。如果你不了解社会学知识，就不可能取得脸书这样的商业成功，这就是为什么创新人才需要具备两个乃至两个以上学科的不同知识。

另外，21世纪的创新者学习的不仅仅是专业知识，还需要具备良好的态度。在我们的人生中，很多时候决定高度的是态度，而不是先天的才智。现在，IBM以及一些科研机构都在谈要培养新的思维，其实就是要培养新的态度、行为特征和动机，让人才更愿意合作，不仅更具有创业精神，能够跨学科，具有全球视角，而且关注社会伦理。

我是学工程的，但我也非常愿意阅读一些社会科学著作。我坐飞机的时候经常在机场买一两本社会学著作，我想向大家推荐一本书，是卡罗尔·德韦克（Carol S.Dweck）的《看见成长的自己》

(*Mindset*)。这本书写的是你能在一生中做出什么样的贡献。我推荐的另外一本书是安吉拉·达克沃斯(Angela Duckworth)的《坚毅》(*Grit*)，这本书谈的也是态度的重要性。

不只是学生，很多学者也非常重视态度。诺贝尔经济学奖获得者、芝加哥大学经济学教授詹姆斯·赫克曼（James J. Heckman）就提倡态度的培养。梅尔文·雷米（Melvin Ramey）是我的导师，他是加州大学教授，他的很多学生甚至拿过奥运会的金牌。我从他那里学到的经验是："只要教师眼中有希望，你的学生就会对未来充满希望。"

所以，我们要保证的一点是，在教育界，一定不要出现犬儒主义者。我们要对未来充满希望，要培养乐观、积极向上、具有创新精神的创新者。而前提条件是，我们作为老师应该认识到：我们不只是在传授知识，可能在无意识间，我们的言行就会影响到未来的人才和他们的行为方式。这是我们要特别关注的一点。

最后，我要谈一下 STEM 教育[①]。技术，包括人工智能（AI）和其他科技，也许能给社会带来种种益处。但是 STEM 教育是不是能够带来更加美好的世界呢？我们虽然拥有更强大的技术，并因此有了更大的自主性，能够改造周边的世界，但是我们也可能会出现疏忽，可能会忽视我们的责任。你可以想象一下，如果未来有一种自动技术，能够让你实现心中所有的愿望，而且不受任何限制或监管，你觉得世界会变得更好吗？仔细思考这个问题，我们会发现，最终改变世界的并不是技术，而是我们内心的愿望与想法，我们要把这条原则融入教育中。

[①] STEM 教育指的是科学、技术、工程和数学教育，STEM 是科学（Science）、技术（Technology）、工程（Engineering）、数学（Mathematics）四门学科英文首字母的缩写。

宋志平[1]：我的企业管理教育历程

> **导读**：2020年1月8日，在"2020未来教育论坛暨北京大学未来教育管理研究中心成立大会"上，中国企业改革与发展研究会会长、中国上市公司协会会长宋志平发表了题为"我的企业管理教育历程"的主旨演讲。未来的经济社会发展中，教育如何和产业相结合？宋志平从企业家的视角给我们带来了他对企业管理教育的历程分享。他提出，如果只实践、只信经验的人管理不好企业，那么只学习、不实践的人也做不好企业；只有又实践又学习的人才能把企业做到最好，或者做到极致。本文根据演讲内容整理。

大家好！非常高兴来参加今天的论坛，同时代表中国上市公司协会祝贺北京大学未来教育管理研究中心的成立。我在企业工作了40年，做大型企业领导人35年、央企领导人18年，一个多月前刚刚卸任。我还是北京大学（简称北大）、清华大学（简称清华）等大学的实践教学教授。借此机会，我想和大家分享一下多年企业管理生涯中对管理教育的一些看法，结合个人经历谈谈大学尤其是商学院的教育和企业的关系、教育和企业家的关系。

知 行 合 一

管理教育怎么推动企业的发展？我是学化工的，1979年大学毕业就来到了北京，先做技术员、销售员，之后做了7年销售厂长，1993年担任北京新型建筑材料总厂（简称北新建材）厂长。当时面

---

[1] 宋志平，现任中国企业改革与发展研究会会长，中国上市公司协会会长，北京大学光华管理学院杰出实践管理教授，清华大学经济管理学院管理实践访问教授。曾任中材集团董事长、党委书记。

临一个很大的问题：企业到底该怎样管？我是学技术出身，分管销售，但对于企业管理真的不是特别懂。那时候MBA的教育正好开始，我是1992年第一批MBA学员。做厂长后我就和老师说，我不学MBA了，工作太忙了，担子很重。老师说担子越重越应该学习，我觉得他讲得有道理，就继续把MBA读完了。

读完MBA课程后我发现，这个课程是管理实践中最需要的，是过去所学技术里没有的内容，比如，财务管理、现场管理等。我一边工作一边学习，很有收获。我觉得同事们也应该学习，否则会没有共同语言。比如，讲到"边际"，大家都不知道说的是什么。那时绝大多数干部是技术专业或者行政管理出身，管理知识都比较薄弱。后来我就把上市公司北新建材有培养潜力的中层干部送到北大、清华、北方交通大学（今北京交通大学，简称北交大）等学校读MBA。当时MBA的学费还很低，送人去读MBA的企业也不多，记得清华有一个班差不多一半的学员是北新建材的。学完以后大家就有了共同语言，工厂管理队伍就变成了学过MBA的人，我学习的体会就很深刻。

2002年，我担任中国新型建筑材料（集团）公司（简称中新集团）总经理，第一件事还是让大家学习。因为我在翻阅中新集团干部档案的时候，惊人地发现这些干部基本上没有接受过管理培训。我把满足条件的班子成员选送去读MBA、EMBA（那时候已经有EMBA了）。同时在国家行政学院开启了CEO和CFO班，让大家有更多学习的机会。这些年的经历让我认识到，企业管理者既要有管理实践，又要进行理论学习。我提出要"像办学校一样办工厂"，像管学校一样管企业，让企业的干部去学校学习。只重视实践、只相信经验的人做不好企业，只强调学习、不实践的人也做不好企业；只有既实践又学习的人，才能把企业做到最好，做到极致。

同时我也学会了用办学校的办法处理企业的工作。比如说，总结一些管理经验，像中国建筑材料集团有限公司①（简称中国建材集团）目前有管理的"武功秘籍""八大工法""三精管理"等，把管理实践加以归纳、提炼，总结出很多管理模式，编成不同的小册子，发给干部和员工，让大家都来学习，这些就是从经管学院学到的。我们内部有很多这种"武功秘籍"（每年还会有更新，不公开出版，只供内部学习交流）。

中国建材集团每月召开一次月度会，50多位经理人先汇报一下各自公司的关键绩效指标（Key Performance Indicator，KPI），然后总经理安排部署工作，最后我给大家"布道"。我大概讲一到一个半小时，大家觉得就像是讲EMBA课程，这样一讲讲了十几年。通过这个方式，把企业领导层的思想认识高度统一起来，就是我所说的"像办学校一样办工厂"，是我从经管学院、商学院里学到的。

教学相长

这些年，我一直在从事MBA的教育，我也把企业实践的经验带到了商学院。我是第二、第三、第五届全国MBA教学指导委员会的委员，是北大、清华、上海交通大学（简称上海交大）、浙江大学等几所大学商学院的实践教授，经常在这些大学的商学院里讲课。企业家来学习，大家有不同的看法。有人认为，企业家把自己的活儿干好就行了，跑到学校干什么，是不是有点沽名钓誉？

我个人觉得，商学院也很需要有实践经验的企业家。我主张商学院的老师到企业去兼职，也推荐了一些老师到上市公司做独董。我认为商学院的老师是最好的独董资源。就像医学院的老师，上午上课，下午临床，商学院的老师可以到上市公司去。商学院里师生之间的互动非常重要，我非常重视在商学院里和学员的互动，互动

---

① 2014年，宋志平任该公司董事长。

后就知道学员想知道什么，学员的提问就是他们想讨论的真问题。我每次周末上两天课，会留半天互动时间，我觉得这非常有意义。我在学校教学并不只是把实践经验介绍给学员，还能和老师、学员们沟通交流，了解更多的情况，实现教学相长，这非常重要。

经常来学校的企业家和不来学校的企业家，我觉得一定是不一样的。今天我听大家讲了一上午，我很喜欢。有一次北大国家发展研究院的会议，我听了整整一天。晚上 7 点钟不少人都走了，大家发现我还一直坐在那儿听，有的老师非常感动。我喜欢听大家讲，我觉得学校是一个学习的地方，也是一个难得让企业家反思、联想的地方，企业家应该多来这里。

有教无类

我还希望大学能打开校门，为企业多做一些培训。今天林建华校长讲要破除大学和社会的边界，我特别赞成。学校和企业都是组织，应该结合在一起。现在学校的商学院有 MBA、EMBA，这两年又搞了专对国企的经营高管团队（Executive Management Team，EMT，泛指企业内部高级管理者，包括董事长、总裁、总经理、高级副总裁、副总裁、总经理助理等）教育，也挺好。2019 年，中国有国企、央企、民企等不同类型的海量企业和企业家，内地有 3 700 多家上市公司，加上在美国、英国、新加坡，以及中国香港地区上市的，有 4 800 多家。2019 年，中国注册的企业有 3 700 多万家，个体工商户有 7 000 多万户，共有 1.15 亿个市场主体。这么多企业和企业家都需要培训，如果大学只进行 MBA 和 EMBA 教育，仅靠 300 多所商学院，是难以完成海量企业家的培训的。

所以我们要打开边界、打开校门，300 多家商学院要培养更多的企业家，提高我国企业家的整体管理水平。刚才我说，大家都很关心上市公司，现在有的上市公司出了问题，面临一些困难，我们商学院的教育有没有责任呢？现在要通过七条途径提高上市公司的质量，最后一条就是集中合力改善生态，全社会来支持上市公司提高质量。那么多上市公司的"董监高"人员，需要商学院一起来培训提高。

市场的活力来自人，特别是来自企业家，来自企业家精神。所以我们要花更多精力培训企业家，企业家也应该来商学院接受更多的培训，商学院应该与企业紧密地结合在一起。我认为，只要大学和企业密切结合，中国就有更美好的未来。去年3月，我去美国的麻省理工学院和哈佛大学，我在那里想了很多，美国的学校和企业结合得十分紧密，我们也应该解决这个问题。

最后我想概括一下。最初，我是把企业当作商学院，从商学院学习了知识来做企业；后来，我把商学院当作企业，把企业的经验拿到商学院来分享。现在，我做中国上市公司协会的会长，服务于那么多的上市公司。我希望整个经济社会是"商学院＋企业"的模式，既按照商学院也按照企业来做经济，结合起来一起做，只有这样，我们的经济社会才会有一个质的提升。

王旭东[①]：当紫禁城遇上敦煌

> **导读**：2020年1月8日，故宫博物院院长王旭东在"2020未来教育论坛暨北京大学未来教育管理研究中心成立大会"上发表了题为"当紫禁城遇上敦煌"的演讲。他指出，人文是永恒的，教育一定是从过去走向今天、面向未来，教育一定能从文化遗产中汲取营养、汲取力量。本文根据演讲内容整理。

今天是我从敦煌到故宫博物院上任的第9个月。能够为中国最伟大的两处世界文化遗产服务，对学理工科的我来讲是非常幸运的，也是我最重要的责任。

习近平主席指出，一个博物馆就是一所大学校。学校的重要职责是教化和育人，在博物馆的四大功能中，教育是最重要的功能之一。从1991年到2019年，我在敦煌学习和工作了整整28年，但仍感觉自己小学还没有毕业。突然受命来到北京，仿佛刚刚从幼儿园向小学一年级进发——这两个世界遗产地的文化底蕴实在太博大精深了。今天，我以一个20多年文博行业工作者的身份，跟各位朋友分享一下我对这两处世界文化遗产的粗浅认识。

一、从敦煌到故宫

说到敦煌，我们一定会想起阳关、玉门关、"丝绸之路"。要认识敦煌的发展历程，就必须了解"丝绸之路"这一历史背景。汉武帝时国力强盛，希望与外部世界加强联系，两度派张骞出使西域，后又在敦煌设立敦煌郡，建造阳关、玉门关，为"丝绸之路"的开辟创造了条件。可以说，敦煌象征着中华民族向西进取的勇气和向东回望的初心。

---

① 王旭东，现任文化和旅游部党组成员、故宫博物院院长。曾任敦煌研究院院长。

敦煌的繁盛，与其特有的自然条件密不可分。"丝绸之路"沿线总体是干旱、半干旱气候，多为沙漠、戈壁、高山景观。而地处河西走廊的敦煌恰有一片绿洲，这就为居民生存生产、商旅往来和驻军守备提供了基本保障，更加凸显了敦煌绿洲对于"丝绸之路"畅通的重要性。随着敦煌郡的设立，大量中原移民给曾经的不毛之地带来先进的中原文化。其后印度的佛教文化经过西域、沿着河西走廊向中原传播，与中原文化交流融合。"五胡乱华"时期，中原地区一度动荡不安，而敦煌却相对稳定和平，为佛教兴盛和莫高窟的形成奠定了基础。在此背景下，"丝绸之路"成为东西交融的贸易之路、科技文化的传播之路。敦煌作为"丝绸之路"的重要节点，成为汉文化与西方世界沟通的咽喉要道，留下诸多文化交融的珍贵遗产，莫高窟便是这些文化遗产中的一颗明珠。

从公元366年莫高窟诞生直到14世纪，一代又一代人在此进行了持续千年的营造。我们见证了佛教中国化、佛教艺术中国化的过程。在东西方文化深入交融的过程中，敦煌莫高窟的艺术倾向也在不断变化，呈现出灵动多变的文化特征。从洞窟形制来看，早期洞窟与印度、中亚等地的风格近似，后期则更多地带有中国元素的审美倾向；从壁画色彩来看，早期壁画具有鲜明的西域风格，至宋代则更多地体现出青绿山水画等中原绘画特征。

今天，在莫高窟延绵1 700米的崖面上，保存了735个洞窟、45 000平方米的壁画。这些用现实生活元素去反映人们对佛国世界畅想的壁画，不仅记录了佛教中国化在不同阶段的主题和特征，更是记录了不同时期的社会生活状态。毫不夸张地说，莫高窟的壁画就是"墙壁上的博物馆"。今天，当我们在茫茫戈壁沙漠中看到这样一片绿洲，看到保藏于此的伟大的人类艺术珍宝，非常震撼和感动！

如果说敦煌是一个佛教艺术的世界，那么故宫就是中华文化的汇聚地。故宫（紫禁城）作为中国明清两代的皇家宫殿，是世界上现存规模最大、保存最为完整的木质结构古建筑之一，是中国明清两代封建王朝统治的核心所在。紫禁城的形制最早可上溯至周礼。《周礼·考工记》载："匠人营国，方九里，旁三门。国中九经九纬，经涂九轨。左祖右社，面朝后市。市朝一夫。"延续千年之久的宫城布局和蕴含其中的观念，反映了封建统治者对秩序和等级一以贯之的追求，并从一定程度上保障了多民族国家的稳定和赓续。紫禁城的创建始于明成祖朱棣迁都北京，600年来，来自各地的能工巧匠接续维护着这座皇家宫殿，即使在萧条艰难的历史时期，也从未间断过。红墙黄瓦、雕梁画栋，在一代代工匠们精心营造、精巧修复下，成为令人叹为观止的世界顶级艺术殿堂。

故宫的文化价值，不仅在于建筑群本身，还在于其珍藏的180余万件文物。这些文物部分来自皇家的征集和收藏，如各类珍宝、外国文物等；部分来自各地官员、藩属国的进献和国际交流的礼品；部分来自君臣作品，如各类书画作品；部分来自明清编撰书籍及明清档案，如《古今图书集成》《康熙字典》《钦安殿陈设档》等；还有一部分宫廷制作物品，如各类宫廷生活用品等。从旧石器时代一直延续到清代的文物，是中华五千年文明绵延不断、历久弥新的物质见证，也是多元地域文化的生动写照。它们与古建筑一起，反映了"紫禁城"这一历史场域下，古代中国有关政治、政权的理念，有关物质与精神生活的追求，有关秩序与治理的探索，有关对天、地、祖宗等文化的信仰和敬畏。

二、敦煌与故宫的文化启示

莫高窟和故宫这两个遗产有哪些异同呢？从敦煌出来的我对此十分关注，并做了一些比较。从来源上说，敦煌的产生来自民间信仰力量的推动，如果没有佛教的宗教信仰，便不可能产生这样一个持续千年的伟大艺术；故宫文化的形成来源于国家意志，从建筑设计、文物收藏，到《四库全书》编纂等文化工程，非国家意志不可完成，是封建统治者"家天下"思想的集中反映。

1. 敦煌与故宫是民间力量与国家意志的反映

敦煌莫高窟是由有实力的家族或个人营造的，其营建过程相当于今天的"众筹"形式。不同的人因为同样的信仰在此开窟造像，寄托他们对美好生活的向往。从莫高窟第220窟中就可以看到这种民间的、"众筹"的、信仰的力量是极其伟大的。第220窟位于莫高窟南区中部，由当地望族翟氏世代经营，故又名"翟家窟"。翟家窟初建于公元7世纪李世民在位时期，其后的283年间，翟氏世代对其进行整修，历中唐、晚唐、五代、宋等时期。敦煌被西夏占领后，该窟壁画全被覆盖，绘以满壁千佛。新中国成立后，我们对敦煌第220窟进行了维护修整，使得唐朝的壁画重见天日。翟家窟主室为覆斗形顶，西壁开一龛，内塑一佛二弟子二菩萨，龛沿下画初唐供养人，现在已经模糊不清，龛外两侧画文殊、普贤变各一铺。南壁为通壁大画《无量寿经变》，北壁为《药师经变》。《药师经变》中之下放有对舞的舞者。东壁门上画《说法图》一铺，男女供养人各一身，贞观十六年（642年）题记一方，门两侧画《维摩诘经变》。

故宫是国家意志的力量造就的伟大成果。宫阙巍峨、殿阁辉煌，彰显中华气派。国之重器赓续千古文脉，秦汉雄风、大唐气象、宋明文华、康乾盛世，中华五千年文明尽在其中。如果没有国家的力量，如此巨大的建筑群不可能产生、保护、流传到今天；如果没有国家的力量，《永乐大典》《古今图书集成》《四库全书》等文化工程也不可能完成。家与国是统一的，是中华民族的家国情怀，贯穿了明清两代帝王的统治。从故宫藏绘画、器物中也可以看到，希望江山永固是每一个统治者的最高目标追求。

2. 敦煌与故宫是文化交融的结晶

敦煌莫高窟是东西文化交融互鉴的结晶。丝路沿线各地丰富多彩的文化在莫高窟传播和交融，反映出鲜明的时代、区域和民族特征。例如，莫高窟壁画中出现的大量西域民族的供养人形象，如回鹘、粟特、吐蕃、党项等少数民族，以及丝路沿线国家的民族形象。又如，莫高窟藏经洞以回鹘文、粟特文、希伯来文等各类文字写成的万卷文书和经卷。再如，敦煌壁画中有音乐题材的洞窟236个，绘有各种类型乐队约500组，各种类型乐伎约4 000身，出现各类乐器44种、4 500多件。这些无不显示出东西方多元文化在此的交流融合，信仰、包容与交流，不同民族、不同宗教、不同文化在特定时期和谐共存，留给后人丰富的遐想和思索空间。

从整体上看，历经明清两朝500多年的紫禁城，更是中华民族多元一体、开放包容、共同发展的结晶。除了西方的钟表、仪器、珠玉等文物，还可以看到体现中外文化交流成果的文物与建筑。如画着中式人物的珐琅彩瓷器、亭台楼阁式的西洋钟表、西洋式"水晶宫"、延禧宫中的灵沼轩、倦勤斋3D立体画面的紫藤花等等，无不是东西文化合璧的精品。还有我们多民族国家不同地域、不同类型的文化形式，如紫禁城中的钦安殿、贤若观、雨花阁、坤宁宫等多达几十处体现道教、佛教、萨满教的各类宗教建筑和遗址；又如，宁寿宫内各类体现江南水乡情调的精致小院等。它们虽各有气场，与紫禁城的庄重肃穆对比分明，却整体统一、和谐相处，共同塑造了多元多样的文化生态和共存共融的发展形态。再如，延禧宫中的灵沼轩，大家可能更多的是从电视剧《延禧攻略》中了解它。很多人说它是烂尾楼，还有人说它被火烧过，其实它就是一个钢结构的框架，没有来得及完成清朝就灭亡了。可以看到，即使在清末这样一个封闭、保守、自负的时期，已然显露出向往外来文明优秀文化的精神追求。

3. 近代百年历史中的敦煌与故宫

敦煌与故宫这两大文化遗产的保护体现了国家与民间两种力量

的结合。敦煌文物的发现和保护，始于1900年道士王圆箓对藏经洞的偶然发现。八国联军侵华，晚清政府自顾不暇，藏经洞文物大量流失海外。更令人痛心的是，1921—1922年间，400余名沙俄残兵被安置在莫高窟内，对莫高窟造成了巨大破坏。此后，李丁陇、张大千、于右任等有识之士意识到敦煌文化的重要意义，临摹壁画、提议建立保护机构，大力呼吁修复和研究敦煌文化艺术。在他们的奔走倡议下，国立敦煌艺术研究所于1944年正式成立，第一任所长是在法国巴黎留学多年的著名画家常书鸿先生。敦煌终于进入了国家干预管理的阶段。

敦煌地区自然条件的艰苦让许多文物保护者心生畏难。第一批进驻人多为画家，抗战结束后他们纷纷离开敦煌；新中国成立后，国家专门邀请捷克专家格拉尔来修复壁画，也因条件艰苦未能久留。20世纪60年代，周恩来总理亲自批准莫高窟崖体加固工程，并安排梁思成等知名古建筑学家设计方案。在梁思成"有若无，实若虚，大智若愚"的保护设计原则指导下，经历了艰难的探索，工程基本实现了在不改变文物原状的前提下崖体的全面加固。此后，在国家和社会各界大力支持下，以段文杰、樊锦诗等为代表的一代代敦煌人先后接续敦煌文物的保护和研究事业，虽筚路蓝缕，却典守终生。如今，敦煌研究院已成为我国拥有世界文化遗产数量最多、跨区域范围最广的文博管理机构，它传承"坚守大漠、甘于奉献、勇于担当、开拓进取"的"莫高精神"，形成了"用匠心呵护遗产，以文化滋养社会"的独特文化理念。

故宫博物院的发展和传承，同样体现了国家和民间力量的紧密合作。辛亥革命后，清帝溥仪逊位，政府接管故宫，仍允许溥仪暂居宫内。宫中残余势力始终谋求复辟，并通过赏赐、夹带甚至典当等方式，使宫中文物大量流失，甚至发生为逃避文物盘点而纵火烧园的恶性事件，引起社会各界的高度关注。1924年，冯玉祥将军发动"北京政变",驱逐溥仪出宫。同年 11 月,"办理清室善后委员会"成立,着手清点清宫文物和开放、流传工作。1925 年 10 月 10 日,故宫博物院正式建院。1928 年,国民政府颁布《故宫博物院理事会条例》,任命党政军文各界名流 27 人担任理事,充分展现出政府对故宫文化价值的深刻认知。1929 年提出"完整故宫保管计划"的理念。1933 年,为避战火,1 万余箱故宫文物分 5 批南迁,暂存于上海,后转藏南京。1937 年,卢沟桥事变、八一三事件相继爆发,故宫文物分三路向西疏散,存于乐山、峨眉、安顺及巴县等处。1945 年,日本投降后文物又分批运回南京。抗战期间,故宫文物南迁华东,避地西南,行程数万公里,文物保存良好,大批珍贵文物免于战火侵蚀,并在国内外举办了伦敦中国艺术展览会、莫斯科艺术展览会等大型展览活动,创造了人类历史上保护文物的伟大壮举。

中华人民共和国成立后,故宫博物院按照"着重保养、重点修缮、全面规划、逐步实施"的修缮保护方针,进一步加强保护和修缮工作。1953 年组建了专门的古建维修队伍进行故宫的古建修缮工作,并逐渐摸索出一套适合故宫古建的修缮程序、技术和经验。同时加强文物研究和文化传播的力度,昔日紫禁城焕发了新的生机。进入 21 世纪,随着对故宫整体保护认识的加深,故宫博物院先后立项了多项工程。一是 2003 年启动、历时 18 年的"故宫整体修缮保护工程",是故宫百年来最大规模的古建修缮工程,在不改变文物原貌的前提下使其延年益寿。二是 2004—2010 年的文物清点工作,改变传统的文物认知观念,让更多藏品重见天日。三是 2013 年启动、历时 8 年的"平安故宫"工程,该工程完工后,故宫开放参观面积达 80% 以上,为进入预防性保护阶段奠定了坚实基础。2019 年,故宫博物院提出了"平安故宫""学术故宫""数字故宫""活力故宫"的建设体系。"平安故宫"是基础,"学术故宫"是核心,"数字故宫"是支撑,"活力故宫"是根本,确保"四个故宫"平衡发展。"四个故宫"的建设理念，明确了故宫博物院未来发展的"四个愿景"，即把故宫博物院建成国际一流博物馆、世界文化遗产保护的典范、文化和旅游融合的引领者、文明交流互鉴的中华文化"会客厅"。要让我们的展览、学者"走出去"，别国和地区的展览、学者"走进来"，尤其希望年轻人互动起来，让他们认识到不同文明在历史上的交流互鉴，认识到中华民族的文化基因是追求和平的。未来，我们要借社会之力，共同把人类珍贵的文化遗产保护好、研究好、传承好，充分发挥不同文化、不同文明之间交流互鉴的作用。通过科技手段和管理手段，真实、完整地保护并负责任地传承故宫承载的中华优秀传统文化，使更多人从中汲取力量，建设新时代的文明成果。

三、从历史走向未来

敦煌和故宫作为两处世界文化遗产，也是大课堂、大学校。走进它们，无论我们是什么样的个性特征、行业背景、信仰旨趣、年龄性别，都会在这里得到文化滋养。回首历史，凡是封闭保守，文化就要走向没落。中华五千年的文明之所以了不起，就是因为能不断吸收、接受新的东西。从历史、文物中得到的经验教训也启迪我们，在今天这个全球化的多元时代，应以一种更加开放包容的精神境界和宽广的心胸拥抱世界。当我们与其他国家、民族、宗教相互交流的时候，我们要抱定包容互鉴和学习交流的心态。面向未来，想做好当代故宫博物院的工作，就要深入挖掘紫禁城开放与包容的精神内核，搭建文物和博物馆的交流平台，促进不同国家、民众之间加深理解，善意相处。

我们从历史中走来，我们相信未来一定会更加美好。

席酉民[①]：我们的教育与管理实验

> **导读**：2020年1月8日，在"2020未来教育论坛暨北京大学未来教育管理研究中心成立大会"上，西交利物浦大学（简称西浦）执行校长、英国利物浦大学副校长席酉民教授发表了题为"我们的教育与管理实验"的主旨演讲。中国的教育改革开放和对外开放是密切相关的，怎么让学生不出国门就能享受到西方文化和教育的优质内容，是中外合作办学的初衷。席酉民教授帮助西交利物浦大学进行了系列管理实验，帮助其形成了独特的办学理念和模式。本文根据演讲内容整理。

大家分享了很多对教育的反思，对未来教育的担忧，还有很多对未来教育场景的想象，以及对挑战的分析。我想谈谈怎样从现实的各种桎梏中走出来，走向未来，而不仅仅是遐想未来。我下面跟大家分享的是正在西浦进行的教育和管理的两场实验。

有实践的理论与有理论的实践

在座的很多人是学管理的，都熟悉彼得·德鲁克。他有一句话我非常喜欢，"管理是一种实践，其本质不在于知而在于行，其验证不在于逻辑，而在于成果"。对于未来如果仅仅停留在想象，充其量只是美好的梦想。现实社会的进步需要大量勇于探索和创新的人，敢于挣脱各类羁绊，智慧地行动起来，迈出第一步，走出一条自己的路。

我一直提倡"做有实践的理论，做有理论的实践"，即做管理的理论研究一定要有实践背景，做管理实践的背后一定要有逻辑理

[①] 席酉民，现任西交利物浦大学执行校长。曾任西安交通大学副校长。

性和理论指导。当代社会人工智能（Artificial Intelligence，AI）和大数据技术迅速发展，近年来，我又继续提倡"用AI（数据、事实和过程挖掘分析）支持理论与实践的对话"。换句话说，在现代社会，AI、大数据可以帮助我们加速理论和实践之间的对话，实现原来很难的相互对话，可以让我们更深刻地认识实践背后的逻辑和理论，进而在理论支持下开展更有效的实践。

互联数字智能时代创业的基本逻辑

当下，无论是做理论研究还是做实践探索，我认为在这个时代创业有五个基本的逻辑。第一个是"向未来而生"。今天大家谈了很多未来教育的可能场景和挑战。想要搞好教育，必须面向未来，尽可能把握未来的趋势，理解未来的人才需求。为什么教育会滞后？因为我们一直是在用已有的知识教育未来的人。10年之后这些学生走向社会，他们所学的知识可能早都过时了。这启示我们，面向未来，教育不能只是教授知识，应该培育学生适应环境、不断创造未来的能力。第二个是"精一和独特"。未来世界的基本挑战不是你知道什么或你会做什么，而是你能够做成别人做不了的事情，并把它做到极致，做出独特性。只有独特性才会创造价值。第三个是"边缘和融合"。随着各类技术持续深化和发展，大多数领域会因竞争而不断精耕细作，边缘地带融合创新可能成为创业的沃土。第四个是"持续升级和创新"。产品和技术的生命周期在不断缩短，快速淘汰和迭代成为常态，所以要学会不断清零。如杰夫·贝索斯在亚马逊提倡的"Day1"（创业第一天）战略，史蒂夫·乔布斯挂在嘴上的"Stay Hungry, Stay Foolish"（保持饥饿，保持愚蠢）[①]，一定要坚持持

---

① "保持饥饿，保持愚蠢"，这是史蒂夫·乔布斯在斯坦福大学毕业典礼演讲中提到的一句名言，意思是要保持对知识和经验的渴望，不断追求新的挑战和机会，不要害怕犯错或冒险。

续创新。它们背后的逻辑不用多讲了。第五个是我自己比较坚守的，"Think Globally, Understand Locally and Act Internationally"，就是全球视野、本土理解和国际行动。这与目前流行的"Think Globally, Act Locally"（全球思维、本土行动）不同，因为全球紧密互联，世界市场一体化，无论哪个本地的行动都需要有国际化的视野，需要理解所在地产品、服务的本土社会和文化。

大学：破产还是颠覆性创新？

互联智数时代不仅改变了社会生存方式，也改变了人类的认知范式，因此导致了教育的转型和重新定义。在全球重塑教育的时代，大学会不会破产？我们应该怎样行动？彼得·德鲁克在讲知识经济社会的时候曾经对教育转型有过分析，强调教育应该具有培养社会公民的责任和更高的标准，预告了教育形态的转型。当下知识社会的现实是什么？我们又将面临什么样的挑战？哈佛商学院克莱顿·克里斯滕森（Clayton Christensen）教授在2014年说，"未来15年之内如果美国的大学不进行变革，将会有一半面临破产"。很多人认为这是在哗众取宠，也有人认为这是给教育工作者敲响了一个警钟。

事实到底是怎样的呢？2013—2014年，美国四年制大学3 122所，2017—2018年降至2 902所。所有关闭的院校都是四年制营利性学校，数量从2013年的769所降至2017年的499所。新冠疫情后，情况更加恶化，特别是对国际化倚重的教育体系，如美国、英国、澳大利亚、新西兰等。我们中国的学校很幸运，一是中国是一个重学历的社会；二是政府不轻易让学校破产。但中国大学生存的"优良"环境可能会带来一个坏的后果，就是保护落后，无意识地阻碍创新，等多年后回头看时，我们距离世界先进的教育会更远，这是一个很严峻的问题。针对这种情况，我们必须思考，是等着被社会发展趋势颠覆掉,还是通过颠覆性的创新让我们的教育站在世界的前面?显然,我们应该选择后者。

西交利物浦大学的教育探索与使命

选择后者,我们注定会走上一条充满荆棘之路。西浦是一所中外合作创建的具有独立法人资格的国际大学。中外合作办学最容易走的路就是复制国外大学的做法,在中国土地上建立一个外国大学的分校或校园,或者是复制国外大学的教育模式。但是在全球重塑教育的时代,即使最先进的大学也已经落后了——落后于时代的要求,落后于技术支持其可以达到的状态。这种情况下,所有的学校都需要重塑。这个时候,中外合作办学仅靠复制谋求发展,在战略上就已经失败。

要有突破甚或引领,在战略上一定要采取一条独特发展的道路,要形成自己独特的办学理念和模式。我们当然需要学习国外先进经验,尊重国外的文化传统,借鉴国外的最优实践。我们还需要继承中国的先进理念,理解中国的文化传统,吸收中国的最优实践。但绝不是简单的复制,要把东、西方的优势结合起来,面向未来。未来的需求是什么?未来的人才结构是什么?怎样才能办出一种适合未来发展的教育?这是我们教育实验的逻辑思考。

我们做了四个方面的实验。第一个方面是想回答未来社会需要什么样的教育,怎样办学,怎样能培养出在未来时代生存和有竞争力的人。第二个方面是探索未来大学的管理模式。在座的都很熟悉中国的大学和世界的大学。大学的组织架构依然是官僚科层结构,这已经很不适合大学这种知识组织。沃伦·本尼斯(Warren Bennis)早就告诫人们,"韦伯的官僚'机器模型'……与当代现实脱节……在接下来的 25 ~ 50 年里,我们将见证并参与官僚主义的终结,以便更适合 20 世纪工业化需求的新的社会制度的兴起"。彼得·德鲁克也曾指出，21世纪的管理挑战是提升知识工作者和知识组织的效率。企业已经在逐步放弃官僚科层体系，形成了平台式的管理和生态化的格局。而本应采取新型组织管理范式的大学，又有几个尝试平台式组织运营或者是生态化的管理呢？所以，西浦放弃了通用的官僚科层体系，探索构建一种网状化组织支撑的生态管理体系，尝试为未来大学的运行体系积累经验、寻找方案。第三个方面是探索未来的教育和社会的互动关系，包括大学与社会的关系、大学与企业的关系。第四个方面是通过这些探索影响中国的教育改革甚至世界的教育发展。所以我要恭喜林建华教授成立这样一个研究中心。西浦也有一个领导与教育前沿院（ILEAD），现在每周都有其他大学的教育者在西浦进行培训，每年都组织大量不同的教育创新和传播活动，有近百个研讨培训班，数百所大学和数百万人参加到各类教育创新活动中。这就是我们想做和正在做的事情。

这些丰富多彩实践的背后，体现了我提及的五个创业逻辑中的三个。第一个是"向未来而生"，做任何事情，一定要想象、理解未来趋势及需求，才能拥有有未来价值、可长期生存和可持续发展的商业模式。第二个是"精一和独特"，坚持教育探索，特别是本科教育创新，西浦也有硕士和博士研究生教育，但本科教育的创新是根本，为中国"以本为本"创造经验，帮助教育走向未来，形成这个时代的一个教育模板。西浦在校生已经达到了17 000人（2020年的数字），毕业生走向全世界，可以与任何一所大学的学生同台竞争，西浦的10届毕业生在全球的卓越表现可以证明这一点。第三个是"边缘和融合"，不是简单复制，而是将国内外先进的东西融进西浦的办学和教育模式中。比如，我们学到了美国教育的灵活性，借鉴了英国教育的质量保证体系，继承了中国和苏联教育的重基础传统——主动而不是被动、研究导向型的重基础的传统。这是我们教育创业中的前三个逻辑。

西交利物浦大学教育创新的持续升级

10年的快速发展中,西浦基本上形成了教育创新模式的1.0版本。即对当下全球以专业精英培养为目标教育模式的创新升级,形成了一种网络化、扁平化的大学组织架构体系,孕育了一种开放的、与社会共生的社群式生态系统,创建了一个教育领导和创新的传播推广机构。

人工智能背景下的下一个10年,人才结构的一端是继续需要一定数量的有造诣的专家,即专业精英教育深化问题;另一端是未来需要更多的专业基础、极强行业造诣、跨文化领导力和创业家精神的人,能够为未来人类创造新的生活平台。现在全球尚未形成培养这种人才的系统模式。

西浦从2017年开始探索这种人才的培养模式,我们称之为融合式教育(Syntegrative Education),即西浦教育创新模式2.0版本。利用一个全新校园(太仓西浦创业家学院),探索未来大学概念和校园模式。最后形成校、产、政、社共生的教育、研究、创新和生活的生态体系——西浦教育创新3.0版本。在此基础上,持续加强西浦的教育领导力建设。

这样的探索历程也呼应了第四个创业逻辑,即"持续升级和创新"。从创校至今,我们持续创新、不断升级,基于我们对未来教育的认知,通过大胆创新、实践、提升和传播,促进教育的变革和更健康发展,尝试提供未来教育的西浦方案。

这似乎是一项艰巨到不可能完成的使命,但我们以初生牛犊不怕虎的气概挑起了这副雄心勃勃的重担。未来教育到底是什么样的模式?怎样塑造?虽然关于这方面的讨论很多,但其中不少似乎是立足现在想象未来。而我们认为,真正的未来教育应该是以未来的思维看现在。

未来的教育一定是超越校园、跨越国界、需求导向、技术驱动的全民教育，兴趣驱动、个性化、终身学习、融合式将成为其基本特征，其组织方式一定是扁平、多元、分布式、生态化的。首先，未来教育的提供者最重要的是塑造自己的品牌，支撑品牌的是人生哲学、教育理念、底层逻辑、教育模式和卓越成效。其次，未来的教育需要一个利用数智技术构建、能够整合全球资源的强大网络支持平台，如西浦的学习超市等。再次，一系列分布在不同地域、有主题、可以满足终身学习、创新创业的卓越中心（Center of Excellence）。最后，围绕这些卓越中心，吸引有兴趣的人构建独立的社群或者教育创新生态系统。这是我们对未来教育的思考和展望。

西浦的教育实验可以做五个方面的贡献：创新升级国际化专业精英培养模式；创造全新国际化融合式行业精英培养模式；探索新型大学的概念和校园模式，提供西浦方案；建设大学与社会合作共享的终身学习、创新创业卓越中心；构建以西浦为重要节点、影响广泛而深远的先进教育理念和实践的传播网络。

西浦和谐管理实验：未来大学治理与管理体系

在推进教育实验的同时，我们在西浦进行了一场知识组织的管理实验。我们把和谐管理理论（演进发展于 20 世纪 80 年代）作为西浦的发展哲学与方法论，逐步创建了多方教育利益相关者参与的治理体系、面向未来覆盖教育全产业链的发展模式体系、网络化的组织体系、多元共生的文化体系、融合式的教育体系等。具体到技术层面，该管理模式覆盖五星战略、五种有效性、五种管理技术、五种行为方式、五种文化要素，"四中心"无缝连接网状化组织架构和管理平台，带有自主知识产权的 IT 和数字基础设施及运行系统，融入西浦教育哲学的未来教育支持平台，如西浦教育超市等。

借助数智技术的能力延伸、人类生存方式和认知范式的转型，我们正在平台式管理基础上继续向前推进。即利用数字化转型，借助互联网和人工智能，逐步把平台式管理上升到生态式管理。我们已经形成了一系列教育新生态群落，如药业生态、产业技术生态、未来教育生态等。这些生态群落不仅会让参与者（Player）创造和分享生态红利，而且将使未来的教育、教育管理以及管理的教育升级，使知识组织在生态管理中上一个新台阶。

简而言之，这个管理实验的完成，可以帮助我们做出四个方面的贡献。一是和谐管理理论的进一步深化和更广泛利用；二是对知识工作者和知识组织管理的有效性给出一个答案；三是对目前的协同管理提供一种共享、共生、共荣的生态管理理论；四是能够引领未来教育生态，形成广泛社会影响。这就是我们的第二场实验。

我的人生及管理感悟

最后讲一下我频繁提及的融合，进一步强调作为创业逻辑之一的重要性，其实我本人就是融合性教育的受益者。我大学学的是物理，从数理两方面得到了扎实的理性逻辑训练；硕士研究生修学的是系统工程，强化了系统思维和把想法变成现实的能力培养；博士研究生攻读的是管理，更加关注社会和所有项目中扮演关键角色的人文因素。我的人生和工作极大地得益于这三方面的融合训练。我自己一直以来要求自己，上能够理解哲学和社会，下能够了解最基层人的需求，能够实实在在做事。行动上我谨记最后一个创业逻辑——全球思维，本土理解，国际化行动。

李猛[①]：建设自由学习的共同体

> **导读**：2020年1月8日，在"2020未来教育论坛暨北京大学未来教育管理研究中心成立大会"上，北京大学元培学院（简称元培学院）李猛院长发表了题为"建设自由学习的共同体"的主题演讲。元培学院从2001年开始筹办，建立之初被称为"元培计划委员会"，2007年正式更名为"元培学院"，至今已持续探索发展近19年。与其他研究型大学的本科生院相比，"元培形态"大相径庭。在元培学院，学生可以自由选择课程、专业，学院在全校范围内建设了许多跨学科项目和专业项目，这形成了北京大学本科教育追求卓越和开放的重要特色。本文根据演讲内容整理。

元培学院的自由学习

与很多老师交流时，我发现大家对"元培形态"有些误解。今天国内的本科生学院大致分为两种类型。一种是为培养拔尖人才而设立的，学生学籍在原院系，只在拔尖学院里集中资源进行特殊培养。另一种是学院鼓励对学生进行大类培养，部分学生一年级进入大类学院，这类学院主要从事基础课程教学。分流后，学生的学籍会转到专业院系。

在元培学院，本科学生的学籍一直保留在学院，但4年中他们可以选择北京大学所有专业。这些学生是元培学院的学生，最终是为全校各个院系培养的学生。因此，元培学院从创立之初一直在尝试重新梳理研究型大学里本科生院与专业院系间的关系。

在未来教育面对的诸多挑战中，教育本身的结构性仍然是最

[①] 李猛，北京大学哲学系教授。2018年至今任北京大学元培学院院长。

重要的因素。本科生院更关注的是学生整体、全面的人格成长；专业院系有本科生教育、研究生教育和教师的科学研究，更关注专业研究和整个知识体系的构建。二者合在一起，成为研究型大学中学生成长的关键。而二者联系的纽带不只是学生——几乎所有本科生院的导师都来自专业院系——双方在教师、课程、学生等各方面都有广泛的联系。协调处理好二者的关系，是研究型大学一个重要的课题。

元培学院建立至今共走过了三个阶段。第一个阶段，元培计划委员会初建时就给学生在课程和专业选择上极大的自由，学校创建了完善的制度，2016年实现了全校课程的打通。第二个阶段，设立交叉学科层面专业。2008年建立了第一个跨学科专业，同时在全校范围内建设了很多跨学科项目和专业项目。这些尝试形成了北大本科教育追求卓越和开放的重要特色。第三个阶段，在前两个阶段发展的基础上，完善通识教育课程体系，并在自由学习的基础上进一步探索，重点对自由学习进行整合和指导。

此外，自由学习在学生中创造了一种新的生态需求——学生需要学习的团体和环境，与专业院系不同的成长和发展环境。元培学院自由学习是由元培计划委员会创立时制定的一系列制度提供保证的，比如，可以自由选择专业、3年至6年的弹性学习年限等。元培的最低学分比学校的普通专业要少一些，但最后元培学生修的学分与其他学生相差无几，充分说明元培学生很好地把握了自由学习的自由度。

自由学习的整合与指导

怎样面对自由学习？这些年元培学院逐步整合了三方面工作。

我们认为，自由学习使学生拥有了很大的自由和选择空间，但学生也需要一定的指导。为学生提供指导在很大程度上依赖于导师制，跨学科专业在整合和指导学生自由度方面也发挥了重要作用。

导师制对于本科生院是非常关键的，同时也是非常棘手的，因为大部分导师来自专业院系，并非元培学院。学生们非常喜欢的导师往往是专业院系工作最繁忙的老师。我们会通过制度对被请到的这些老师进行约束，有非常具体的要求。比如，要求每个学生至少要见三次导师。学生有时会组团见导师，效果非常好。

自由学习需要学生更加主动。专业院系更多的是老师找学生，元培学院则鼓励学生找老师，与老师一起完成大学适应、学业指导等关键过程。

从几个重要的跨学科专业，如政经哲[①]、外国语言和外国历史、东亚研究、整合科学、数据科学、古生物等，以及学生自己尝试进行的跨学科学习，能够看到元培学院的自由学习给予学生的空间。比如，元培学院2011级的一位学生用了5年时间学习了数学、物理、计算机等几乎全部的主要课程。又如，2015年，北京市高考状元入学时学土耳其语，她同时又学了波斯语，这几年来她一直专注于这个领域。这就是元培学院独特的跨学科学习。

这些年摸索中我们发现，另一个关键环节是第一年的新生教育。从2018年开始，我们就着力加强新生教育。元培学院的学生不是入学之后就安顿在某个专业院系中，而是要经历一段摸索后才能适应。为此我们开设了多专业的新生训练营和各个学科的系列讲座。很有特色的是，我们连续两年开设了新生讨论班。开设的20多门课，其主讲老师都是学校里的杰出学者。每个班不超过15人，学生在老师的引导下去发现他喜欢的专业。比如，2019年，历史系邓小南老师开设了关于岳飞的课程，她带学生去杭州参观考古工地，师生间密

---

① 政经哲，即PPE（Philosophy，Politics and Economics），这个专业涵盖政治学、经济学和哲学三大现代文科学术领域，建立了政治科学与哲学之间的联系，被认为是人文社科类最顶尖的专业之一。

切互动，有很多交流机会。另外，元培学院新生学科讲座的形式也是多种多样的。

在此基础上，另一个重要整合是通识教育。元培学院的通识教育与全校不同，全校的通选课有300多门，但元培学院的学生是去不同的专业院系上课的，只有通识课是他们的共同课程。因此，元培学院的通识课是非常小型的，大概有十几门课。通识教育获得了非常成功的经验，一位学数字科学的学生说，第一次上"理想国"课是他最好的学习体验。

这就是我们对元培学院学生自由学习所做的初步指导和整合的实践。

建设自由学习的共同体

研究型大学面临一个非常大的问题，就是学生学习日益以绩点为中心。2009年，我回国后发现，学生对绩点的关切逐年增强，导致了大量的焦虑行为。根据《2019年北京大学本科生毕业调查》的数据，几乎所有学生都认为，考试成绩是一个非常重要的评价指标。这带给学生的影响是值得关注的问题。

我们认为，本科生院不仅应该推动学生更加自由地学习，还应该创造让学生多元成长的环境。北大会着力培养未来的科学家，但也有一半多学生将来可能不会是我们的同事，我们依然希望他们能成为优秀的政治家、企业家和合格公民。为此，我们在住宿书院[①]、全员育人、学生多元评价等方面做出了努力。比如，元培学院有专门的心理成长室，建立了体育俱乐部和艺术俱乐部等。

着眼于给学生全面的、多元的评价，我们强调培养科研方向的元培青年学者，鼓励学生进行基础学科、跨学科和新型学科的探索，

[①] 元培学院建立了中国特色的住宿书院制度，为学生提供健康优美的生活环境，创造自由开放的学术氛围，激发每个学生的活力。

并为学生提供本科生科研奖励、海外交流计划等各种支持。我们通过职业规划帮助学生为进入社会做准备，使他们具备特有的知识和德行。我们还为学生创造志愿服务与社会工作的机会，培养他们的社会责任感。这些构成了元培学院住宿制书院建设的重心。

元培学院不仅为学生的自由学习提供了良好环境，也为学生的成长、社团交往、自我管理等提供了空间。这一年我们发现，通过自我管理，学生们从中学阶段完全依赖于家长和学校照顾，逐渐成长为能负责任的独立个体。现在，有12位辅导员也住到了元培学院宿舍，宿舍正在成为学生成长的另一个空间，而不只是具有住宿功能。

元培学院这些年呈现出了多元发展的面貌。比如，在2019年的本科教育大会上发言的唯一一个本科生代表是元培学院的李卓然同学。我们的学生中既有2017年、2018年的罗德学者[①]，也有张栋杰这样的北大支教团团长。我们希望元培学院在科研、跨学科学习、社会公益、资源服务等方面都能为学生提供非常广阔的成长空间。

最后，我们希望元培学院既能在自由探索的、面向未来的学习中扮演独特的角色，也能够为所有学生建立一个培养完全人格的共同体。

---

① 罗德奖学金（Rhodes Scholarship）创立于1903年，有"全球青年诺贝尔奖"的美誉，得奖者被称为"罗德学者"（Rhodes Scholars），其评定标准包括学术表现、个人特质、领导能力、仁爱理念、勇敢精神和体能运动等多方面。

杰弗里·雷蒙[①]：博雅教育，如何应对新时代的网络文化？[②]

> **导读**：2020年1月8日，在"2020未来教育论坛暨北京大学未来教育管理研究中心成立大会"上，上海纽约大学常务副校长杰弗里·雷蒙（Jeffrey Lehman）发表了以"更新博雅教育"为题的演讲。他提到，在过去两千年来，博雅教育一直被视为一种解放学生思想的教育方式，让学生成为公民，实现自我价值，达到自我满足，同时参与社会发展。经过几个世纪的发展，博雅教育的内涵有了一些新变化，但我们仍然能通过博雅教育来更好地培育"95后"学生，让他们具备足够的韧性，能够让未来人生更有意义和价值。本文根据演讲内容翻译并整理。

随着21世纪科学技术和经济社会的发展，我们最具才华的学生在步入大学时，就已经具备了很多与前辈不一样的特点。我们是否应该更新博雅教育，以应对这些变化？

网络中成长的"Z世代"[③]

我是1973年上的大学，属于"婴儿潮一代"，而今天上大学的学生，英文里称他们为"Z世代"，多数是"95后"。这两代人之间有几个重要差别。一是人均寿命的变化，今天大学生的人均寿命很

[①] 杰弗里·雷蒙，曾任密歇根大学法学院院长、康奈尔大学第11任校长，现任上海纽约大学常务副校长（美方校长）、首席执行官，是北京大学国际法学院创始院长。

[②] 本文收入时改为现标题。

[③] "Z世代"，美国及欧洲的流行用语，意指在20世纪90年代中叶至2010年前出生的人。他们又被称为网络世代、互联网世代，统指受到互联网、即时通信、短讯、MP3、智能手机和平板电脑等科技产物很大影响的一代人。

有可能超过100岁，毕业后要在世界上生活80年左右，要怎样去适应未来的变化？二是面对的危险不同，我们那代人面对的危险有种族主义、可能会爆发的核战争等，而"95后"这代人要面对的是气候变化、收入不平等等问题，这就要求他们具备不同的知识、技能、道德观念。

今天我想着重谈一点，出生在网络化、移动技术和社交媒体时代的"95后"，可能会丧失掌握老一辈人使用一些工具的能力，导致他们无法抓住机遇，成年后无法有效地面对挑战。作为一名教育者，我们需要回应这个问题，应该思考是否要进行教育的转型。

现在的大学生从小就接触电子产品和网络生活，美国有苹果、谷歌、脸书、微软等，中国有小米、微信，等等。我认为，所有线上生态系统中的企业都有一个共同点，就是希望捕获人的注意力，这些企业最想做的就是让用户对其平台爱不释手，眼睛紧盯着屏幕。

这些企业利用的是社会学家所说的"间歇加强战略"。过去在老鼠身上做过实验，在人身上也屡试不爽，就是让我们感到停不下来地做某一件事，即便有时并不喜欢或者并不享受。间歇性刺激会让大脑释放多巴胺，这也是过去赌场成功的秘诀，最后用户就变成了网瘾者。这些企业充分利用人们渴望被社会认可的心理，再加上间歇加强战略，打造了一个在线生态系统，让用户一刻也离不开手机和屏幕。现在，已经有批评的声音指出，这样的在线生态系统已对成年人的文化带来了伤害。

作为教育者，我们最需要关注的是网络文化对"95后"这些年轻人带来的影响。因为，"95后"这一代人的整个人格养成阶段都沉浸在网络环境中，他们是在在线文化中长大的。

在线文化的四个特征

概括地说，在线文化有四个特性。一是表现性。当代学生认为他们的生活必须记录下来，再通过编辑、编排展示出去，觉得让更多人分享才有意义。这就等于把自己培养成了一种公众人格，希望获得其他人的认可和响应。二是公众性。当代学生认为个人没有秘密可言，自己的一切，包括所说的话、所做的事情都应该公开出来供其他人点评和使用。三是持续的评价。当代学生认为在公众场合做出的这些展示应该获得公众的点评，这些点评人往往是陌生人，对学生根本就不关注，而这些学生也愿意花时间对其他人的网络行为进行点评。四是二元化和极端化趋势。现在网络点评往往有两个选项，好评或者差评，要么支持，要么反对。从统计数据来看，"95后"的心理健康已经受到了网络文化很大的影响和冲击，焦虑、抑郁、自杀比例逐年上升，世界各地都如此。

当今的网络文化使得越来越多的学生处于心理脆弱的状态，比先辈要脆弱得多。今天在论坛上我不想过多地谈极端心态。我想问一个问题，我们是不是没有给他们提供足够的个人资源？先辈们都拥有一些个人资源来应对生活中的各种挫折，包括失恋、学习考试不利等。我们是不是也没有给他们提供足够的社会资源？先辈们曾经拥有这样的社会资源来应对各种各样的挑战和问题，比如，现实生活中关心他们个人生活的朋友，而现在的学生没有。

我们是不是要做一些调整，让新一代学生能够从博雅教育中获得更新的收益。举个例子，心理学家有一种说法叫作认知失调，当我们面对两个互相冲突的观点时，有一种非常不好的心理状态，就是会认为一个是好的，另一个是不好的。这种反应往往是有害的，并不能保护我们，相反会削弱我们的能力，阻碍我们形成新的更加复杂、有更多层次的洞察，也会阻碍我们创造力的发挥。因此，人的本性就是要避免这样的认知失调。

然而，受网络文化的影响，越来越多的"95后"面临认知失调的问题。他们害怕面对自己一开始不能认同的观点，并就此选择逃避，当不得不面对那些不同观点时，会表现得非常"愤青"。这种脆弱性不仅对学生有害，其对社会的危害更为深刻，因为社会的未来要靠这些学生来建设。有了这种脆弱的心态，年轻一代就会反对多元化、反对不同观点、反对不同价值观，这无益于迎接当代的各种挑战。

博雅教育塑造有意义的人生

我们的教育能否与时俱进，让学生们在4年本科教育后，具备足够的能力去克服网络文化所带来的各种危害？让学生做好准备，去过充实而有意义的生活，积极参与社会互动？我认为，答案是肯定的。

我们可以清楚地告诉学生动机和理由，把传统教学结构和教学方法背后的动机向学生做解释，让他们明白为什么要强调博雅教育。我们希望学生能更进一步成为相关领域的专才，同时也希望他们有更加广博的知识面，了解人文科学、社会科学、自然科学的方方面面，这样他们才能产生足够多的想法和观点，才能释放自己的创造力。我们希望推动学生在日常生活中与不同文化接触，加强他们的同理心，更高效地在多元文化背景下进行沟通和交流。

同时，我们也要跟学生清楚地说明，态度非常重要。告诉他们在学习和工作中应该有什么样的态度，比如，人文精神、好奇心等。在这方面，我们可以从三个维度开展工作：第一个维度是认识论，就是我们认为这个世界应该是什么样的，我们希望学生有更加开放的态度，愿意根据实际情况改变自己的观点；第二个维度是世界主义，就是我们应该具有什么样的符合伦理标准的行为，我们希望学生能够拥有迎接和拥抱世界的普世价值观，而且也知道如何用不同方式来表达；第三个维度就是如何克服认知失调，我们希望学生有机会接触到那些与他们的传统观点有冲突的新观点，并且培养出一种能力，就是在一开始可以容忍两种相互不同的观点，而不必做出非此即彼的价值判断。

　　我认为，我们可以通过博雅教育来更好地培育"95后"学生，让他们具备足够的韧性，能够把未来的人生过得更有意义、更有价值。

饶毅①：医学教育应根据科学研究的发展前沿来进行改革②

> **导读**：2020年1月8日，在"2020未来教育论坛暨北京大学未来教育管理研究中心成立大会"上，首都医科大学校长饶毅发表了题为"'新医科'背景下的高等医学教育"的主题演讲。饶毅认为，相比于其他学科的教育，医学教育在美国、中国乃至全世界都是相对落后的体系，没有跟随现代研究前沿而改变。同时他强调，要敢于在不同的地方、以不同的方式推动医学和医学教育改革，并相信存在着一种可能性，即产生于中国的且比全世界都好的医学教育。本文根据演讲主要内容整理。

医学和医学教育的核心永远是科学

我不认为未来教育是通识教育和博雅教育，这对文科适用，但对理工科和医科并不适用。未来的教育应该是个性化的教育。个性化教育是根据不同个体的兴趣、能力以及社会的需求来进行的，适合个体的成长及其对社会的相应贡献。

回到医科教育，我认为医学和医学教育的核心永远是科学，不可能是人文。人文对医学的实践和医学教育有一定的贡献，但非常有限。如果相信人文情怀能够改善医疗条件，我们就不需要有以科学为基础的医学。人文基础由一个人的家庭环境和所接受的中小学教育决定，大学之后的影响非常有限。对医学教育来说，加强人文是对的，但把人文作为医学的核心是一条错的路，是一条用心理来

---

① 饶毅，首都医科大学校长、教授，北京大学校务委员会副主任，中国医学科学院学部委员。
② 本文收入时改为现标题。

治疗疾病的路。

过去 100 年来，医学对人类的贡献非常大。如果没有现代医学——以科学为基础的医学——我们大部分人活不到现在。很多人会因为没有疫苗在很小的时候就死去，或因为感染而死去。这些是医学科学带来的结果，而不是医学人文带来的结果。今天的人能有这样长的寿命，并不意味着医学今后就应该进入以人文关怀而不以科学为基础的时代。医学的目的是让我们的寿命延长。过去活到 50 岁就不得了了，今天很多人能活到 90 岁；未来医学的进步可以让更多人活到 120 岁。这时候会有一批新的疾病出现，这些疾病在进化里面没有被淘汰，所以非常难治。然而，未来靠着医学的进步，我们甚至可以活到 150 岁。

所以医学的核心，毫无疑问，永远以科学为核心。以科学为核心的医学，其重要组成部分是科学研究。所以我认为现代的医学教育要以科学和科学研究为核心，再小的医学院校，其核心使命应该是研究。因此，现在新医科的发展目标对我来说非常清晰，是建设一个以科学研究为核心的、好的医学院校。这些研究可以包括我们做的传统的生理、生化、解剖、药理研究等，也可以包括现代的以基因组、干细胞和其他更先进的新学科为核心的研究。这些研究要在我们的教学里体现出来。

对当下医学教育的观察与反思

医学教育在美国和中国，乃至全世界都是一个非常落后的体系，都进步得非常慢。原因虽不一样，但都与没有跟着现代的研究而改变医学教育有关。在中国的学科里面非常容易看清楚，过去 30 年我们的生物科学教育有非常大的变化，但全中国的医学院变化非常小。例如，在基础医学教育方面，以前主要是为了提供生理、生化、解剖等学科的老师而进行的教育，以培养师资为核心。这个肯定是错的，现在好的医学院校，基础医学教育的核心应是研究。一部分是培养最好的科学研究者，另一部分是培养好的医学生。基础医学的学生有一部分的出路应该面向产业，变成生物医药技术的员工和领军人才。这在美国和中国都没有进行。

公共卫生教育不应该继续以预防医学为主。这部分传统的内容可以继续存在，但其中的很大一部分一定要根据目前基因分析的改变，加上一大部分概率统计和基因分析的相关内容。除了基因诊断、基因治疗之外，基因分析对人类的贡献明显在日益增大，对人类的影响会越来越大。我预计大部分人在有生之年，基因测序、基因分析可能会像看手机一样方便。每天做两三次，看不同的生活经历对人的基因、健康有什么影响，通过基因分析来推测。这个技术目前是做不到的，但是在实验中，可以通过分析老鼠血液中基因的化学修饰来推测和确定老鼠的年龄。不需要知道老鼠的年龄，检测它的血液就可以知道，这是一个相关性的问题。如果是因果关系，就可以设想，你跟谁吵了架，跟谁喝了酒，对你的寿命产生了延长还是缩短的结果。

从科学发展规律来说，我认为这个事情在几十年之内应该可以做得到。如果做得到，现在的医学教育有没有教会这一批学生，能够面向公众进行相关的诊断和教育呢？这是现代公共卫生教育很大的一块缺失，而科学已经走到了这一步。

在生物医学工程方面，一大批人工智能技术的进入，对成像诊断、远程医疗会有很大的推动。那么全世界的生物医学工程学院在本科生和研究生的教育中，有没有加这一块？事实上，大部分医学院是继续原有的模式，并没有做改变。

过去几十年中，医学教育最大的一个改变是哈佛大学医学院做的一件事。哈佛大学把生理生化原先按学科教学，改成了肝脏的生理生化药理和脾脏的生理生化药理这样纵向的教学。这个教学改变有一定的意义,但其意义非常有限,而且主要适合美国的医学院,并不适合中国的医学院。因为美国医学院的学生已经进行过本科教育,有一部分生理生化知识基础,而中国医学院的学生没有。

医学教育应根据科学研究的发展前沿来进行改革

我认为,医学教育的改革要根据现代科学研究的发展,在研究前沿推出新概念和新需求时,来进行比较重要的改变。我相信在少数医学院开始做改革后,会刺激和带动其他医学院进行改革,最后真正给人类医学质量的提高带来根本性的变化。并且,医学在这些研究的基础上能够催生出更多治疗方式、治疗方法。医学不再仅仅是一个福利事业,而是在改善人类健康的同时,其本身也是现代经济的一个重要产业支柱。

所以我认为,真正进行现代医学教育的改革,是一件非常有挑战性的事情。这个挑战大部分在中国和美国都没有进行过,需要我们在今后的几十年中,敢于在不同的地方、以不同的方式进行推动。我相信,到那时中国可能推出比全世界都好的医学教育。

张宗益[①]：面向未来的工程教育模式探索与实践

> **导读**：2020年1月8日，在"2020未来教育论坛暨北京大学未来教育管理研究中心成立大会"上，重庆大学校长张宗益发表了题为"面向未来的工程教育模式探索与实践"的主旨演讲。在抗击新冠疫情的战役中，雷神山医院10天建成，为危重病人的救治争取了时间。来自结构、暖通等专业的重庆大学诸多校友们参与了雷神山医院的项目设计。此项目要在3天之内完成设计，是对工程组织管理能力的巨大考验。突如其来的疫情让人的潜力发挥到极限，也促使我们去思考和总结，在越来越多不确定性因素的影响下，该如何培养面向未来的工程人才。张宗益校长分享了对未来工程教育模式的探索与实践。本文根据演讲内容整理。

未来的挑战

随着信息社会的到来，自然科学、技术科学、工程科学正在进行广泛的大面积交叉，交叉源于不同科学的功能及其局限性。科学求真，解决对客观世界及规律的认识问题，但不能保证其发展应用能合乎人伦、推动和平与进步。人文求善，解决精神追求的问题，但不能保证其本身能建构在坚实的客观基础上。工程求实，解决科学技术的应用问题，但不能保证其全生命周期能真正造福于全人类。从层次结构来看，核心是自然科学，自然科学之外是技术科学，技术科学之外是工程科学。重庆大学（简称重大）是工科占优势的大学，从过去这些年来看，重大在工程上很成功，但在原始创新上还

[①] 张宗益，现任厦门大学校长。曾任重庆大学校长。

是有缺陷的。面向未来，我们要加强自然科学人才培养的基础。

工程人才特征

美国《2020工程师计划》总结了未来工程师的关键特征，即分析能力、实践经验、创造力、沟通能力、商务与管理能力、伦理道德、终身学习能力……2012年，《斯坦福大学本科教育研究报告》提出了"通识教育+实用教育+创业教育"的培养模式，实施了全新的"基于必备能力"的跨学科通识教育，促进学生的全面发展。经过梳理我们认为，杰出工程人才应具有雄厚基础、耐力与专注、全球意识、战略思维等个性特征，专门工程技术人才也要有强烈的好奇心和工匠精神。

培养模式探索

重大是一个工科见长的大学，一方面，有和所有工业体系相匹配的完整学科，从采矿到冶炼，再到材料、制造、运行、控制、计算机自动化，一直到上天；另一方面，有和城市建设相匹配的完整学科，从画图设计一直到土木工程，再到管理、环境等。

在学科交叉大背景下，工程技术人才培养模式正在发生转变。专业工程师要转变成复合型人才，专业工程师是基础，复合型人才是目标。学科体系要变成工程过程体系，人才培养标准要从标准化转变为个性化，培养过程要从封闭式转变为开放式。这就是我们的教学改革过程。

面向未来，我们要强调科学教育、人文教育、工程教育相统一，知识、能力、素质协调发展。知识方面，要有坚实的数理化基础，多学科知识构架。能力方面，强调5C核心能力——创新能力、批判性思维能力、交流与沟通能力、合作能力、终身学习能力。5C里面的其他4个C都是大家经常提到的，终身学习能力是我们重大教务部加上去的。重大强调终身学习能力。素质方面，重大强调道德与情操、理想与情怀、仁爱与胸怀、大局观与责任心。

面向未来的工程人才培养主要有五个途径。第一，基于学科交叉的本硕贯通培养及弹性学制，学生可以先学理再学工，也可以先学工再学理。第二，大类招生与大类培养，强化基础，拓宽专业口径，加强实践能力培养。新增了人工智能、数据科学与大数据技术、智能医学工程、机器人工程等新工科专业。第三，本科跨界培养，改革线性叠加式的知识体系构建方式，探索非线性的融合式知识体系构建方式，形成知识的共振、突破与创新。推进第二专业、辅修专业、微学位、学程等模式。第四，产、学、研、教深度融合，加强校企合作，鼓励"3+1"订单式培养。第五，依托创新创业学院，搭建校内校外创新实践平台。

重塑交叉融合实践平台。重大正在打造老校区和新校区 STREAM（Science，Technology，Reading，Engineering，Arts，Mathematics，即科学、技术、阅读写作、工程、人文艺术、数学）相结合的实践平台。面向未来的工程师要有很强的表达能力，工程技术类的学生要加强人文、表达方面的训练。信息技术、人工智能、大数据和先进制造要加强合作。

建立基于学科交叉—跨界融合—国际化（3I）的培养模式。大学资源要与企业资源和其他各类社会资源融合，共同培养创新人才，共同应对全球面临的重大问题和挑战。通过3I的培养模式，实现工程技术人才的交叉、跨界和国际化。国际化的背后是跨文化交流，要重视对工程人才的跨文化交流素质能力的培养，适应"一带一路"等国际化工程项目对工程人才的新要求。

实 践 案 例

分享两个面向未来的工程人才培养模式案例。

第一个案例是关于建筑与环境领域国际化工程人才的培养。首先，构建跨学科课程体系。前两年，我们把土木、建筑、环境、生态和管理等学科进行交叉整合，设立建筑学部。建设跨学科的教师团队和科教平台，推进学科的交叉与融合。开设跨学科通识课程，出版综合教材。如"绿色建筑概论""可持续建筑与环境"等通识课，涵盖安全、节能、环保、健康等知识。启动土木建筑环境领域多专业联合毕业设计，建设"建筑与环境领域综合实训基地"。其次，完善人才培养体系。将国际先进经验融入培养方案，国际最新成果融入培养过程。最后，汇聚多方教学资源。构建共享型"学术共同体"平台，整合国内外优质资源。与剑桥、雷丁、劳伦斯伯克利国家实验室等合作，开展联合培养、暑期夏令营、双学位项目、合作办学等，促进"校校互动"。

第二个案例是重庆大学—辛辛那提大学联合学院国际化工程人才培养。重大引进 Co-op 模式工程教育，与辛辛那提大学合作，培养具有国际视野、工程实践能力突出的高层次工程技术人才。采用美式"三学期制"，每学期 4 个月，A/B 两组轮换，保证持续在岗，课堂学习和企业实习交替进行，学用结合。20 个月带薪顶岗实习，实习以跨国企业为主，学校企业双导师，个性化培养，全过程评价。首届毕业生中，有 10 名同学获得 Magna Cum Laude（优良）荣誉学位，9 名同学获得 Cum Laude（良好）荣誉学位，有 29 名同学拿到卡耐基梅隆大学、普渡大学等海外名校 offer，21 名同学保送至中国科学技术大学、武汉大学等国内著名高校深造，总体深造率超过 85%。第二届的毕业生深造率也超过了 85%。

新 思 考

随着科技的飞速发展，人类社会正迅速从二元世界（物理空间、人文空间）进入三元世界（物理空间、人文空间、信息空间）。

CPH① 中，任意两极的互动，都可以对第三极的发展产生重大影响。信息社会到来以后，信息空间日益成熟。大学原来的传统课程一方面是关于物理空间的，另一方面是关于人文空间的，现在我们有必要重视信息空间，这个空间的知识能力、素质的培养是未来工程教育需要充分重视的地方。重大也正准备在这些方面开展深入的探索和思考，把我们的课程按照这三大空间进行重组，以适应未来信息社会对工程人才的要求。

---

① 信息（cyberspace）、物理（physics）与人文（humanity）三元世界或三元空间的英文首字母。

梁慧思[①]：VUCA 时代[②]，
新加坡国立大学的教学模式创新[③]

> **导读**：2020 年 1 月 8 日，在 "2020 未来教育论坛暨北京大学未来教育管理研究中心成立大会" 上，新加坡国立大学副教务长梁慧思教授发表了题为 "新加坡国立大学视角下的工作和教学模式（The Future of Work and University Education: Perspectives from NUS）" 的主旨演讲。新加坡虽然国土面积不大，但是教育水平位于世界的前列，多元文化融合一体。它的成功不仅表现在普通的教育中，在国民素质方面也取得了非凡的成绩，更重要的是在教育与产业的协同中找到了一条特色发展的道路。在未来教育论坛上，梁慧思教授带来新加坡国立大学的观点，认为，大学需要不断地创新，重新去定义自我。教育模式需要从 T 型转向 π 型，而且只有成为 "终身学生" 才能应对未来的挑战。

新加坡国立大学创始于 1905 年，一开始的时候只是一个小小的医科学校，今年新加坡国立大学将会迎来建校 115 周年。我们已经做好了面向未来的准备。我跟大家分享一下新加坡国立大学的情况。

VUCA 时代，教育面临多重挑战

我们现在是站在工业 4.0 的前沿。很多人会说我们现在生活在一个最好的时代，就像前几轮的革命一样，工业 4.0 也很有可能会提升

---

① 梁慧思，新加坡国立大学教授、副教务长、持续与终身教育学院院长，新加坡国立大学重庆研究院校长顾问。
② VUCA 指的是 Volatility（易变性）、Uncertainty（不确定性）、Complexity（复杂性）、Ambiguity（模糊性）。VUCA 时代是指变化莫测的时代。
③ 本文收入时改为现标题。

全球的收入水平，提升生活质量，让全球人口受益。还有一些人持相反的观点，认为这是最糟糕的时代，持这一观点的学派认为工业4.0会带来收入鸿沟的扩大，同时还会对劳动力市场造成颠覆性的影响，导致机器取代人类，最后会导致劳动力和资本之间的鸿沟扩大。

我们进入了一个VUCA的时代，V是指易变性，U是不确定性，C是指复杂性，A是指模糊性。我们有史以来第一次遇到了VUCA时代，非常易变、非常不确定、非常复杂，而且它的影响带来的深层意义是模糊不清的。对于个人和企业，都要考虑如何在VUCA的世界当中不迷失方向。新加坡国立大学也遇到了多重挑战，特别是在人口结构上的一些变化。现在出生率很低，新加坡也同样面临着人口老龄化的挑战。同时技术会影响到老师怎么教，学生如何学。

知识的半衰期已经大大缩短，我们所学的技能知识的相关性，可能在短期之内出现快速的衰减。知识和技术的半衰期，指的就是我们获得的新知识在多长的时间内价值会缩水一半。我听说工程专业的学生所学的知识和技术在20世纪30年代的时候半衰期是35年，到60年代就变成了10年，我觉得到现在可能半衰期已经远远达不到10年了，有一些专业的半衰期甚至短到18个月，还没等学生毕业，技术已经不适用了。

但是我们的人均寿命在增长，也就是说，我们的工作年限在增加。这时候我们就要思考一个问题，学生毕业之后，他们的技能能不能让他们用一辈子？本科生在短短4年时间里学习的知识技能，能否让他们一辈子受用？作为教育者，我们如何让他们在未来能够保持竞争力、保持相关性？这个问题取决于我们对未来的就业的了解。比如，现在上小学的学生，他们将来要做的工作可能现在还不存在。其实我们对未来的就业形势是不了解的，今天的大学生未来的工作要在将来才会被创造出来。对于大学来讲，我们应该怎么做？接下来，我分享一下新加坡国立大学的实践，包括我们在教学模式上的创新。

新加坡国立大学的教学模式创新——
从 T 型教育模式转向 π 型教育模式

过去我们采用的是 T 型教育模式，但这种模式显然已经跟不上时代的需求了。我们不得不从具有广泛基础和单领域专业知识的 T 型教育模式，转向 π 型教育模式。在新加坡国立大学，我们希望学生所学的两个专业——工科与人文社科，能够让他们具备多种能力，也就是说，既有广博的知识又有两个专业，同时还能结合理科和人文学科。再往前看可能需要的就不是 π 型，而是梳子型的，也就是说，大学生既能在多个专业学习深入的专业知识，又要在顶层有一个终身学习的习惯。

在采用这样的模式的时候，我们还要始终关注软技能的重要性。所谓软技能，包括有效的领导力、说服和影响能力、协商和调解能力、人际关系的建立能力、判断和沟通能力等，让他们在走向职场的时候能够应对复杂的挑战。

"终身学生"才能应对未来的挑战

新加坡国立大学在推行创新的大学教育模式，我们和我们的学生、校友、老师通过共同努力来应对未来。为了更好地让学生应对未来的挑战，我们正在推广的一个概念叫作"终身学生"（Students for Life），我们也推出了终身学习平台，让学生能够持续进行学习提升，从 20 岁直到 40 岁左右，本科毕业后能在职业生涯的早期和中期受益，这是持续教育和终身学习能实现的效果。

再往后，我们希望校友能够回归到课堂，和他们的学弟学妹交流，所以我们是把终身教育和现存的职业教育框架相结合。新加坡经常喜欢用缩写词，本科我们叫 PET，终身教育叫 CET。所以在本科的课程当中，我们在现有模块的基础上加入一些校友返校的新模块，给在校生提供指导。这些独立的模块，我们也可以颁发证书，比如，专家证书或者研究生证书，以及硕士学位等。

当然执行起来也有很多的挑战，其中一个就是确保优质的课程教学质量。这方面主要是通过我们的教学法来实现的，包括课程的设计，利用新技术来提升教学效果，教师团队的培养和认证及资历的筛选。这对于大学来说是一个新的挑战，因为它意味着我们要从根本上去转变我们的使命和身份，包括教室可能会比以前更加多元，教授的技能对于学习者来说是全新的体验等。终身学习的学生要平衡学习、工作、生活，这对于教师来说也是新的挑战，因为他们面对的受众不一样，不是学校里的学生，学生的期待不一样了。所以在课堂当中，我们的学生背景可能更加多元化，老师就要回应这种多元背景学生的需求。在教学质量上，我们要保证很高的课程相关性，课程的设计和内容要以实际的技术为基础，同时还通过开展焦点小组、和利益相关者进行密切合作，来获取最新的市场信息——雇主究竟需要什么样的人才的信息。

总体来说，大学需要不断地创新，重新定义自我，才能够保持我们的竞争力和相关性。新加坡国立大学正在朝着这个方向努力，我们的努力将会推动不同的人才团体的变革，包括有才华的学生，更多的成人学生，同时还会有一些行业的从业者、研究者回到课堂进行思想的碰撞。学生会有更多的收获，老师也会实现技能的提升，最后会产生新的想法。

我们新的教育模式是强调终身教育、终身学习，作为教育工作者，我们也要让学生学会如何去学习，选择对自己的职业发展有价值的课程。我们的愿景是希望能够成为一个人才社区，共同去设想未来、塑造未来，能够为新加坡和全世界创造更多的多元化价值。我们始终坚守自己的愿景和使命，在服务客户、学生、教师和社会的过程中充分体现我们的价值观。

玛利亚·柯罗[①]：这所美国毕业生薪资最高的大学是如何让学生爱上学习的？[②]

> **导读**：2020年1月8日，在"2020未来教育论坛暨北京大学未来教育管理研究中心成立大会"上，哈维·穆德学院（Harvey Mudd College）校长玛利亚·柯罗（Maria Klawe）教授发表了"通过包容性教学法和课程增加工程教育多元性（Increasing Diversity in Engineering Through Inclusive Pedagogy and Curriculum）"的主旨演讲。从最初只有两位学生的创新学校到成为美国顶级的文理工程学院，哈维·穆德学院取得了卓越的教育成效。它的学生会升入哈佛大学、麻省理工学院、斯坦福大学等顶尖大学深造，哈维·穆德学院已成为美国大学中出产博士比例最高的院校。这所大学的学生被评为美国学习最用功的学生，同时他们也不是Nerd（书呆子），毕业生会进入谷歌、微软、脸书、苹果等知名公司工作，成为美国毕业生薪资最高的大学。这所位于美国加州的哈维·穆德学院是如何让学生在学术研究和工作实践中都取得了优异的成绩？该学院校长玛利亚·柯罗在"2020未来教育论坛"上分享了她的思考与实践。本文根据演讲内容翻译并整理。

我已经68岁。小的时候，作为一个小女生，我喜欢的都是男孩儿会做的事情，比如，数学、科学、工程学、吹小号。那时在北美，男孩儿和女孩儿的培养界限划分得很清楚，但我还是毅然决然地选择了数学，又学习了计算机科学，此后便一直跟这两个学科打交道。我个人感觉很幸运，之后担任英属哥伦比亚大学和普林斯顿大学的

---

① 玛利亚·柯罗，美国哈维·穆德学院校长。
② 本文收入时改为现标题。

工程学院院长,现在我在南加州的哈维·穆德学院——一个拥有 65 年历史的小型本科学院——担任校长。

学院成立的初心

当年成立这个学院,是因为人们担心科学家和工程师会对世界产生重大影响,但他们并不总是思考自己创造的技术和知识所带来的后果。当今世界正处在一个快速转型的革命中,包括人工智能、信息技术、数据科学。这些技术对世界产生了重大影响,但我们不知道研发这些技术的人,是否理解、如何衡量自己创造的技术所带来的影响。

因此,65 年前哈维·穆德学院创立时,非常明确地提出要在工程学、科学和数学的本科教育方面进行创新,让毕业生能够在职业生涯中做精彩的事,但同时始终思考自己的工作将产生的影响。

所以,哈维·穆德学院早期的老师们就决定不仅要有意识地强调严格的数学、科学和工程学的学习,还要有意识地把它们和更宏观、更深层次的人文教育、社会科学以及艺术结合起来,并通过这种结合打破这些学科之间的壁垒。这些人们在今天津津乐道的,哈维·穆德学院已经进行了 65 年。我非常高兴地看到,我们的学生在美国职业生涯中期的薪资排名是最高的。在职业生涯早期的薪资排名中,我们总是排在前三。顶尖的科技公司如谷歌、微软、脸书、苹果等都非常喜欢聘用哈维·穆德学院的毕业生。

多元化让我们做得更好

真正让我们与众不同的是,我们的学生中有一半是女性,计算机科学、工程学、物理学专业有一半的毕业生都是女性。但在早期,女性可能只有 1%～2% 的比例。13 年前,当我到任哈维·穆德学院校长时,女性学生的比例是 30%。因此,我们学院的工作重点之一就是如何吸引女性对计算机科学、物理学、工程学、化学、生物学、数学等学科感兴趣。

我们是怎么做的呢？为什么这很重要？技术日新月异，我们需要更多工程师，需要更多数学家，需要女性同样在这些学科中茁壮成长。此外，多元化的团队会给我们带来更好的解决方案，也因此需要我们打破学科之间的壁垒。比如，如果我要考虑创业，就既要懂技术又要懂经济，还要知道市场是否有需求。多元化的团队可以让我们做得更好。

成功的四要素

如何让我们的教育更有吸引力？不仅对女性，还对美国的少数族裔，如黑人学生和西班牙裔学生等。成功的秘诀是：①当我们开始教学时，要确保学生们知道，每个努力的人都可以得到帮助并获得成功。②把理论学习和实践应用结合在一起，学生在学习理论概念时会有更强的动力。③团队合作。每个人都将为世界贡献自己的价值，不管是做领先的科学家还是医学研究员，都会是团队工作。所以，为什么不从学生入学的第一天开始就让学生进行团队合作呢？在合作中，学生能够更好地学习，更好地开展工作。④在我上学的时候，我一直希望自己成为全班最优秀、最聪明的学生，有什么问题我都抢着举手问、抢着举手答。当时能做到这一点，老师会视你为优秀学生，会非常看重你，但是对其他学生却不太公平。所以在哈维·穆德学院我们另辟蹊径，老师讲课时要确保所有的学生都参与进来，让大家都有机会提出问题、解答问题，从中受益。

所以我的假设就是，如果把这四点不太难的事做到了，你就可以取得成功，可以成功地教育学生，教出更多更好的学生，而且可以更好地吸引女性学生，让她们能够在理工科领域取得杰出的成绩。

最受欢迎的计算机科学课程

我刚到哈维·穆德学院时，计算机科学专业的女生占比只有约10%。在我就职前一年，一位刚从麻省理工学院到任的助理教授发现我们学院的女生比例太低，她提出是否可以增加女性的比例。因此，在我入职时学院已经做出一些调整，要求新生第一个学期都要学习计算机科学，课程同样具有挑战性，但在课程中融合了几个新理念。首先，根据学生先前的学习深度分别授课；其次，建立基于问题解决的创新团队；再次，确保每一个计算机的理论和概念，用学生喜闻乐见的方式向他们展示如何应用于实践；最后，摒弃大男子主义。

13年过去了，现在我们计算机科学的学生有一半是女性。不仅如此，课程也在不断地优化，计算机科学已经成为最受欢迎的一门课程。实际上，我们并没有调整教学材料，没有降低标准，只是根据学生此前是否接触过计算机科学做了一些个性化的模块定制，来确保不同类型的学生都有机会提升自己的计算机科学水平，可以选择计算机科学作为专业并成长。与其说是学习编程，我们更愿意把它称为创造性地解决问题。传统文化中，女生会认为编程是男生该做的。如果我们说这是一门如何编程的课程，那课程就没有吸引力；但说这是一门学习如何创造性地解决问题的课程，所有的年轻人会把自己看成创造性地解决问题的人。

当有学生像我一样喜欢问各种问题、回答各种问题时，我们会让老师友善地跟他们说，他们占用太多课堂时间对其他同学不公平，我们很乐意在课后跟他们继续交流。我们要让学生在课堂上有公平的机会提问和回答问题。

翻转课堂提高学生数学成绩

再举个例子。这是另外一门必修课 E79，是一门数学变换的课程，如傅里叶变换。课程以讲座的形式进行，老师站在讲台前滔滔不绝地讲授课程内容，学生听不进去，家庭作业中会遇到问题。而且此前20年，女生的成绩都低于男生。3年前，一位工程学的老师做出调整，采用翻转课堂的形式。周日为大家播放一段短视频，讲解理论框架；周一、周三上课时，学生做测验。更多的时间他们会组成团队，用2小时的时间在实验室搭建一个水下机器人，观察这个数学概念是如何应用的。

  结果如何？每个人的成绩都有改善，平均分从60分左右提高到80分，而且男生和女生的成绩差距消失了。这也是可以预见到的。通常，我们发现某个课程存在性别、先前经验上的差异时，可以采取措施消除这些差异，并提供一个让每个人都能成功、成长的环境，每个人的成绩都可以得到改善，而不仅仅是那些成绩落后的学生。

  未来教育要更加以学生为中心、更加跨学科，以及更多地进行产、学、研之间的互动。哈维·穆德学院在这些方向上已经努力了65年，这也是我们的学生在我们国家成功的原因。我为哈维·穆德学院自豪，并对北京大学未来教育管理研究中心的未来充满期待，希望在不久的将来可以通过各种方式进行合作，互相学习所长。

唐士其①：专业教育培养的是专家，通识教育培养的是人

> **导读**：2020年1月8日，在"2020未来教育论坛暨北京大学未来教育管理研究中心成立大会"上，北京大学国际关系学院院长唐士其教授分享了他对通识教育的思考。他提出"专业教育培养的是专家，通识教育培养的是人"的观点。专业教育与通识教育水火不容吗？唐士其教授指出："知识的获得只能以专业的方式开始，但教育不应该被限制在专业的范围之内。"通识教育或者博雅教育的核心就是对自由人的教育。人从物质和精神的束缚下得到自由，也就是我们说的"真理使人自由"。本文根据演讲稿主要内容整理。

通识教育与专业教育因何而出现

应该说传统教育都是通识教育。在传统社会，因为知识本身及其学科分工不是太细，所以通识教育既有可能也有必要成为对社会精英的教育方式。与通识教育相比，专业教育的出现就要晚得多。在欧洲应该不早于16世纪；中国就更晚，在科举制废除后才出现。专业教育跟科学的出现不是一回事。科学在古希腊时期就已经产生了，我们知道亚里士多德创造了很多门科学，但当时的古希腊教育是通识教育，包括古希腊讲的"自由七艺"，其包含7门学科，也是通识教育。

专业教育的发展是近现代知识体系发生变化的结果，这是在方法论上对精确性的追求。研究者对精确性的追求，使得他们把研究对象局限在一个狭小的领域中；用定义概念的方式，人为地划分出

---

① 唐士其，北京大学国际关系学院党委副书记、院长、教授。

一个可以满足这种精确性要求的领域来。这些领域会相互交叉，但是不能从根本上改变"道术将为天下裂"的问题。

专业教育培养的是专家，通识教育培养的是人

专业化教育的高度发展，使得传统的通识教育受到了很大冲击。一方面是专业知识的不断细化，使人们在当今的学科分野之下很难掌握一门以上的知识。另一方面，即便是人们降低通识教育的标准，也很难界定出一个自由的人应该掌握的知识范围和程度，通识教育因此往往被等同于常识教育。可见专业教育的时代，通识教育面临着一种被边缘化的危险。

但是专业教育显然并不能替代通识教育。这不仅仅是因为通识教育包含常识教育的一面，使那些接受专业教育的人能够享受一种健康正常的生活，能够为社会提供公共服务，而不至于在走出他们的专业领域之外处处碰壁；更重要的是，通识教育意味着对专业教育的超越，意味着受教育者视野的开阔。因而它是一种对灵魂的教育，是人的自我完善，使人能够远离名利场中的嘈杂喧嚣，最终学以成人。这些都是专业教育无法实现的目标。换言之，专业教育培养的是专家，通识教育培养的是人，就此而言，通识教育和专业教育存在根本的区别。通识教育是大众文化的解毒剂。

完整的知识需要实现对专业的超越

专业教育是否与通识教育水火不容呢？当然不是。

我们首先需要把专业教育与"知识的专业化"区分开。知识的获得只能以专业的方式开始，但教育不应该被限制在专业的范围之内，这是两件不同的事情。在科学的创始人亚里士多德看来，专业是学科的划分，因此科学并不是太高尚的称谓，只不过是"分科"之学。这是由人的认识特点所决定的，因为人只能从特定的角度对

事物进行观察和认识。虽然世界本身是一个整体，有统一性，但是人们对事物的认识只能一部分一部分来进行。这只是认识的起点，并不是认识的目标，认识的目标要上升到事物的整体。这样一种对事物的认识，传统上是哲学的领域，但就连哲学本身也摆脱不了限制。现代哲学更是体现出明显的特点，也就是从某种特定的科学方法和理论基础出发，构建自己的思想体系，比如，力学、物理学、心理学、生物学等。因此可以说，任何知识包括哲学在内都有超越自身、从部分认识上升到整体认识的任务和使命。

就此而言，一种局限于专业而不能超越专业的知识，实际上仍然是不完整的知识。但专业知识本身包含自我超越的可能，也就是说，一个特殊的专业研究自然提供了一种理解宇宙研究的视角，如果研究者从这个视角出发，又不再局限于这个视角，就实现了对专业的超越。当然我们当前的处境与这种理想的状态相距甚远，现代知识受到各方面的"逼迫"，比如，金钱、竞争以及对极端和进步的追求等。因此，很少有研究者能够从部分回到整体，从物回到人。人类能否放慢对科学研究的步伐？能否对技术说不？当然这是另外的问题了。

教育也存在着一个从部分上升到整体的问题。知识只能一门一门教，好的教育制度不能满足于向学生传授一些相互隔绝的知识，教育的目的是使学生触类旁通。

现在我们能做什么？

在我们这个时代，要让专业教育普遍超越自身成为通识教育，的确存在相当大的困难，因为人类的知识本身就处在分裂的状态。不仅关于人的知识和关于物的知识是分裂的，关于人的知识其自身也是相互分类的，比如说政治学和经济学对人就有相当不同的认识。知识不能超越自身，教育当然也就很难超越自身。

反观古希腊时期，一个秩序井然的宇宙，人在其中占据自身的位置，这种天人合一的知识体系是通识教育的前提。正是因为存在这样的前提，当时的人们才会把发现宇宙的根本原则作为通识教育的最终目标。从目前的知识状态来看，我们似乎只能把建立这种整全性知识的任务交给未来的人，也就是现在的教育对象。然而为了建立整全性的知识，他们自身就要受到整全的教育，这好像就是一个解不开的结。

我们有两件事可以做。首先，因为通识教育并不排斥专业教育，甚至必须以专业教育为出发点，所以通识教育与现代大学的教育体制完全可以相互兼容。只要我们的教育者在进行专业教育，为培养高级专业人才做准备的同时，注重对专业知识的超越，注重引导学生对整全性知识的追求，注重对学生人格的养成，我们就能够在一定程度上达到通识教育的目标。其次，我们拥有丰富的通识教育素材，那就是各个领域的经典。人们把阅读经典作为通识教育的重要途径，是因为古人的知识虽然不那么深刻、精准，但他们拥有一种关于这个世界的整全性了解。因此，我们不能因为古代知识的简陋而轻视它们，而是一方面要深化和拓展它们，另一方面要努力发掘它们所包含的智慧，重构它们所展现的统一的世界图景。人格统一性的前提是世界的统一性。

古典思想能够让学习者思考自己在宇宙万物当中的位置，从而获得一种相对健全的人格。因此，阅读古典是当下通识教育的替代方案，甚至还是一种相对可取的方案。

我相信，在一个专业教育的时代，通识教育可以有所作为。

顾佩华[①]：新工业革命与新工科教育范式：机遇与挑战

> **导读**：2020年1月8日，在"2020未来教育论坛暨北京大学未来教育管理研究中心成立大会"上，天津大学（简称天大）新工科教育中心主任、加拿大工程院院士顾佩华教授发表了题为"新工业革命与新工科教育范式：机遇与挑战"的主题演讲。他分享了多年来在工程教育和近年来开展的新工科教育领域的实践与思考。
>
> **新工科建设是**：面向未来科技和工业发展的新工科教育变革及创新、探索建立新时代工科教育的新模式和新范式，以新理念、新模式、新课程体系、新方法、新内容、新质量标准建设新工科专业和创新现有工科专业；培养企业当前和未来需要的卓越工程创新人才。顾佩华指出，要真正做到面向未来科技和工业发展与产业需求，要以学生发展为中心，以培养结果为导向，建设整体化的课程体系，并从授课、作业、考试的传统模式，向系统化、整体化的新文理教育、多学科交叉的工程教育和个性化的专业教育模式转变。本文根据演讲主要内容整理。

新工业革命与新教育发展

每一次工业革命都推动了教育特别是高等教育的发展，主要是因为人才需求的变化。这次工业革命的特点是什么呢？是物质科学和信息科学以及生物科技的直接交叉融合，产生很多颠覆性的新技术和新产业，迫使我们去重新考虑，这个新的时代是否需要新的工科教育范式。

[①] 顾佩华，加拿大工程院院士，国际生产工程科学院院士，天津大学新工科教育中心主任、机械学院教授。

新的技术催生了很多新的产业，也颠覆了一些传统企业。在很多技术方面，企业走到了大学前面，迫使大学重新思考，这种快速的变化需要什么样的人才和教育。特别是未来新知识的产生和应用、新技术的研发和应用的时间越来越短，与我们传统的教育模式、课程体系的修订和更新不相符，所以需要工程教育的深刻变革和全面创新。

未来所需要的工科人才特点

天津大学在培养目标中包含了使学生具备适应社会加速变化能力的要求。企业需要未来的学生具备很强的适应性，要有适应性就得有学习动力、能力和毅力，随时学习和终身学习要成为一种常态。

作为多年的工科老师，我发现学生在自学的情况下有三个方面的困难：思维上的障碍、对科学原理的理解障碍，以及数学表达的问题。所以，新的教育要以系统性为基础，同时具备跨学科的特征，使我们能想到就能设计出来、能设计就能建造出来。

我经常和同学和老师们讲，现在拿出一个智能手机来，我们真的很难做到全懂。这是一个复杂的工程技术产品，所以不能只在单一的学科里学习。创新思维、创业精神是一种态度、一种习惯，是你可以带到任何地方的技能。在科技有如此大影响力的时候，我们的职业标准还应当包括对社会方方面面的责任和职业伦理标准。未来的人才做事的动机、行为和态度，特别是面临挑战和挫折时的毅力，变得非常重要。

新工科教育方案设计要点

我对新工科的理解是，面向未来科技和工业发展的新工科教育变革与创新；以新理念、新模式、新课程体系、新方法、新内容、新质量标准建设新工科专业和创新现有工科专业；培养企业当前和未来需要的卓越工程创新人才。在这个认识下，天津大学新工科的教育方案设计有四个要点：一是核心内涵；二是课程体系；三是培养平台；四是质量保障体系。立德树人，全面培养是非常重要的。我们将一个 18 岁的高中毕业生，到 22 岁大学毕业时，培养成一个成熟的公民，他的品格塑造、人格培养非常重要。那么怎么培养呢？雷蒙校长已经讲了，通识教育就是文理教育，不仅是人文教育，还包括科学教育。对于工科教育，我们强调的是跨学科教育，专业方面还是应当实施个性化教育。所以，方案设计的基础是具备非常新的专业知识和跨学科解决复杂工程问题的能力等。

新工科教育方案实施进展

我们建立了一个多学院、多学科共建的培养平台。这是一个开放式的平台，既有产学研合作、国际合作、教研学融合，又将所有研究型大学的一些中心实验室对学生开放，支撑整个跨学科的平台。图 1 是一个路线图，我们定义了培养目标、毕业要求和培养特色，按照这个路线图一步一步做出来，把美好的理想变成现实。我们根据培养目标和毕业要求先建立一套培养标准，再建立课程体系（Curriculum），不是修修补补、局部的修改，而是有意识地根据

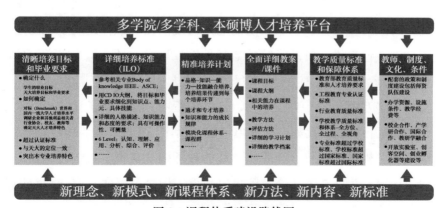

图 1　课程体系建设路线图

这个路线图建立起来，由五种项目作为连接点，将课程集成为一个体系。

举个例子，我们这个学期推动了两个院级平台建设，也就是学院内部的学科交叉平台。我们还设计了几个校级平台，也就是跨学院、跨学科的平台。其中一个是未来智能机器与系统平台，涉及5~6个学院及若干个专业。这也是将来的一种新的组织形式，通过整合跨学科的不同专业，形成真正的多学科交叉融合的培养体系。整个培养体系按照路线图对所有的专业进行梳理，最后形成的课程包括平台必修课、专业必修课和平台选修课。传统培养体系由于受学院限制，无法做成跨学科的模式，但现在在这个平台上可以实现。比如，大一的第一个学期，我们有工程数学分析、设计与建造、智能电子创客设计与实践，以及思维与创新等多学科交叉融合课程。在思维与创新课程中，学生学习批判性思维、创造性思维、系统性思维、设计思维以及解决问题的方法等内容。这些课程设计不同于传统的教学安排，除了工程数学分析之外，其他课程都由多学科的教师团队教授，改变了一位教师负责讲授几门课的传统教学安排的做法。教师团队的教师都是各自领域的专家，安排他们来讲其科研领域的课程内容，教师愿意教，学生喜欢学。

再举个例子，思维与创新课程在教学安排方面，我教导论、系统性思维和融合创新；法学院的老师教批判性思维；建筑学院的老师教创造性思维；管理学院的老师教设计思维；马克思主义学院的哲学老师教科学推理方法。在教学方法方面，既采用了翻转课堂，又采用了互助学习、自主学习。这些课程中，课堂教学比较少，大多都要进行实践。比如，智能电子创客设计与实践课程，由自动化、微电子、机械、精仪、计算机学院的教师团队负责。关于传感器方面的内容，虽然2~3位教师可以教授，但是精仪学院有一位全国知名的传感器专家，我们就请这位专家讲授，效果就非常好；又如，移动编程和智能编程课程，由计算机学院的老师来教授。以往这些课程都是由自动化系内部的老师来教授，其实并没有发挥研究型大学各领域专家的作用。

实施新工科教育的挑战

如果要做一个新工科教育体系，研究型大学面临着非常大的挑战，比如，对教师如何评价、教学工作量如何计算等。我在汕头大学工作时基本采用加拿大教师评价体系，还没有这方面的体会；但到了天津大学这所研究型大学后深有感触，因为教师评价基于指标评分，科研指标要求非常高。研究型大学的教师并不是为了本科教学到研究型大学工作的，但是又希望成为学生的好老师，这之间的矛盾需要解决。天津大学在设计方案的时候，希望有意识地在本科教学的后两年把本科生像研究生一样培养，这样的培养成果就可以跟硕士生毕业成果挂钩。

我在2020年去了两次欧林工学院和麻省理工学院（简称MIT），MIT机械系的产品开发和设计课程，一学期（9月到12月底）有180个学生，分成9个团队，平均20人一个团队，学生平均每年注册两个初创公司。如果MIT能这么做，我们就可以做成三个学期，即三年级的多学科大团队项目和两个学期的毕业项目，也可以组织跨学科的20人的团队，相信也能产生比较好的创新创业结果。

探索新工科教育范式

新的工业革命呼唤新的范式变革。很多学校或者专业都是传承以往的课程体系或对其进行局部的修订。大学要真正做到面向未来科技和工业发展需求，以学生发展为中心，以培养结果为导向，建设整体化的课程体系，并从传统的授课、作业、考试的模式，向系统化和整体化的新文理教育、多学科交叉的工程教育和个性化专业教育的模式转变。我们的重点应当从关心学生毕业能否找到工作、能否考上研究生，转变为能否培养适应未来科技发展、工业发展所需要的卓越工程师、科学家、企业家等领军人才。

　　我参与工科教育是从1999年担任卡尔加里大学的系主任开始的，到今天已经20多年了。我并不是什么工程教育专家，就是一名老师——一名有机会做工程教育改革与创新的教师。人才培养是大学的根本任务，一个只有本科（没有研究生）教育的大学自然专注本科教育，而研究型大学，则应该平衡教学、人才培养和科研工作。研究型大学的教师投入本科教育的原动力与学校文化和考核指标有很大的关系，教学和培养本科人才是个良心活儿，能否做好取决于你怎么看待这项事业。

邬大光[①]：大学治理——从经验到科学

> **导读**：2020年1月8日，在"2020未来教育论坛暨北京大学未来教育管理研究中心成立大会"上，厦门大学（简称厦大）邬大光教授发表了题为"大学治理——从经验到科学"的主旨演讲。他认为，当我们制定不出新的适应未来的人才培养方案的时候，是因为我们还处在第一代人的办学阶段和第一代人的办学经验中。我们今天探讨这个话题并不是否定过去，而是总结经验，在深刻反思的基础上找到我们未来教育管理的出路。本文根据演讲内容整理。

尊敬的林建华校长，首先祝贺未来教育管理研究中心的成立。

我昨天在家跟我爱人说，明天去参加林建华校长组织的论坛。她说你退休后关心大学历史，林建华退休后关心大学未来，谁来关心大学当下呀？我想，我把历史理清楚了，林建华把未来想清楚了，聚到一起就是当下。

一、我们的教育记忆是什么

我做了11年副校长，林建华做校长更久。这给我们留下了什么样的教育记忆和教育经验呢？林校长有一篇文章讲"中国何时能够建立起自己的人才培养体系"，我今天讲的话题与之有关。

我们的教育记忆是什么？先给大家讲一个故事。

1997年6月1日，厦门大学开设了一个新专业，叫作口腔医学。教育部高等学校教学指导委员会的主任到厦大实地考察，看口腔医学专业办学条件够不够。我不懂口腔医学和牙科，汇报的时候

[①] 邬大光，现任中国高等教育学会第八届理事会副会长，兰州大学高等教育研究院院长。曾任厦门大学副校长。

一会儿说牙科，一会儿说口腔医学。他纠正我说，我们是教育部口腔医学专家组，不是牙科专家组。我问二者有什么区别？他说口腔医学是苏联起的名字，牙科是欧美的叫法，我国从1950年开始就使用"口腔医学"的名词。牙科就是补牙、修牙、洗牙，工作都在牙上；口腔医学管脖子以上部分，包括颌面外科、颌面神经科等。

从此我就开始梳理，我们留下了什么样的教育记忆。我发现20世纪50年代初，中国有394个苏联专家，其中96个专家在中国人民大学（简称人大）、70个专家在哈尔滨工业大学（简称哈工大）给我国大学做人才培养方案。因此，中国综合性大学的培养方案都来自人大，理工科院校的培养方案都来自哈工大。今天大家所熟悉的教学计划、教学大纲、教学进度表、教材讲义、教学工作量制度、教学编制等最为基本的教学管理制度，都是在20世纪50年代形成的。尽管后来实施了多种教学改革，但总体来说没有跳出50年代形成的基本框架。也就是说，160多名苏联专家的培养方案，是留给我们这一代人的教育记忆。我们这一代人都生活在中国大学史的这个横断面中，对这一段最熟悉。这就是我们积累的教育经验。

二、我国人才培养方案的特征

我国的人才培养方案，大致涉及专业设置、教学组织、课堂教学、通识教育、培养方案、就业毕业、教学管理、教育技术等方面，这是我从多年教学管理工作中总结出来的。今天主要讲人才培养方案的特征。这是我在对教育部教育质量评估中心的600多所大学自评报告，以及我搜集的中国200所大学的人才培养方案进行分析之后得出的结论。

中国高校现在有这么多专业、这么多学科门类，几乎都是综合性大学的学科架构，有较为完备的专业体系。传统的单科性院校已基本消失，但很多高校虽然具备综合性大学的形式，却并没有摆脱单科性大学的运作方式。对 200 所大学人才培养方案的数据进行分析后我发现，中国人才培养方案中有很多壁垒，如必修与选修、主修与辅修、公共课与专业课的壁垒等。2016 年我参加北大评估，元培学院没有壁垒。但大学有没有壁垒？需要思考。我带博士生做 100 所高校本科培养方案分析后得出一个结论——综合性院校的培养方案有孤岛意识，工科院校的培养方案有小作坊意识，财经院校培养方案有小算盘意识，农科院校的培养方案有小农意识。

现在的人才培养方案都讲要实行学分制，中国有几个学校做到了真正的学分制？学分制的本质是给学生选择的自由、选择的空间，包括选择专业的自由、选择课程的自由、选择学习进度的自由、选择学习方式的自由等。反正我上大学的时候没有选择自由，让我们今天给学生这么多选择自由真的很难。今天做的人才培养方案，都是我们这一代人上大学的时候没有经历过的。我们没有经历过学分制，没有经历过通识教育、创新创业教育、跨学科教育，也没有经历过国际化教育。可是这些东西都是今天要做的，因为它是未来教育改革的方向。今天这代人所做的培养方案是指向未来的。今天中午我抽空去了清华校史馆，北大校史馆我去了不止一次。从两所大学几张校史馆的展板可以看出，100 年前的专业课程设置和今天有一个多么大的反差，因此我说，研究历史也是指向未来的。

我们分析了 110 所高校的培养方案，包括通识教育，有 88% 左右的高校把基础课作为通识教育的内容。今天好几位学者的报告也涉及了通识教育。不管目前对通识教育的理解如何不同，共识还是比较多的。可是这 88% 高校的培养方案里面，把大学体育、大学英语全部当成通识教育，我认为这种培养方法是不对的。越是工科院校，通识教育越开不出来。为什么？因为今天大学的工科老师就没接触过通识教育。

三、结　　论

对这么多的培养方案做了大数据的分析后，我有了一些基本的结论。我们今天这一代大学管理者，接受的是"被"专业的教育、"被"计划的教育、"被"选择的教育、"被"大众的教育，因此，我们对人才培养方案的精髓理解得很不够。

回顾我国人才培养走过的路，可以清晰地发现，我们积累的经验是苏联的经验，我将其称为中国大学人才培养方案的第一代特征。第一代特征是整个高等教育系统第一代特征的缩影，特点就是依靠、模仿。席酉民校长说要有国际视野、本土理解。中国现在还没有完成这个过程，我们制定不出新的适应未来的人才培养方案，是因为我们还处在第一代人的办学阶段和办学经验中。今天探讨这个话题，并不是否定过去，而是总结经验，在深刻反思的基础上找到我们未来教育管理的出路。

第二部分　专家对话

> **导读**：2020年1月8日，在"2020未来教育论坛暨北京大学未来教育管理研究中心成立大会"上，西安交通大学副校长郑庆华、吉林大学副校长王利峰、北京大学燕京学堂院长袁明、杭州二中原校长叶翠微4位不同背景的教育研究专家对话，分别就2019年的教育回顾、2020年的教育期待以及未来教育三个话题进行了分享和探讨。以下为整理的对话内容。

教育专家共话教育改革与社会发展

用一个词描述2019年

主持人：2019年，世界的很多变化都超出了我们的想象。有人说，世界的变化之快甚至让我们来不及惊讶。教育领域也出现了很多挑战。对于过去的2019年，如果只用一个词来描述，你会选择哪个词？

叶翠微：我是做基础教育的，在我看来，星星还是那个星星，月亮还是那个月亮。所以，我的这个词是"涛声依旧"。因为对孩子们来讲，学习还是那么苦，但是希望在等待着他们。

主持人：他刚才用了一个特别好的词——"涛声依旧"，孩子们学习还是那么苦。

郑庆华：我的一个深刻体会是"未来已来，唯变不变"。未来的变化、挑战、使命已经到来，在迅猛变化的过程中，把高等教育以及人才培养的不变的、共性的规律找出来，从而更好地指导人才培养，是当前的重要工作。

主持人："未来已来，唯变不变"，这也是我们今天看到变化的一个最重要的原因——时间变了。

王利峰：我从 2009 年开始分管教学工作，最大的感受是"压力"。一方面，我还处于学习阶段；另一方面，来自各方面的变化不断地冲击着教学与教学改革，所以我的压力非常大。也正因为如此，我觉得北京大学未来教育管理研究中心的成立恰逢其时。

袁　明：2019 年发生了那么多事情，但人类在坚持，北大在坚持，我也在坚持。"坚持"可以代表我心底的感受。

主持人：4 位老师都选择了自己认为对 2019 年最好描述的关键词，我相信在座的各位也有自己的选择。过去的 2019 年真的不容易。无论是涛声依旧、未来已来，还是压力、坚持，我们都在承担自己的责任以及对学生的期待中圆满地度过了 2019 年。

　　　　2020 年到来时，许多人用"百年未有之大变局"一句话来形容、定义新的一年，是因为无论是科学技术还是整个世界的发展，都走到了一个特殊的关口。

　　　　在这样一个年份，我们对教育有什么样的期待？我们有什么样的打算？这也是我特别期待 4 位老师与大家分享的。所以第二个话题是，"对 2020 年，您的期待是什么"？

2020 年对教育的期待

叶翠微：我有三个期待。第一个期待是校园里的孩子们身体更好一点。我们一定要看到一个基本事实——孩子们的肺活量、耐力没有达到历史最高点，这是我们必须面对的一个问题。

　　　　第二个期待是老师们更优雅一点。中国经历了人类史上最大的造校运动，学校越来越大、越来越漂亮，但是老师们行走在校园里的身影并没有变得更优雅。当然原因有很多，但我期待老师能够以优雅的生活姿态行走在校园里。

第三个期待是解放我们校长，让中国的校长为教育、为学校、为孩子而努力。

主持人： 这三个期待特别好，让孩子健康一些，老师优雅一些，校长解放一些。我觉得，这三个期待也可以变成未来教育管理研究中心的话题。

郑庆华： 关于2020年的期待，最近西安交通大学举行了一次人才培养工作总结会，我的思考就是反思和面向未来。

反思什么？最近有几个困惑让我思考。其中一个困惑是现在的教育规律是从科学基础理论到核心技术，再到工程实践。其实在人类历史上，2 000多年前就有了万里长城、都江堰，五六百年前就有了紫禁城，这些重大的工程都离不开科学和技术。那时候没有力学、没有建筑学、没有水利学，为什么人类能创造奇迹呢？

今天以科学理论为基础，以工程技术为核心，再付诸实践，到底是不是培养人才的理想途径？这是我的思考，没有找到答案，至今仍是我的一个困惑。我们就是围绕这样的思考谋划"十四五"长远规划的。

主持人： 对于2020年，西安交通大学是从底层的人才培养逻辑思考如何面对未来的，这也是我们必须认真讨论的话题。

王利峰： 前不久，吉林大学张希校长接受《瞭望》杂志的采访时说："教育不是把篮子装满，而是把灯点亮。"这句话我非常欣赏。我期待在吉林大学以及更多的校园里，教师、管理者能够把更多学生心中的灯点亮。

刚才理查德·米勒教授在演讲的时候讲到态度，我的第二个期待也是关于态度的。无论是教育管理还是教书育人，或是学生学习，态度都是非常重要的。我们应该围绕"态度"进行更多的思考、研究和实践。

第三个期待，我希望消化、理解林建华校长所讲的五个共识，将其贯穿到教育、教学中去。这样，我们的教育才能迎接未来更多的、全方位的挑战。

主持人： 我们一直说，教育不是传授知识或者技能，而是唤醒心灵。无论是从态度还是从未来教育的五个共识来说，对学校、对老师的要求都变得更高了，而且要求我们有能力点燃学生，有能力唤醒学生。这也是我们对2020年的期待。

袁　明： 要说期待，我要提到我现在正在做的国际项目，即北京大学燕京学堂。在做这个项目的过程中，我越来越体会到教育国际化的重要性。中国在走向世界，世界也在走向中国，教育的未来是不可分的，中国是世界的一部分。

在快速发展的科技革命、教育革命的时代背景下，我们怎么聚焦到一点？面对这么多来自国内外优秀的年轻人（每年大约120名），他们的特点是什么？

他们的特点其实也是时代的特点。

第一个特点是，他们对未来有强烈的好奇心，世界给了他们很多好奇的理由、内驱力。

第二个特点是，他们的英语以及其他工作语言都非常熟练，有一些学生甚至掌握多国语言，比如，一个越南学生懂16国语言。

第三个特点是，身处互联网时代的他们，网络能力很强。他们之间的交流和传统的交流是不一样的，他们甚至有自己的语言。与此同时，他们也是网络技术的试验者、被试验者。

第四个特点是，他们都有丰富的国际阅历，去过全世界很多地方，参与了支教、扶贫等各种项目。他们还关心大的公众议题，比如，气候变化、环境、女性等。

第五个特点是，他们都对中国有浓厚的兴趣。比如，一个英国青年从威尼斯开车出发，用了3个月的时间重走"丝绸之路"，做今天的马可·波罗，这就是他来中国报到的方式。

我们能从这样的年轻人身上看到时代的特点，应为他们创造一种软环境，这个环境既是中国的，也是世界的。

主持人：更重要的是，年轻人所拥有的视野、对技术天然的亲切感，以及他们对世界的好奇、对中国的热爱，让教育有了非常核心的话题——怎么跟他们对话？因为只有与年轻人对话，才有机会面向未来对话。所以，这是一个非常好的期待，也是教育最好的注脚。

叶老师，您有没有让老师变得更优雅的方法让我们借鉴？这是我比较关心的。

叶翠微：如果能够重新选择职业，我想当一个局长，让老师更优雅。我要争取更多的社会资源，聚焦到基础教育上，让老师们不必为衣食而过度焦虑和担忧。对中国的中小学老师来说，这是非常现实的话题。

所以，我期待全社会能真正地关爱老师。关爱中小学老师，就是关爱我们的未来。

主持人：叶老师讲的是中小学老师的优雅，中小学老师可能与大学老师不太一样。我希望王老师也能就这个问题与我们交流一下：对大学而言，今天它的压力或者难点是什么？它的优雅从哪里来？

王利峰：要想表现优雅，就要有充足的自信，没有自信就很难表现出优雅。我们经常说，无论是学者还是老师，面对纷繁复杂的世界，面对多变的时代，都需要淡定。

但是，目前高校教师的压力是很大的，一方面要承受科研的压力；另一方面还要面对教学的压力，尤其是现在教学面临着诸多改革和创新。教育部也给高校老师带来了很大的压力，比如，目前爆炸式的改革等。想要优雅，提高待遇是很重要的，也是根本性的，但是工资待遇的提高也不一定能带来优雅，这是一个错综复杂的问题。

现实生活中，人人都希望变得优雅，能从容地面对工作，面对工作对象，面对未来。尤其是教师要面对学生，他更要表现出优雅。我们现在倡导博雅教育，如果教师本身不优雅，在走上讲台的时候，在面对每个学生的目光的时候，眼睛里就不会充满真正的希望，不会充满自信，更难以做到优雅从容。

袁　明：我从来没有想过这个话题，但是刚才叶翠微校长说"优雅"时的那番话，确实特别打动我。我觉得，作为一个教育者，优雅应该是天经地义的事情。而且并不是女性才优雅，所有的老师都应该优雅。

57年前我初入北大，学校举行了新生入学典礼。当时我在北大西语系，系主任冯至先生和其他男老师坐在台上，台下是刚步入校门的十七八岁的孩子。仪式结束后，李赋宁先生很清楚地说，让新同学先走。当时我就觉得，这就是绅士，李先生那时给我留下的就是绅士形象。现在说优雅，我觉得是要发自内心的优雅，是爱学生，老师就应是谦谦君子。

主持人：爱学生，谦谦君子，优雅……顺着这个话题我们可以再讨论一个问题。刚才讲怎么跟年轻人对话才能有机会面向未来，袁老师介绍了从世界各地来到燕京学堂的年轻学子们，他们展示出来的风貌是我们对未来的一种渴望和想象。现在我想请郑老师分享一下，如果想跟年轻人对话，在教育上要做哪些努力，怎样才能让年轻人更热爱教育。请您介绍一下西安交通大学的实践。

郑庆华：我从 2014 年开始分管人才培养工作。经过 5 年多的学习、研究和实践，我逐渐感受到，教育最本质的使命有三个，第一个是唤醒；第二个是赋能；第三个是传承。

尽管现在关于教育的解读非常多，但我的一个深刻感悟是，教育首先是唤醒。每个人来到世上时是一无所知的，是教育把孩子内在的、潜在的各种兴趣、力量激发了出来，这就是一种唤醒。当然，这里所说的教育是广义的教育，包括父母的教育、学校的教育、社会的教育等，形式也是多样的，有理论的，有实践的，等等。

赋能也是教育非常重要的一个使命，赋能就是把知识和实践充分地结合起来，让知识改变实践，使学生从只能理解、解读到能创造和创新，这就是教育的功能和它带来的重大变革。

第三个使命是传承。人类跟动物最大的区别就是人类有教育，人类不仅有语言还有文字，能够传承文明，传承科学技术。

所以，教育工作者要始终围绕这三大使命来组织开展各种各样的活动。

你心目中的未来教育

主持人：今天有一个主题是"未来教育"，我想请 4 位老师简单描绘一下，你心目中的未来教育是什么样的？

王利峰：教育具有很强的专业性，因为培养人是最复杂的一项工程。从古至今，教育越来越专业。这也是由它的权威性和地位决定的。

但教育又不那么专业，因为从小学生到中学生，到大学生，再到大学老师和教育的每一位管理者，几乎人人都有自己的教育思想、理念和希望。现实生活中，人人都可以是教育的评论家，甚至是批评家。

正因如此，对未来教育的研究非常重要，因为未来教育已经悄无声息地渗透到现在的教育中，而且教育本身的使命是要引领现在和未来。所以我想，面对未来的教育，从学生到老师，再到教育的举办者和管理者都要做好充分的准备。我希望以林建华校长为首领导的未来教育管理研究中心在未来教育领域发挥更大的作用。

郑庆华：我认为未来教育最值得期待的是因材施教、个性化学习。这个观点并非我的观点。2008 年，美国国家工程院发布了人类在 21 世纪面临的 14 个重大挑战，其中第 13 个挑战是个性化学习。关于这个难题，其实古今中外教育界一直在进行着探索。从因材施教到今天的个性化教育，这个话题由来已久，但是一直没有更好的答案，一直在探索之中。

个性化学习既要从教的方面做供给侧改革，又要从学的方面做需求侧改革，这是一个非常棘手的问题。单从某一个方面着手只能解决局部问题。

就个性化学习而言，我认为最核心的是要激发和保护学生的好奇心，这是教育过程中最难做到也是最需要做到的。

其实人类的很多科技发明是一种创造，就像牛顿的万有引力并不是简单地从数学中推导出来的，而是经过了很多假设、猜测、构造，才最终把公式推导出来。首先要有一种灵感，觉得应该朝哪个方向去，而不是知道一定有哪个公式，这背后就是好奇心在驱动。而教育最难激发的就是好奇心。

所以，我希望林校长领导的未来教育管理研究中心能够在这个方面为中国人的教育、中华民族的教育走向世界舞台中央作出伟大的贡献。

叶翠微：就基础教育而言，我觉得未来教育应该遵循的一个基本逻辑就是要让孩子有未来，让孩子成为一个"大写"的人。一个"大写"的人应该是一个完整的人，是一个幸福的人，是一个有未来的人。从这个角度来说，我们的基础教育还需要更多的反思。

最近，我做了一件自己比较满意的事情，我给孩子们建了一个24小时开放的学习中心，让部分学习能力很强、很顽皮、走得很远的孩子，能拥有"冲浪"的机会。如果他们突然想做一个课题或者读一本书，就可以在学习中心读到凌晨，还可以第二天晚一些再起床。我想基础教育更重要的是赋能，不是"变现"。

袁　明：2019年国庆游行时，北大有一个"凝心铸魂"方队；五四时期，先贤们的追求和梦想是"再造文明"。我就借这8个字来表达我对未来教育的期许——"凝心铸魂，再造文明"。

主持人：很高兴在这个环节进行了2019年回顾、2020年展望以及未来教育三个话题的探讨。时间很短，但是我们看到了对未来教育最真切的期待，了解了怎样做充分的准备才能帮助孩子成为面向未来的人、如何提供个性化教育的机会，以及如何才能像袁老师说的那样——凝心铸魂、再造文明。

未来教育：研讨与展望

2020年1月8日"未来教育论坛"结束，第二天，北大未来教育管理研究中心召开了小型的"未来教育闭门会议"。与会人员分享和交流了高等教育未来发展模式、中国基础教育K12阶段的教育改革、欧林工学院教育创新模式、"终身教育"模式、人才联合培养模式、中国教育体制创新等主题。参与嘉宾包括林建华（北京大学未来教育管理研究中心主任）、李咏梅（北京大学未来教育管理研究中心研究员）、杰弗里·雷蒙（上海纽约大学副校长）、理查德·米勒（欧林工学院院长）、梁慧思（新加坡国立大学副教务长）、高松（华南理工大学校长）、刘庆（江苏省产业技术研究院院长）、李青青（麻省理工学院媒体实验室中国特别顾问）、朱守华（北京大学教务部副部长、物理学院教授）、段慧玲（北京大学工学院院长）、尚俊杰（北京大学教育学院长聘副教授、研究员）、鲍威（厦门大学教育研究院教授、北京大学未来教育管理研究中心兼职研究员）、朱红（北京大学教育学院副教授）、刘振鹏（山东科文教育集团董事长）以及池恒（K12教育集团董事长）等。

林建华主任作为主持人对讨论与对话进行了引导，并激发了专家们的参与热情。与会专家们共同讨论了贡献未来教育的可能性、相关思想观点及实践模式。李咏梅组织协调召开闭门会议，并参与了欧林工学院等大学案例的调研实践。

在欧林工学院的教育创新模式分享中，院长理查德·米勒提出了"在大学四年的学习里，你印象最深刻的是什么"这一发人深思的问题。对于这一问题，欧林工学院创始人们给出的答案是，不是学习到的工学知识，而是亲身参与的每一个工程项目。米勒还分享了欧林教育模式实验的内容、结果和启示。

欧林工学院的一个早期教育实验是招收15名男生、15名女生

（只是高中毕业生），在没有任何专业知识背景的前提下，要求他们在5周内制作一台脉搏血氧仪。学生们可以合作、自由探索和请教。起初，米勒认为他们会失败，但结果令人吃惊，学生在规定时间内顺利地完成了脉搏血氧仪的制造任务，制作了一台能正常工作的仪器。因而，欧林工学院将"基于项目"的教育模式推广至每学期的教学活动中。这个实验的启示主要有三个方面：一是学生比教师想象的更有能力；二是学校的老师是学者，不是真正的工程师，工程师的培养不是知识的堆砌，应该是不断试验和犯错的过程；三是"基于项目"的教育模式改变了学生的态度，他们变得更加自信、更加热爱学习，这也是启示最重要的方面。

梁慧思分享了新加坡国立大学的"终身教育"模式。她提出，新加坡是一个富有创新特质的国家，而且政府也授权大学进行实验，"终身教育"模式还得到了政府的财务支持。这种模式让学生的学习不仅仅局限于大学4年，而是为他们培养了一种终身学习的习惯，并且学生被邀请不断重返课堂。"终身教育"实际上是一种国家活动，是一项从总理办公室到教育部、再到财政部共同推行的实验。政府提供补贴，提倡所有人都终身学习。对他们而言，最大的挑战是降低成本，最大限度地利用资源，让教授们愿意使用多样化的教室。他们正在做各种尝试。

麻省理工学院媒体实验室的李青青和杰弗里·雷蒙进行了讨论，她认为，学校以教授课程为主，每一门课程都应该有自己的架构体系。架构体系的建立应基于教学的短期目标和长期目标，短期目标是学习技能，长期目标包含文化、艺术、哲学的学习以及人生使命、价值观的培养等，两种目标应相互兼顾、相互平衡。

江苏省产业技术研究院院长刘庆和理查德·米勒也探讨了人才联合培养模式。刘庆提出，他希望研究院成为科学与工业之间的桥梁，并将全球创新与中国连接起来。在人才培养上，江苏省产业技术研究院已与包括新加坡国立大学在内的 40 多所国际大学建立了联系，共同开发博士或研究生项目。联合培养模式每年为学生提供项目，学生来自北京大学、上海交通大学、新加坡国立大学、哈佛大学等国内外大学。他们共同完成一个项目的研究工作，同时学生还可以了解彼此的文化，在人生规划和专业选择上给予相互支持。

刘振鹏对中国基础教育 K12 阶段的教育改革进行了探讨，提出了教学改革"271"模式，即"一节课 45 分钟，20% 的时间老师讲解知识，70% 的时间是学生 4 人小组探究式学习，10% 是大课堂分享时间"。他们通过实践发现，在探究式学习小组中，4 人组的效率是最高的。"271"模式把课堂归还给学生，培养学生自主学习、解决问题的能力以及团队精神等。

K12 教育集团董事长池恒则提出，由一些既懂基础教育同时又很有思想高度的人来进行共同研究和设计，才能开创性地探索出优秀的教育课题和项目，在知识效率和解决未知问题两者间达到一种平衡。

上海纽约大学副校长杰弗里·雷蒙对中国教育体制创新进行了探讨，他认为北京大学未来教育管理研究中心（简称研究中心）可以带领中国教育进行体制创新。他建议研究中心在几个方面作出贡献。首先，是大学的理念。大学一般探讨的是如何研究、如何提供服务以及如何教学。雷蒙认为，应以大学教学为核心开展，研究中心的重点是教学领域，然后从教学领域逐步扩大到其他方面。其次，研究中心可以传递两种不同的消息。一种是关于实际内容的，可能与教学法有关，也可能与课程设计有关；另一种是关于中国大学教学发展的，可直接面向教育部以及大学校长和院长。最后，研究中心应鼓励在中国的大学内建立实验中心，建设"教学试验区"，并给予相应的自主权和改革授权。研究中心可以提供这些实验的案例研究，并帮助设计实验过程，确保实验始终在正确的轨道上运行。

还有一些专家为中国教育体制创新方向提出了自己的思考，并提出了研究中心可以贡献的方向。比如，华南理工大学校长高松呼吁未来教育管理研究中心关注一线教师，教育改革最重要的是教师，应多鼓励、引导一线教师的成长。北京大学教务部副部长朱守华提出，发布关于"高端创新人才培养体系"的白皮书，形成适合我国的人才培养体系。杰弗里·雷蒙也提出了类似的想法，他认为在教育改革中应鼓励探索，可以每年征集一次"中国高等教育最令人兴奋的5个教育'实验'"，并请专家小组进行审查。创新实践的识别和鼓励很有价值，没有先入之见，而是自下而上地"涌现"，这能帮助形成很好的氛围。而北京大学教育学院朱红副教授认为，为了更好地促进我国教育的健康发展，可以重点关注几个方面：第一，基础教育阶段加强对学生生涯规划课程的研究开发，使校长、老师和学生了解生涯规划，从而帮助学生更好地选择人生方向；第二，整理全国各高校的优秀案例，希望有更多的学校加入"国际研究型大学学生学习体验调查联盟"，有更多的高校在国际上发声，这对于我国高端人才的引进将会起到巨大的促进作用。

正如苏联教育理论家、实践家苏霍姆林斯基所言："所有能使孩子得到美的享受、美的快乐和美的满足的东西，都具有一种奇特的教育力量。"我们相信，未来教育一定会朝着帮助学生释放潜能的方向前进，激发他们的创造力、想象力和责任心，让他们能够持续地自我完善和自我进化。研究中心创始主任林建华教授指出，未来教育管理研究中心关注的领域涉及教育的各个方面，包括基础教育、高等教育、研究生教育等，中心将不定期地举办闭门论坛，更希望通过教育让学生学会如何生活。

为了帮助读者更好地理解未来教育闭门会议的论述及观点，本书将嘉宾的主要对话和观点摘录如下。①

---

① 为了便于读者理解外籍人士的发言，在其英文原稿后附上中文译文。

林建华：

昨天的"未来教育论坛"有两个目的，第一个是宣布研究中心的正式成立，以便将来开展教育工作。第二个也是最重要的是传达关于未来教育的想法。我对昨天的会议感到满意，但同时也发现我们还需要做很多事情。我们可以通过合作找到提升中国高等教育的机会。希望今天我们能够提出一些新想法。

我要把这个艰辛的工作先交给理查德·米勒。您非常了解中国高等教育，我们之前讨论了很多，您能否谈谈我们目前面临的挑战以及未来几年必须解决的问题？同时，您有什么建议？将来我们是否有一起合作的可能性？我认为你们所做的实验很了不起。据我了解，学生不但必须学习基础学科（如数学、物理和化学等），还需要专注于项目。我很难想象学生竟然能在4年里完成20多个项目，他们是怎么做到的？他们可能做了很多事情，我希望您能分享一下。

理查德·米勒：

I think I can explain a little bit, if you remember nothing else about what Olin does. It is experimentation. I think very little experimentation happens in higher education. We are too worry about failure, too worried about prestige. It must be assessed with the test. So we stay in a box.

So let me just tell you a little about the experimentation that happened to Olin and encourage you to think about doing experiments in your own institution. So when we first met, we had ten faculties. We had no buildings. We had 2 years to think about education. We met in a room like this. And we said one question, what do you remember about your undergraduate education? That's a humiliating question. I remember I had physics. Remember we had quantum mechanics. I couldn't solve a quantum mechanics problem today. My life depended on it. We all had this experience.

However, those of us who were engineers had a project that we were required to do at the end of the 4 year. The accreditation board requires you to make something if you're an engineer. All of us could remember that project in stunning detail, even though it was decades ago. I could even remember what I was eating at the time the idea broke through why it was not working. We said what a remarkable thing, the retention of knowledge when you make something is so much stronger than the retention of knowledge when you try to remember it for the test.

Then we asked another question, but all of us had this at the very end of our 4 years — Why didn't we do this in every year? We said nobody had done this early. So there must be a reason we couldn't find research on this. When we asked people, they said apparently you have to have this prerequisite material before you can do any experiments. So maybe you need 2 years of calculus and physics and chemistry before you can pick up a wrench. Probably the Greek Gods Zeus is up there with lightning bolts. He'll strike you dead if you pick up that wrench before you have this physics.

So we said let's test this. We'll bring in 15 boys and 15 girls in the fall. They will not be taking courses. They are here as partners to do experiments with us. They've all agreed to do this. So when they first arrived, we'll give them a project. And then we had to think hard about something unlikely to succeed. So we said we give you 5 weeks to design, build and demonstrate a pulse oximeter. They said, excuse me, a what? And so we spell the word, a pulse oximeter. This is a medical instrument in the hospital, it measures the pulse rate and the oxygen content in your blood. It does not have a needle. It doesn't stick you, and doesn't have a light. So they said, cool, where do we learn about this? We said, why don't you go to the Internet and look at the patent literature? Because the person who invented this has to have a 1-page schematic diagram and a short description of what it does. Don't ask me because I've never made one either. You have 5 weeks. We said there is no way these people will succeed. They have not had any college course at all. They are just high school graduates. But we'll watch them. What happens when you try to do something hard like this? And we said, but remember this is not a test. We do not want this. It is not an IQ test if you win and I don't win. No, you can talk to your neighbor. You can work as a group. If you have a father who works in a hospital, go talk to him, go visit the hospital. I don't care anybody, but you only have 5 weeks. At the end of 5 weeks, we're going to move on. We're going to do another experiment. And we thought in 5 weeks, they'll get very frustrated. They'll be disappointed. The schematic diagram has transistors in it. What's the transistor? If you've never had physics, you don't know what a transistor is. Why does it have three wires sticking out the back? Does it matter which one you hook up? It matters. They'll fail and then we'll do a post mortem. We'll ask them where they got stuck and we'll learn something.

But something very surprising happened. In five weeks, they built one and it was working. We were shocked. We had no idea this would happen and we brought in a hospital version too, and we put them side by side, and they're doing the same thing.

Amazing! Don't get me wrong. No one would want to buy what they made. If you look inside it's a miracle. There's sorter all over the place. It should have shorted out, but it was working. So that kind of experiment surprises us what kids are capable of doing on their own with a little bit of guidance. We didn't tell them this is a test. We didn't tell them you're not smart. If you can't make it work, we told him this is a Challenge. We think you might be able to do this. So it's an adventure and you can work as a group and we did this kind of thing five times during the year. And almost every time they exceeded our expectations.

We learned three things from this.

Number one, kids are way more capable of doing things on their own than we believe. That the way we structure education makes it not an adventure. It makes it a contest in which you can lose. It makes you worried about failure. It makes you unwilling to take risk. Bad idea.

Second thing we learned, we should have known this, but we were academics, not real engineers. So we found out that engineering is not a body of knowledge. Engineering has knowledge in it, but engineering is a process which involves trial and error and involves experimentation. The aircraft industry was invented by two bicycle mechanics in Ohio. And these guys were not physicists. They jumped off a mountain with these wings on their back. They kept saying it must be a better way. So they change a little bit and go a little bit far. That's engineering. And the students taught us that you can engineer something without being a physicist. It's okay. It still works. The theory comes after the experiment, almost always. But in the education, the theory comes before the experiment, which makes it worse.

The last thing was the most important thing. And this is what really changed us. It was the impact of these experience on the students themselves that convinced us that has got to be the secret to better education. The students' attitude changed completely. That was as if they were two feet taller now, they were saying I can change the world. If I can imagine it, I can make it. All I need is a few people like me and a couple of old guys to ask questions once in a while. Some friends and I can change the world.

Once in a while, some friends and I met again. And we reflected back to those days when we were freshman students at the university. How many of us engineering students in that year thought we could change the world? How many of us thought we could make the world a better place? We were afraid we would fail and we tried nothing. We called it the math science death March through the curriculum. Every year some people quit, and they leave. And engineering winds up being a very difficult, boring, tedious discipline that does not attract adventurous people. Then we had for all these years we accepted this is just natural. Apparently that's what it means to be an engineer— It's all about mathematics, it's very difficult. So only the tough can survive. We found out this is not true at all. In fact, the adventurous of the ones who like this and the consequences of having this changing attitude is that the students persist.

So we have like a 94% 4-year graduation rate in engineering. This is unheard of Usually it's about 60% in most institutions. And it's because they are so excited to learn. For years we thought this was about engineering. More recently we've discovered this is about life. Students can learn this way in any discipline. But you have to make a change so that education is not about books and tests. Education is about life. It's about making a difference in someone's life. And if you do that, they don't quit. They have intrinsic motivation. They have determination and grit, and they are happy. So anyway, we'll stop there.

译文：

欧林工学院所做的事情是实验。高等教育中很少进行实验，我们太担心失败，也很在意声望。我们必须通过测试进行评估，因此，我们的思维被禁锢住了。

我简单介绍一下欧林工学院的实验，希望这可以给您带来一些鼓励，使您考虑在研究中心进行实验。欧林工学院的创始人们第一次见面时，学院只有10名教职员工，也没有校舍，但我们有两年的时间考虑教育。我们讨论了一个问题：在大学4年的学习里，你印象最深刻的是什么？这是一个很尴尬的问题。我记得我学习了物理学，学习了量子力学，但我今天无法解决量子力学问题。我们都有这种经历。

但是，工程专业的项目必须在4年学业结束时完成，而且认证委员会要求学生必须做出项目。如果你是一名工程系学生，即使项目是在几十年前完成的，仍会无比清晰地记得这个项目的细节。我甚至还记得，当"为什么不运行"的难题被解决时我在吃什么。我们发现了一件令人惊奇的事——我们在实践中对知识运用的记忆，远比为了考试而记住这些知识更加深刻。

我们还问了另一个问题，既然所有人在4年结束时都会记得这个项目，为什么不每年都做这样的项目呢？所有人都说在过去那个时代没有人会这么做。一定有一个原因，但我们无法对此进行研究。当我们问人们时，他们说得很清楚——你必须具备一些先决条件才能进行实验。因此，你可能需要学习两年的微积分、物理和化学才能拿起扳手。仿佛希腊神话里的宙斯就站在那里，如果你在掌握物理学之前拿起扳手，他会用闪电劈死你。

于是我们决定测试一下。我们在秋季招收了15名男孩和15名女孩，他们会在学院作为合作伙伴与我们一起做实验，但不需要学习课程。他们都同意这样做。当他们第一次来到学院时，我们分配给他们一个项目，并告知他们有五个星期的时间来设计、制造和演示脉搏血氧仪。他们很惊讶。我们将"脉搏血氧仪"（Pulse Oximeter）这个单词拼写出来。这是医院里的一种医疗仪器，可以夹在手指上，测量血液中的脉搏频率和氧气含量。它没有针，不会粘到手，也没有灯光。他们问，在哪里可以学到如何制作呢？我们说，为什么不上网浏览专利文献？因为发明它的人被要求必须提供一页纸的原理图，并对其进行简短描述。我们认为这些学生不可能成功，他们只是高中毕业生，根本没有上过任何大学课程。当他们尝试做时会发生什么？

我们告诉他们，这不是考试，也不是智商测试，无关输赢。你可以和同伴交流，可以成立一个小组一起工作。如果你的父亲在医院工作，也可以向他请教。你还可以去医院学习，但是只有5周时间。5周后，我们将继续下一步，我们要做另一个实验。我们想，这5周他们一定会非常沮丧，会很失望。因为原理图中有晶体管，什么是晶体管？如果你从未学习过物理学，你就不知道晶体管是什么，更不知道为什么后面有三根电线、怎么连接。他们会失败，然后我们进行"事后分析"，询问他们卡在哪里，并由此总结出一些东西。

但是令人非常惊讶的事情发生了。在5周内，他们制造了一个能正常工作的仪器。这令我们非常震惊，谁也没想到竟然会发生这种情况。我们从医院带回一台脉搏血氧仪，将它们并排放置，发现它们具有同样的功能。

这真令人惊奇！但是不要误会，没有人愿意购买他们的产品。如果你看这台仪器的内部，你会发现这就是一个奇迹。到处都有（线）接触，它应该短路，但它正在工作。这个实验让我们惊讶不已，孩子们在一点点指导下就能独立完成项目。我们没告诉他们这是一个实验，也没告诉他们"你不聪明"。如果机器无法正常运行，我们会告诉他们：这是一个挑战，但我们认为你也许能完成这个挑战，所以这是一次冒险，你们可以组成团队来完成这个项目。我们在一年中尝试了五次项目，几乎每次他们都超出我们的期望。

我们从中学到了三件事。

第一，学生比我们想象的更有能力自己做事情。现在主流的教育方式不是"冒险"，而是让它成为一场比赛，而且你有可能会输掉比赛。学生担心失败，这使他们不愿冒险。

第二，我们应该明确一点，我们是学者，不是真正的工程师。我们发现，做工程不是知识的堆砌，它需要知识，但做工程需要一个过程，包括试验和犯错误。飞机是由美国俄亥俄州的两位自行车机械师发明的，他们不是物理学家。他们背着翅膀从山上跳下来，并发现有更好的方法。于是，他们稍加改进，并进一步试验。这就是工程学。学生们的经历也告诉我们，你不需要成为物理学家就可以设计出某些东西。理论大部分时候是在实验之后得出的。但是在教育中，理论先于实验，这就很糟糕。

第三，最后一件事也是最重要的事，它真正改变了我们的认知。正是这种经历对学生自身的影响使我们相信，这种实验是更好的教育的秘诀。学生的态度彻底改变了，他们说："我可以改变世界。如果我能想象得到，我就能做到。"

偶尔和一些朋友再次见面，我们会回想起大学时代的生活。当时，有多少工程系的学生认为自己可以改变世界？有多少人认为我们可以使世界变得更美好？我们担心失败，最终什么也没有尝试。每年都有一些人辞职，他们离开工程界，因为这是一个非常无聊、乏味的领域，不会吸引喜欢冒险的人。这些年来，我们一直认为成为一名工程师意味着要完全地理解数学，只有强者才能生存。我们发现事实根本不是这样。实际上，喜欢工程的人也喜欢冒险，这种态度使得学生坚持不懈。

因此，欧林工学院的工程专业连续4年的毕业率达到94%，这是前所未闻的。通常在大多数高校中，这一比例约为60%。这是因为我们的学生对学习感到非常兴奋。多年来，我们一直认为这与工程学有关，最近我们才发现这与生活有关。学生可以在任何学科中以这种方式学习，但是我们必须做出改变，让教育与书本和考试无关。教育关乎生活，它可以改变一个人的生活。而且，如果你这样做，学生就不会放弃，他们有内在的动力、决心和毅力。

林建华：

我认为，工程教育会与文科并驾齐驱。而且，最终我们会把教育当成一种生活。杰弗里，您对此有何评论？

杰弗里·雷蒙：

Yeah, I think what Richard said is inspiring and it's exactly what I believe. When I think about the center and the contribution that it can make to higher education, especially in China, I think there are several different domains that the center can contribute. One is the content of ideas about universities. And universities talk about how they do research and how they provide service and how they teach. I take it the focus of the center is on teaching. It's not going to be on research. There's a lot of Chinese universities can do to experiment in research as well. And if the center evolves, it might do there. But I think it's good for it to start with the teaching part, which is what at some level is the core mission of universities.

But then I think there are two different kinds of message that the center could be delivering. One is about the substance. It can be about teaching pedagogy. It can be about curriculum design. Another is about the process through which teaching the university level in China can evolve. And that message is in some ways more directed at the ministration of Education and at university presidents and deans. I would suggest a message about experimentation.

As Rick said Olin conceived of itself from the very beginning from the first day as a place that is going to try things. It would be skunk works. Things would be a place where tests could be done. If they didn't work that was fine, most tests don't produce good things. The point is that the few that wins big. I think that is actually what the school of transnational law for Peking University was about trying a different kind of legal education for China knowing that it might not work. That's what you Shanghai is about. We have tried lots of different things and many of them don't work. Some of them have worked very well.

I think this center could actually be very helpful in reminding the ministry that this philosophy of experimentation is deeply Chinese. It's when you can have a special economic zone, you can have a special education zone inside one school, inside one university. Where you say we're going to be the Shenzhen of higher education, or we're going to be the Shenzhen of BeiDa (Peking University), or we're gonna be the Shenzhen of the engineering college at BeiDa. This little place is gonna not have to follow the rules. It will make sense. It will do things that will fail.

And I think one possible area where this center could really make a difference is we are going to encourage this kind of creation of centers of experimentation inside universities in China. And the center will help to produce case studies of these experiments. We will help to design the experiments. We will work as a partner if the Southern university of technology decides they want to do a very different approach. This center can work in partnership and say, let's design the experiment really well. Let's make sure that we are measuring the right thing. We know what the outcomes might be. We know what could be unexpected outcomes. We are going to work together in partnership with the president on there to develop something like that. That's just one possible contribution that this center could make. But I think it would be great.

And I think since a lot of us have this sort of experimental mindset and we don't mind failing. And I do think I will say after my experience in China, even though it's very Chinese to have these experimental zones in higher education. That's not the norm. Experimentation is discouraged. Everyone is supposed to be following the same, starting with GAO Kao and going all the way forward. The curriculum and every major is supposed to have the right number and it's supposed to include all and It's very rigid. I think, because this is BeiDa and because it's you, I think there might be some support for a slightly different approach that I think would be great for China. Honestly, I'll stop there.

译文：

理查德的阐述鼓舞人心，这也正是我所相信的。在考虑研究中心及其对高等教育的贡献时，尤其是在中国，我认为其可以在几个不同的领域做出贡献。一是关于大学的理念。大学讨论的是如何研究、如何提供服务和如何教学，我认为，研究中心的重点应该放在教学领域，而不是致力于研究。中国的大学也可以做很多实验研究。如果研究中心不断发展，它涉及的领域也会不断发展（也可以做研究）。但我认为从教学领域开始会是一个好的开端，从某种程度上来说，教学也是大学的核心使命。

研究中心可以传递两种不同的信息。一是关于实际内容的，可能与教学法有关，也可能与课程设计有关。另一种是关于中国的大学教学发展的，可直接面向教育部以及大学校长和院长。

正如理查德·米勒所说，欧林工学院从第一天起就想把自己变成一个尝试（变革）的地方。这是一个"臭鼬工厂"①，很多实验将会在这里进行。如果实验不成功，那也很好，因为大多数实验不会产生好的结果。关键是少数实验会获益颇丰，我认为这是北大国际法学院在中国尝试另一种法律教育的原因，即使明知这可能行不通。在上海纽约大学，我们也尝试了许多不同的实验，其中许多实验是无效的，但也有一些非常有效。

我认为，研究中心会起到一种切实的作用，那就是提醒教育部，这种实验哲学具有深厚的中国特色。一个国家可以有特别经济区，一所学校尤其是一所大学内也可以有特别教育区。我们可以建立高等教育的"深圳"，建立北大的"深圳"，建立北大工程学院的"深圳"，这个地方不必遵守那些规则，它可能尝试会失败的实验或方法。

我认为研究中心可以真正发挥作用的地方在于，鼓励在中国的大学内部建立这种实验中心。研究中心可以提供这些实验的案例研究，可以帮助设计实验过程。如果南方科技大学决定采取一种与众不同的方式，我们可以作为合作伙伴一同推进。未来教育管理研究中心也可以共同合作，设计好实验，确保实验运行在正确的轨道上。我们不知道结果如何，也可能发生意想不到的结果。这只是研究中心可能做出的贡献之一，但我觉得这样的尝试是很棒的。

而且我认为，由于我们很多人都有这种实验心态，因此我们不介意失败。根据我在中国的经验，尽管高等教育中这些"试验区"是非常中国化的，但这不会是常态，实验并不被鼓励。在中国，似乎每个人都应该从高考开始一直沿用相同的方法学习、成长。课程和每个专业都应该有规定的人数，应该包含非常僵化的内容。我想

---

① "臭鼬工厂"即 Skunk Works，是洛克希德·马丁公司高级开发项目的官方认可绰号，它承担的大多是秘密研究计划，研制了该公司的许多著名飞行器产品。

在北大可能会有更多人支持实验，这种略有不同的方法其实对中国是大有益处的。

林建华：

非常鼓舞人心。我们认为研究中心的作用是将这些教学实验的信息传播给其他人。或许我可以和陈十一①谈谈，看看我们能在南方科技大学做些什么贡献。

杰弗里·雷蒙：

What I would say is I think you underestimate the influence that you can have, personally. You have a unique history in higher education in China. And I think I would encourage you not to hold back. I think your style is modest and understated. And that's part of why you're effective. But I would say there's a real opportunity with this center, and I would encourage you to go for it.

译文：

您在中国的高等教育领域拥有独特的经历，我希望您不要退缩。您的风格谦虚低调，这也是为什么您做事情非常有效的原因。但我想说，这个研究中心是一个真正的机会，我鼓励你们去争取。

理查德·米勒：

I might add just a little that did not underestimate the challenges of getting people to accept experimentation. We've done work all over the world. We've helped to build a new school in Santa Paulo, Brazil. We're doing some work in the UK, we've done some work in Saudi Arabia and Abu Dhabi in other parts of the world. And even in where people are willing, and the government tends to be worried about this. You have to realize when you're trying a very different way to educate people,

---

① 陈十一，中国科学院院士，北京大学终身讲席教授，现任东方理工高等研究院院长。曾任南方科技大学第二任校长。

and you're doing an experiment on living human beings. There will be consequences, right? If you came out the other end and they did not get into Peking University for graduate school, because this undergraduate experiment fail.

The most difficult day of my career was a surprise. It was the day we admitted the students and they arrived at Olin. It was a big celebration. Parents from all over America brought their kids there. CNN TV was there, and the kids were in the parking lot. At the end of the day the parents said goodbye. They were driving off in the parking lot. These two parents came to me and shook my hand. They said we're so glad to see our son go to Olin. And he turned down going to MIT to go here. And he said, we talked about this a lot at home. We decided it was best to send him to Olin it. Why? Because if he went to MIT he's just a number. He might succeed, might not succeed, but if he goes to Olin and he has to succeed, or you will fail.

We've seen governments be very inflexible about experimentation. So we'll take a Peking university, take someone of your stature to help create permission, right?

译文:

我要补充一点,不要低估让人们接受实验的挑战。我们在世界各地做了很多工作,帮助巴西圣保罗建立了一所新学校,在英国也正在做同样的工作,在沙特阿拉伯和阿布扎比以及世界其他地区也做了一些工作。即使在人们接受度较高的地方,政府也往往对此感到担忧。必须意识到,当你正在尝试用一种非常不同的方式来教育人们时,并且对人类自身进行实验时,会有什么后果?你的孩子愿意接受这个实验吗?如果他们没有进入北京大学攻读研究生,是因为本科实验失败了吗?

我职业生涯中最困难的一天其实也是一个惊喜。那天我们录取的学生来到欧林工学院，这是一场盛大的庆祝活动，来自美国各地的父母将孩子带到了那里。CNN电视台进行了报道。在这一天将要结束时，孩子们在停车场与父母告别。有一对父母来找我握手，他们说，我们很高兴看到我们的儿子来欧林工学院，他拒绝去麻省理工学院。我们在家里讨论了很多，最终我们认为最好把他送到欧林工学院。为什么？因为如果孩子去了麻省理工学院，他只是一个数字，他可能会成功，也可能不会成功，但是如果他去欧林工学院就必须成功，否则就是失败的。

我们看到政府在实验方面是非常不灵活的。因此，我们将拭目以待，北京大学如何利用自身或你们的声望创造一种"许可"。

李青青：

A lot of creative ideas were said. Both professors were so inspiring. This center of future education also generated from yesterday's conference. I think it has to be structured learning, since we're a school. By then the content and structure, the pedagogical skills both make structure. When we talk about structure content, we need to be future centered, as we all heard in yesterday conference.

So as future engineer, like I thought about my granddaughter. She is in Cornell right now. She's in an engineering school, but she's medicine major. So, it is predicted in the future all the case has to be familiar with the full subject with bringing signs. One is the data processing engineering and coding. The other one is, guess what it is, economics and how the world works. So basically, it's about education and is about life. But when you may look at life is about short-term and long-term. Short-term people are looking for practical skills. That's exactly what Olin school, the work skills, but long-term it's about labor, arts, philosophy. What is the meaning of my existence and why I'm living this? What is for or what's my mission? Right?

So basically, talking about structured content, we need to structure in the school in the curriculum design, which that you must learn might be the core engineering subjects. And you choose the curriculum in choice. It could be some of the labor arts subjects about who I am, how I get my understanding of my life mission as early as possible. This is the structure content part in terms of head. An actual skill is also need to be structured because I've been practicing experimentation learning for 16 years but I focus on business sector, which business sector, especially in China, is super practical.

We use workshop learning. So basically, you want workshop and from a pseudo company, we have specialists, professors, teachers will contract them to work with your particular company-based project and subject-based learning and result testing. That's very costly. But if you need a group of people, all the Top 40 to Top 400 management people want to learn management skills. We don't go to business school, like all the Sony, Alibaba, Tencent, Jingdong, and they move so fast.

The fastest and most effective way as learning from in the virtual world, practicing their managing virtual business in the virtual world. Everyone gets on the game competing with yet each other, simulating managing the business in the virtual world. They lose money then do learning reflection. So same thing can be applied in the engineering school you build. Because again for case learning is started from using the military base, then its air force, right? You gave people chance to practice and remember the experience you talk about what have learned and how I failed. It's competition, peer pressure failure or succeed learning reflection. Then the teacher gave them inspiring critics or give them theory, or join the theories together with the teacher, with the students. So exponential learning definitely will be forced, which I also predicted by making the multimedia lab will focus on this from kids K12 to adults. Lifelong earn learning will all focus on what can be used in the virtual world, experiential learning and what cannot. If you teach nuclear physics, you can't do everything with experience learning. So, something still has to be classroom, mentor, and coaching. Back to the ancient time, the best learning is apprentice, right? So, teacher needs to be there and interaction needs to be there. Basically, I think in China there is a great opportunity if we structure the learning content and structure the pedagogical skill with both the mentorship, online gaming, experiential learning or offline workshop experience learning plus actual company contract, real project based, so basically that's a real person project based as graduation report. I think it's structured that way.

Actually, it's not the first time and it's done in different countries already. I think I remember Wilford, he has done similar structure in school in Russia with John lee with MIT. And then later on, Harvard Business School copied some of this format. I'm talking about the focus on one sector in the school. It's also I focus on that sector. But there is similar concept we can focus on engineering school. I can focus on education sector, educational school. So, media lab basically focuses on four major subjects and experts are the learning sectors. One of the focus is also concentrating on technology integrated experimental learning from K12.

译文：

谈了这么多创新的想法，这两位教授说的都很鼓舞人心。未来教育管理研究中心成立于昨天的会议。我认为，由于我们是一所学校，因此必须进行结构性学习。到那时，这种内容、结构、教学技巧都构成了（新）结构。当我们谈论结构化内容时，我们需要以未来为中心。

　　关于未来的工程师，我想到我的孙女，她现在在康奈尔的一所工科学校，但主修医学。因此可以预见，所有的专业都要学习数据处理工程和编码。另一个要学习的则是经济学以及世界如何运转。因此可以说，与教育有关的是生活。但是，你会看到生活有短期和长期的。追求短期目标的人希望获得实用技能，这正是欧林工学院关注的工作技能。但从长期而言，生活是关于劳动、艺术、哲学的。我存在的意义是什么？我为什么生活在这个世界上？我的人生使命是什么？

　　因此，在谈论结构化内容时，我们需要在学校的课程设计中进行结构化处理，除了必须学习的核心工程学科，学生可以自由选择课程。这些课程可能是关于我是谁，以及如何尽早理解人生使命的艺术学科。实际技能也需要结构化，我从事实验学习已有16年了，但我专注于商业领域，尤其是在中国，商业领域的技能是非常实用的。

　　我们通过"培训班项目"学习。假设你有一家公司，我们有专家、教授、老师，他们将与贵公司的特定项目签约，基于项目来进行学习和结果测试。这非常贵，但是，如果您的公司里有一群人，比如，前40名至前400名管理人员都希望学习管理技能，就不算贵了。

　　学得最快、最有效的方法就是在虚拟世界中练习如何管理虚拟业务。每个人都在游戏中相互竞争，模拟在现实世界中如何管理业务，然后反思。同样的方法也可以应用于工程学院中。案例学习最早是从军事基地开始的，然后是空军。学生们得到了练习的机会，并且记住了所学到的东西以及失败的经历。这是竞争、同伴压力，也是学习的反思。然后老师给他们点评、传授知识理论，他们还可以与其他老师、同学一起参与到理论学习中。我们可以预见，从多媒体实验室把重点从儿童转向成年人这一点来说，终身学习将全部集中在虚拟世界中。如果你教核物理，你将无法通过经验学习（实验演示）来做所有事情，仍然需要课堂、导师和指导。回到古代，最好的学习方式是"学徒制"。因此，老师需要在场，互动也需要在场。我认为，在中国通过师徒制、在线游戏、体验式学习或线下车间体验式学习等方式进行学习，再加上实践操作的这种基于实际项目构造学习内容与教学技能的方法，是一种行之有效的方法。这是一种基于毕业报告的真实项目。

实际上，这已经不是第一次进行实验了，在不同国家、地区已经进行过类似的实验。我记得威尔福德与约翰·李、麻省理工学院曾经做过类似的事情。后来，哈佛商学院复制了这种形式。我所强调的是，学校可以专注于某一领域，个人可以专注于某一领域，同样，工科学院也可以专注于某一领域。媒体实验室通常专注于四大主题，教育专家专注于学习领域，其中一个重点是从K12进行技术集成式实验学习。

理查德·米勒：

I'd like to add something to that just resonated a lot of what you had to say. It needs to be structured. But there are different ways of structuring. The thing that occurred to us after experimenting for a number of years was how much we learned from the arts. Suppose you wanted to prepare graduates to be performers on stage at Carnegie Hall as musicians. What's the best way to do that? Should you take a course in music theory? Of course. Should you take a course in music performance? Of course. How do actual performers at Carnegie Hall grow up? It turns out by accident; we have a faculty member who has performed solo at Carnegie Hall. She's a musician. So, we've had some conversations with her about this. But the pedagogical learning in the arts, the notes are not the focus of music. What's in your heart is the focus of music. The notes are the methodology for getting that out. And so, if you're not careful, the pedagogical structure and music focuses too much on the notes, and they forget about what's in their heart, and make it to Carnegie Hall without the heart being the dominant part. So, there's a balance.

译文：

不得不说，你的很多话都引起了我的共鸣。教育需要结构化，但是有不同的结构化方式。经过多年的实验后，我们想到的是从艺术中学到的东西。假设你想让毕业生成为在卡内基音乐厅舞台上表演的音乐家，最好的方法是什么？是否应该学习音乐理论课程？当然。是否应该学习音乐表演课程？当然。然而，卡内基音乐厅的表演者们是如何成长的？结果是偶然的。我们有一位老师曾在卡内基音乐厅独奏，她是一位音乐家，我与她进行过一些交流。实际上，在艺术教学中，音符并不是音乐的重点，内心深处的思想才是音乐的焦点。如果教学内容过多地关注音符，可能会使学生忘记自己的内心，当他们在卡内基音乐厅表演时，就不会以心为主导。因此，必须找到一个平衡点。

李青青：

Absolutely. I ran into this situation. There's a lot of famous musician. They actually a few years ago went to Belgium to learn from someone who right now is famous Rele music, which is basically a trend as technician, then they don't know how to sing who they are. And as in the end, art or music is all a it's language expression, but people forgot to save who they are and how they really feel. They end up altogether the beautiful language or techniques.

译文：

我也遇到过这种情况。有很多著名的音乐家，多年前曾经去比利时学习过现在著名的 Rele 音乐，在技术方面非常纯熟，但他们不知道该如何以唱歌表达他们是谁。艺术或音乐都是一种语言表达，但是人们忘记了自己是谁，忘记了自己的真实感受，只会用华丽的技巧来表演。

理查德·米勒：

Actually, one of the music methodologies that played very big in Olin. There is a Japanese methodology for learning music called Suzuki. Kids learned to play music before they read it. Even when they're five years old, they're playing violin in a group. They learned the formalities of music theory later, which is revolutionary. It causes lots of controversy and music. But many performers went up growing in that way. It gave us the courage to experiment and engineering with that too.

译文：

实际上，在欧林工学院，有一种音乐学习方法非常流行。这种叫作 Suzuki 的音乐学习方法源自日本，孩子们在理解音乐之前就学会了演奏音乐，即使他们只有5岁，也会一起演奏小提琴。这之后他们才会学习音乐理论。这是一种革命性的方法，引起了很多争议，但是许多表演者是以这种方式成长起来的。这也给了我们勇于尝试和进行实验的勇气。

林建华：

我知道昌乐二中针对 K12 教育进行了改革，并且确实改变了学生的学习态度。我想请刘振鹏分享在 K12 改革中的经验。

刘振鹏：

昨天理查德·米勒讲了很多教育理念，比如，"教育孩子不是灌满一桶水，而是点燃一团火"，我们正是这样做的。我从2002年开始进行教育改革，关于教育改革，我是"站在教育之外看教育"。我的方法很简单，就是要让专家、校长知道现在的教育有问题，以及问题的症结在哪里。所谓"素质教育"，首先要搞清楚什么是素质，以及这些素质如何培养。我特别赞同刚才理查德讲的学生学习的能力远远超过我们的想象。我的基本观点是，中学教育在中国的教育体系中是一个基础，对高等教育的发展也非常重要。刚才有人提到了中美教育的差距、对于失败的担心以及孩子缺乏合作精神和团队意识等问题，这些问题其实不是中国高等教育的问题，而是基础教育的问题。

林建华校长提到了五个共识，理查德·米勒也讲到了态度、教育方法方式等问题，实际上，这些学习习惯、方法和思维大多是在K12阶段形成的。所以，在4年大学本科阶段以及2年、3年的硕士阶段想改变一个孩子是很难的，因为他们从K12阶段就形成了固定的思维方式、行为习惯，以及对工作、学习、人生的态度和价值观。

而当我们发现孩子的学习能力远远超乎想象的时候，我们就改变了教学方法。我们认为，孩子比老师更优秀，学习能力更强大，不要去束缚孩子。

于是，2002年，我们首先进行了课堂改革。我们开始采用探究式学习的方法：老师不讲，孩子分组进行探究学习、自主学习，把课堂还给孩子。现在，我们形成了"271"课程体系，对课程进行量化，一节课中20%的时间交给老师，如一节45分钟的课，9分钟是交给老师的；80%的时间交给学生，这段时间可以分成两部分，其中，70%的时间进行4人小组探究式学习，10%的时间进行大课堂分享。在这种课程体系下，老师不能主导整个学习的过程。学习小组最早是由 6 人组成的，后来是 5 人，现在是 4 人，效率最高。在这个过程中，孩子们不仅能够通过不同的方式解决问题，还能养成合作精神和团队意识，并且能认识到自己在一个团队中的价值和作用。教育不仅是知识的灌输，更是能力、水平的整体培养。

正如理查德所说，在改革中，我们也遇到了"家长同不同意把孩子当成试验品"的难题。当时进行改革的时候，我们会和每一个家长立一个"军令状"——如果你不同意改革，就把孩子领走；如果你相信学校、相信老师、相信你的孩子，我们保证你的孩子能上大学；如果上不了大学，我们退你学费，或者免费让孩子继续读书，直到考上大学。

最终的结果是，在高考形势最严峻的山东省（山东是高考大省），昌乐二中的高考平均分数是最高的。我们通过三个指标来进行评估。第一个指标是清华、北大录取的总人数，这一点昌乐二中不在话下，所以我们的校庆，北大招生组组长也来参加；第二个指标是一批本科自主招生率，昌乐二中是山东省第一；第三个指标是本科升学率，昌乐二中排在第一位。

由此可见，在这种教学模式与体系下，昌乐二中既满足了中国高考的需要，也满足了素质教育的需要。

刘庆：

I come from Jiangsu Industrial Technology Research Institute. It's a research institute. We like to be a bridge between the science and industry and also like to be a bridge linking global innovations to China. So, because of linking global innovations, we set up the corporations with more than 40 international universities around the world including NUS. What I found the best way to keep the good relationship with universities is to have a joint PhD or postgraduate students projects. We started this about three years ago, not only set agreement with university or corporation for research. We need culture provision for students. We provide the projects which are coming from industry needs. We also provide scholarship to suppose them. For example, with NUS we sign agreement every year and we're going to have 10 students.

At this moment, we started with a post program and we also considered education. So that's why I'm interested in it. Within China we like to be 10 with the domestic universities. But most folks are must research because right now I think in China, every university talk about for masters because the numbers already so big. The Ministry of Education wants to say we should have engineering education degree, engineering master degree. But the truth is that we not really become engineering degree. They still do the science, still do read the paper, because the professors don't have enough projects. So, we like to provide the projects for them. So, for each university, minimum hundred, somehow two hundred, each year we signed agreement, right now about 20. We started last year and we provided projects, also provided a scholarship to support the students.

And some of universities so far, I think 5 or 6, we say because in China for master degree study, the first year is called study. We said you only spend half a year in your campus, but the second half, we design some kind of problems for them for the second half. So that's we just started. That's what I'm interesting. I hope the Future Education Center will consider us as kind of the case study. The idea is that we hope the students come to G2, some students from Peking university, from Tsinghua, from Haerbin, from Shanghai Jiaotong, everywhere together, then become to be classmates. So that can be the mixture. So then maybe they can create something new. For international students I hope it is the same.

We have a requirement to each project. We hope they can spend at least one week in teaching to give a lecture to visit us, discuss and so on. We hope they're coming on certain period. We designed a certain period and then they can together. So maybe MIT students, from NUS together, from Harvard together, from Oxford together, they spend one month together to become classmates. I hope all institutes become this kind of the university, but we're not going to give them the degree. We may just give some certification. So I hope the Future Education Center can set us as a case study because all the projects come from industry needs.

Another thing I would like to share, because yesterday original idea, Professor Lin, he wants Professor Zhang from Chongqing University to talk about the Chongqing-Cincinnati CKU joined. Probably he doesn't know much about that. So, he didn't talk about that. You know, because I started that. That time I was a dean of engineering in the CKU. So that time I was the VP and I was a dean of the engineering and I started that one. I think everybody knows in China the students may have one dream, good university, Peking and Tsinghua. That's all. So, one comes to say nothing about the major. When I choose you, when I select the university by the ranking, they don't know what is major.

When I was working in university, the first-year students get problems. They lose orientations, and they don't know what should do. So the second half of the first year they have to have interviews with the industries. They have to dress better and do something like that. It's the first, the second is that after three or four months back from industries. So, in one room this guy from that company, this guy from that company.

They share experience each other. They know what they should learn. At the very beginning I said always, maybe just practice. It's not only practice. It's really about changing your life. Change your attitude to the life, change your future.

So that's one reason why yesterday Professor Zhang found 85% students continue to the graduate study abroad. Average for Chongqing University is 30. So, this is much higher than average. But when they come into university, the exam after this Gao Kao, the scores are the same. Maybe even low at very beginning. Maybe just the English maybe better because we score them by the English. Because in school the program everything is in English. So that's what I think that's really changed. I think China really needs to introduce that. So that's why I said that is interesting because so far we have 50 institutes in different areas, but we work, and we are more or less like doing more applied research and transformations. So I also think we like to become the place to receive them to have this called project. So that's what I would like to share with the Olin College because I visited the NSU once. I think they have kind of the new engineering school or something like that. I saw one project that they have education program, project-based education program. It's a very interesting project. It's a real project from NASA lab, building the bridge for space station. They have some requirements. The weight should be less than 50 kilograms. They have to package and it is better to extend. And then the length will be 20 meters. The weights have can stand it, but 200 kilograms something like that. And also another requirement $200,000, a half year project. Five or seven students, two supervisors. That's great. It's a real project. So that's why in JITRI, we also like to practice that kind of sense with some of the

Euro cities. Because we have so many real projects.

译文：

江苏省产业技术研究院是一家研究所，我希望研究所能成为科学与工业之间的桥梁，也希望研究所能将全球创新与中国连接起来。因为要连接全球创新，所以我们与包括新加坡国立大学在内的 40 多所国际大学建立了联系。我们找到了保持良好联系的最佳方法，即与这些大学共同开发博士或研究生项目。我们大约 3 年前开始了这项工作，不仅与大学或企业就研究达成协议，而且致力于对学生进行文化熏陶、培养良好习惯。我们为学生提供基于行业需求的项目，并且还提供奖学金来支持他们。例如，我们与新加坡国立大学签署协议，每年会有 10 名学生参与我们的项目。

我们希望与一些国内大学保持联系，但大多数人必须进行研究。现在大学硕士学位的数字已经很大了。教育部主张应该拥有更多工程学学位及工程学硕士学位，但事实上很多人仍然在从事科学工作，阅读论文，因为教授们没有足够的项目。我们希望为他们提供项目。我们会为每所大学的 100～200 名学生提供项目，从去年开始的这一计划已与约 20 所大学签署了协议。

参与项目的学生们先在校园里学习半年，下半年我们会为他们设计一些课题。我们刚刚开始做，我希望未来教育管理研究中心把我们视为案例加以研究，因为我们所有的项目都源于产业需求。我们希望来自北京大学、清华大学、哈尔滨工业大学、上海交通大学等不同学校的学生能在一起创造一些新东西。我们对国际化的期望也是一样的。

我们对每一个项目都有要求，希望他们花至少一周的时间做教学演讲，与我们进行讨论等。我们希望他们在某个时间聚在一起，来自新加坡国立大学、哈佛大学、牛津大学、麻省理工学院的学生一起度过一个月，成为同学。我希望所有研究所都成为这种类型的大学,但是不会给学生颁发学位。

我还想分享另一件事。昨天林建华教授希望重庆大学的张宗益教授分享一些重庆大学—辛辛那提大学联合学院(CKU)的经验,其实我从联合项目开始时就参与其中,我是联合学院的工程系主任、副校长。我想每个学生可能都有一个梦想,就是上一所好大学,比如,北京大学和清华大学等。他们在选择大学的时候会看学校排名,而对专业了解很少。有些一年级学生会因为不了解专业而迷失方向,不知道该怎么办。在联合学院,第一年下半年,学生们必须穿戴整齐接受企业面试。在企业实习了三四个月之后,学生们会彼此分享经验,这时他们了解到应该学习什么。一开始可能只是一个尝试,但它真正改变了学生的生活,改变了学生对生活的态度,也会改变学生的未来。

这就是为什么联合学院有85%的学生选择继续到国外求学,这一比例远高于重庆大学的平均水平。他们考进大学时成绩都是差不多的,甚至这些到国外深造的学生们的分数可能还更低,也许他们只是英语更好一些,因为我们用英语给他们打分,在学校我们也用英语授课。

我认为中国确实需要引入这一点。到目前为止,我们在不同领域拥有50家研究所,但是我们的工作或多或少地像是在进行更多的应用研究和转型。我们希望研究院成为学生开展项目的地方。这就是为什么我想与欧林工学院分享的原因,因为我曾经访问过新加坡国立大学,它与欧林工学院有某些相似之处。我看到他们有基于项目的教育计划,比如,有一个非常有趣的项目是为太空站建造桥梁,这是来自NASA实验室的真实项目。他们有一些要求,比如,质量应该少于50千克,长度为20米;可以承受200千克的物体。这个项目为期半年,由5~7个学生和两名主管参与。学生们完成这个项目后,NASA实验室会支付给他们20万美金。在江苏省产业技术研究院，我们也希望与一些大学合作进行类似的实践，我们有很多真实项目。

林建华：

教育部将在近期举行研究生教育会议，会出台一些改革措施。我向他们提了一些建议，我认为他们可能会进行一些改革。还有江苏省产业技术研究院将来可能会在此类研究生教育中扮演关键角色。这确实是一个非常有趣的实验。去年9月，我遇到了一个学生，发现现在的学生真的不同了，对工作更有信心和经验。这种转变不仅是技能、知识的转变，更是人生态度的转变。

理查德·米勒：

This is very exciting. We've seen the same thing in the US. I mentioned we have 20 to 30 projects. The students have to do the last project that is corporate supported. The corporations are providing $50,000 per project for students to work on this for two semesters. There are usually non-disclosure agreements. There is a chief engineer from the company. The students have every two months they have an in-person design review in the company. And we shut down the campus at the end for a day for all the companies to come on, and the students to make their final presentations. The idea is we're not teaching you about engineering. We're teaching you to be an engineer. And you can't be an engineer without a client. And if your client is not pleased with the outcome, you don't graduate. It's the idea. Nobody has not graduated, but some have come to close in.

译文：

这非常令人振奋，我在美国见过同样的事情。我们有20～30个项目，学生必须做的最后一个项目必须有企业的支持。企业将为每个项目提供5万美元的资金，以供学生在两个学期中完成此项目。

项目通常会签署保密协议,企业会派一名总工程师参与,每两个月学生要到企业中接受一次设计审查。最后,我们停课一天,所有企业来学校,聆听学生们的项目演讲。我们的目的不只是教授有关工程的知识,更是教学生理解什么是工程,以及如何成为一名合格的工程师。没有客户,就无法成为工程师。如果客户对结果不满意,学生就不能毕业。

梁慧思:

I think in terms of experiment, Singapore as a country, it's also experimental with the mandate from the government. We are also getting into a lot of new experiments. We are still at very early stages of this. But as far as the nation is concerned, I'm not sure whether know much about our big drive towards life-long learning. This is just not merely the university, but it is really a national movement, really from the Prime Minister's office or the way down to the Ministry of Education and then the Ministry of Finance. The government provides subsidies to the citizens, both in terms of subsidy directly to the citizen. We get a small sum of money, which we can use to pay tuition, but also subsidy to the providers of the courses and the models, which is essential to poly techniques, other private institutions of polytechnic, and now to all the autonomous universities in Singapore.

So, all of us are mandated to do lifelong learning. This is really something very new, but we are really putting the money. It really meant a lot and we are trying different ways to get students back to the classroom. So lifelong learning I shared yesterday about having students for life, we are hoping that this particular model will actually help us stretch the learning a little longer. Because not a problem is that we know that our students need probably two majors, maybe even more. But with four years and a limited curriculum time, if we do that, students are really going to come up at the house. But so, if we can actually stretch their learning as in its not necessarily four years, but they are on a road with us for 20 years, four years to get an undergraduate degree. But essentially, they don't graduate from the university. They graduate from a program and get a degree. They're always coming back to the university. Then we will have more time with them. They could come back and do another minor, another major, maybe. And we are trying to move them away from full qualification programs, as in a master, for example. You don't have to come back to learn just using a sign-up for a whole master, but maybe a more standing alone module or maybe a certificate and that can all add up.

译文：

新加坡是一个实验性的国家，政府会授权进行实验。我们也正在进行许多新实验，目前还处于起步阶段。但就国家层面而言，我不确定"大变革运动"是否会对终身学习的理念产生影响。这不仅是大学的实践，更是一场国家运动，是一场从总理办公室到教育部，再到财政部的实验。政府直接向公民提供补贴，学校得到一小笔钱，可以用它来为学生支付学费，也可以补贴课程和课程的开发者，这对多元技术发展、对私立理工学院及现有新加坡独立大学的发展都是非常有必要的。

所有人都要终身学习，这确实是一个很新的理念。我们也在这方面进行了很多投资，尝试用不同的方法让学生重新回到教室。昨天我分享了终身学习的学习方法，我们希望这种特殊模式可以帮助人们延长学习时间。我们预测，未来学生可能需要学习两个甚至更多的专业，但大学4年用于课程学习的时间是有限的。如果运用这样的方法，学生会选择重新回归课堂，他们的学习会扩展到超过4

年的时间，甚至长达 20 年。实际上，他们没有从大学毕业，他们只是在程序上毕业并获得学位，总有一天他们会再次回到大学，回来学习另一个辅修课或者主修课，我们将有更多时间与他们在一起。我们正在努力使他们脱离一整套的资格课程项目，比如，在硕士课程项目中，学生不必回学校即可增加独立学习的模块或获得证书。

林建华：

在新加坡能做到是因为政府会给予支持，这对关心城市发展的公民来说非常有利。斯坦福大学也正在做类似的事情，斯坦福大学是怎么做的呢？

梁慧思：

We do have the government backing. I think a few things must come to place and must come together. Number one is in the change in mindset. Number two, the finance aspect of it and then the delivery move has to change. So, the big challenge for us is how we can keep the cost down, maximize resources, get our professors to be willing to have a diverse classroom. They may not want to do that. Not all of them are prepared to do that. So, we made a start with a small group, more adventurous and willing to try and then to get our alumni and students to be willing to come back. What are the best ways in which they can learn? Is online or is a face to face? We are doing various things to try.

译文：

我们确实得到了政府的支持，但我认为很多事情必须同时到位，必须一起做。第一，心态的改变是第一位的。第二，财务方面以及交付方式都必须改变。对我们而言，最大的挑战是降低成本、最大限度地利用资源，让教授愿意使用多样化教室。他们可能不想这样做，而且并非所有人都准备这样做。因此，我们从"一小撮"喜欢冒险、喜欢尝试的人开始推动，然后让校友和学生回归课堂。我们现在探讨的是学习的最佳方式是什么？在线学习还是面对面学习？为此，我们正在做各种尝试。

林建华：

希望未来我们可以有所收获，建立某种联系，并共同努力。大家有什么建议吗？杰弗里·雷蒙也做了很多实验，特别是在通识教育领域，我认为这对中国高等教育非常重要，请简要阐述一下。

高松：

我想厘清一个关于未来教育管理研究中心的问题。研究中心涉及 K12 阶段基础教育、大学教育、研究生教育以及终身教育，是否有计划集中精力投入某一个特定的教育阶段？

林建华：

这个研究中心是广泛的，包括大学教育以及 K12 阶段基础教育等，我们在这些方面都有专家。我们从现在开始做，目前正在考虑针对研究生教育进行案例研究，还计划针对 K12 教育的问题举办一个小型的闭门论坛。这些理念与想法都是相通的。

杰弗里·雷蒙：

One possibility you might think of is something the center could do is to identify each year the five most exciting experiments that are happening in Chinese higher education. You could call for proposals, call for submissions, and you can have an expert panel that will review. It would just put out a signal that experimentation is valued and that there's no preconceptions here. It's actually bottom-up. You're looking for great innovative ideas. The center is not a big group. It doesn't mean you actually have to be operating all these experiments, but you can be recognizing and rewarding and valuing them.

译文：

有一种可能性是，研究中心可以每年征集一次中国高等教育领域发生的最令人兴奋的五个实验,收集提案并请专家小组进行审查。这就像发出一个信号,表明这些实验很有价值,这里没有先入之见,而是"自下而上"。研究中心正在寻找很棒的创新想法,但请注意研究中心不必参与所有的这些实验,但可以识别、奖励并评估所有教育领域的创新。

林建华:

这是非常独特的想法。中国高等教育的问题在于政府发送指令并告诉高校应该做什么,然后大学校长就去执行。所以,学生并不主动。但这对于你们来说确实不一样,你们拥有非常强大且独立的高校和校长,校长的想法至关重要。你的建议是在改变一种管理文化和态度,值得我们跟进。

理查德·米勒:

I think if you were going to prioritize all the different things, I would completely agree that undergraduate education is the best place to start. It touches more people. It has less political radioactivity. What do I mean by that? If you walk into a department and you describe need for change that changes their PhD program. Everybody has resistance. If you're going to change the first-year program, there's less resistance. So, there are more opportunities. That's one thing I think after frustrations for some years at Olin. The biggest thing is to change the concept, the mindset. As was pointed out, if you can get the mindset change, a lot of other things will take care of themselves.

That education is not just about content knowledge. Education is about changing attitudes, beliefs and behaviors as well. Secondly, the big challenge to that, which we heard from several people is very simple, you can only teach what you know and I don't care what your university is. If you're going to teach people to engineer things, you need to have engineer things. Most universities don't have faculty who have engineer things. We have faculty who write about things. It's like being sports writers. We can talk about what they did wrong in the soccer game. But unless you were on the field playing soccer, you really don't understand what it means to be this. So, there is an incentive for change in who the faculties are. so that the faculty, in fact, embody these attitudes on these behaviors and these mindsets that we're trying to teach.

译文：

我认为，如果要考虑所有不同的事情的优先级，那么，本科教育是最好的起点。它能触动人心，政治影响力也比较低。假如你到一个部门要改变其博士课程，每个人都会反对，但是如果只打算更改第一年的课程，阻力就会比较小，就会有更多的机会。这是我这些年在欧林工学院经历多次沮丧后得出的经验。最大的改变就是改变观念，如果可以改变思维方式，那么其他的很多事情都会自行改变。

教育不仅是教授知识，还是改变态度、信念和行为。教育的最大挑战是教师只能教自己知道的东西，而不在乎大学是什么。如果要教授工程设计，则需要进行工程设计实践，但大多数大学都没有拥有工程师资格的教师。我们的教师在写报告或论文时就像体育评论员一样。我们可以谈论足球运动员在比赛中做错了什么，但除非真正在场上踢过球，否则只是纸上谈兵，无法理解其中的真义。因此要激励教师改变身份，改变思维方式和态度，并体现在教学上。

林建华：

在我的演讲里，我确实提出了五个共识，试图改变人们的观念，但是不知道具体该如何实施。

刘庆：

So, come to the Professor Miller. I can't remember which year probably 2015, the Ministry of Education and also together with other government organization together to have a few sentences talked about engineering education to encourage some of the universities to test the industry experience to be as the requirement to be qualified as a professor engineer. I think in Chongqing university, Engineering College had the policy to say the young staff to our engineering school, they have to get at least one-year full time experiments before they can be promoted. Since you left, nobody continued all that. But I think that is a good test.

译文：

2015年，教育部以及其他政府组织就工程教育发表了讲话，鼓励一些大学将教师的行业经验作为考核的标准。在重庆大学，工程学院规定学院里的年轻教师必须有至少1年的全日制工程师项目经历才能晋升。我认为这是一个很好的尝试。

林建华：

最后再问一下，大家对未来教育管理研究中心有什么建议？现在中国高等教育确实是在一个坎儿上，下一步该如何改进，对中国未来的发展是很重要的。我想还是需要一些改革思想比较强烈的人士一起去推动中国的高等教育改革。

高松：

现在对学生的培养方式或模式讨论得比较多。实际上，大家都有共识，激发学生的热情是最重要的，但是如果老师本身没热情，就不好去引导学生。现在很多大学在进行人事制度改革，即教师队伍建设。但如果在招募教师的时候，被招募者对教学不感兴趣，后面再怎么规划设计，起到的作用都会较小。因而，我们需要在教师队伍建设上进行探讨和研究。

林建华：

如何激励老师，这个评价导向很重要。

李青青：

对于老师的问题，我建议学习一些社会上的做法。很多企业采取的是竞争上岗，比如，给小米公司做企业培训，培训公司会请老师去给学生上课，而不用自己招募、培养老师，学员在上课之后可以对老师的水平进行评价、反馈。

高松：

这实际上是整个教师队伍的素质和评价设计。PI 是什么要求？KPI 是什么要求？在中国，KPI 研究系列的设计比较困难，特别是一些工科学校，采取的大多是团队制的传统模式。我们现在这个制度，存在的最大的困难就是在现有的体系中做 KPI。

刘振鹏：

我在做教育改革时，有时会想起当年林建华校长的一句话，这让我坚定信心往前走。因为走在前面搞改革、搞创新，你并不知道它是正确的还是错误的，很多事情会让我感到迷茫，社会压力很大，各方面的压力都非常大，所以校长鼓励我向前走，他还提及，高等教育改革也得从基础教育开始。我很高兴终于能和林校长一起做点事情，现在我们在全国有 20 多所学校，在纽约也有，我非常希望与林校长一起做点事情。

朱守华：

我现在在教务部。在做了充分的研究之后，我想研究中心能不能发布一个高端创新人才培养体系的白皮书？研究中心的使命中似乎也有这方面的考虑，就是智库共识性文件。研究中心每年都可以发布一个共识性文件或者白皮书，我觉得会很有教育意义，这对教育家长、教育社会，甚至教育大学都很关键。事实上，大家并不知道教育的问题都出在哪里，在解决这些问题的时候，可能会因为初始条件不一样而导致结果完全不一样。所以，研究中心应该倡导培养高端的创新性人才，这也是北大的特色。中国缺乏高端创新人才的培养，将来研究中心可以形成一个相关培养文件，一个可能比较全面的文件。

林建华：

我们可以把江苏省产业技术研究院作为一个案例，在这个案例里面，我们会关注高端人才培养的问题，关注科技成果的转化。现在，我们国家有一个大的问题——无论是高端学者还是技术骨干，主要来自国外。看看大学里，看看那些好公司，真正做技术创新的人，很多都来自国外。于是一个问题就显现出来，就是我们自己培养的人怎么才能得到这种机会？这里涉及很多因素。前段时间我去研究会座谈，就举了一个例子，在化学学科的国际评估中，有好几个教授拿了诺贝尔奖，但为什么教授都是一流的，学校却不是一流的？因为最好的学生都被送走了，学校里的学生并不是最顶尖的学生。

鲍威：

非常感谢有这样一个学术拓展的平台，让我能够参与研究工作中。我们可以定期完成一些学术研究，进行一些内部交流，帮助研究者进一步把研究成果精细化。同时，可以基于相关的、自有的研究成果发出自己的声音，而不是简单地介绍或者复述别人的东西。

举个例子，林建华校长领导我们这个团队在去年年末完成了一个课题——目前新的国际形势下海外人才、高端人才回流的影响。未来国家如何利用这样的时机吸引更多的海外人才回流？在政策层面，我们可以向政府部门或者学界公布学术成果。

朱红老师一直在推进学生发展方面的研究，我也在推进新高考改革的成效评估研究，这些都是非常值得关注的。2018年，我们做了全国范围的新生调查，发现从生源地来看，来自浙江、上海的学生是最优秀的学生群体，现在他们的素质、学术表现依然在全国保持领先地位。但与改革之前相比，他们整体的学术表现呈现下滑趋势。我们推进新高考改革是希望重建高中教育，促进高中与大学的衔接，但因此会导致什么问题，需要进一步深究。这是一个非常重要的人才培养问题。目前大学阶段出现的人才培养问题，不只是高等教育的问题，而是整个教育体系的问题。对国家的一些重要改革进行有针对性的、及时的跟踪研究，能够对解决这些问题起到作用。

尚俊杰：

补充一点，研究中心或许可以推动一些根本性的变革。比如，学生求职时很多单位一定要应届生，把工作与留京户口捆在一起，导致一些硕士生花许多时间实习、找工作，不能专心研究。美国的硕士生可以在实验室里专心做研究，而我们的学生要四处奔波找工作，并且老师还不太好意思管，因为错过今年他可能就会变成往届生，这对他工作、留京都会产生影响。如果能推动这个制度的改革，招聘时不再区分应届生和往届生，那么学生就不一定非要在 7 月、在毕业时找工作，这样应该会使学生的培养质量得到很大提升。

第二个小建议，我举个安阳市的例子。安阳市有 500 多万人口，安阳工学院是一所很不错的高校，他们花了六七千万元买了一架还能飞的大飞机，要用来培养飞行员。据说他们一年总共要招 8 000 名本科生，但是只招 30 余名硕士生，还是与国外联合培养的，因为他们自己还没有硕士生招生资格。像这样的情况，当地有需求，学校有能力，但连专业硕士都不能招。那么这类大学的发展自然受到了严重制约。其实其他地方院校也多多少少存在这样的情况。对于这样的情况，也许未来教育管理研究中心可以向有关部门提出政策建议。

池恒：

我想接着基础教育的话题继续探讨一下，我一直在做课外培训，去年办了一所全日制学校。我对基础教育有一些特别的感触，我觉得我们的基础学科是比较薄弱的。这几年好像对学科类竞赛，如数学、物理、化学等竞赛倾向于打压，有些人甚至觉得在这些学科上比较有优势的学生是高分低能。

但在我看来，基础学科的知识很有趣味性，能解决很多很有意思的问题。我们可以研究开发一些适合中小学生、与知识相关的课题，包括研究室的课题。这需要一些既懂基础教育又很有高度的人共同研究和设计，在知识效率和解决未知问题间达到一种平衡。这对基础教育的发展非常有意义。我以前在北大附中学习的时候，很多优秀的老师都是从清华、北大毕业然后投身基础教育的，我们因此享受到了优质的基础教育。很希望研究中心能够在基础教育领域做一些开创性课题的研发，并向全社会推广。

朱红：

我也补充两点，今天来听会我特别高兴，知道未来教育管理研究中心不限于高等教育、大学改革，基础教育改革也是关注的重点之一。去年一年里，我的工作重心从大学生的发展转向了青少年的生涯教育。因为在新高考改革背景下，我们发现，如果只有新高考改革，基础教育阶段没有与生涯教育配套的课程和配套的师资改革，我们想要的高中育人方式的改革很难实现。比如，去年我们完成了一篇关于新高考改革的论文，发现新高考改革初期，在浙江、上海，有家庭优势的学生获得了更好的入学机会。其中一个原因是学校生涯教育的配套改革没有跟上，社会底层家庭的孩子无法获取足够的信息，得不到有效的指导。

由此可见，只进行新高考改革，而学校生涯教育跟不上，可能会对未来的教育公平产生不利影响。由此来说，中小学的生涯教育特别重要。所以，我们从去年尝试对中学老师进行师资培训，以更好地推进课程改革和学校教育理念的变革。改变校长的理念，改变老师的理念，他们认可生涯教育，看到它对学生学业发展有正面影响，就会有改革的动力。我在做师资培训时，发现一线的很多校长、老师都有教育的理念和情怀。如果我们能够跟一线的老师结合起来，把高山顶立的理念通过一线老师真正落实到教学中去，一定能更好地促进学生的发展，帮助学生认识自我、认识未来、认识大学专业，激发学生的学习动力。在几期培训后对培训过的老师持续跟踪，我们发现，当他们把理念落实在教学行动中时，他们的职业发展有了很大的进步。

未来，我希望与研究中心在生涯教育方面进行更强、更密切的合作。现在，我们正在做两个项目，一个项目是把全国优秀学校的案例整理出来，然后通过中心或者平台发布出去，让全国其他学校看到希望，从而起到引领作用。我想这可能会对基础教育改革有比较大的触动。

另一个项目是针对研究型大学学生学习体验的国际调查。这个国际调查是由伯克利大学高等教育研究中心的一个学者发起的，经过10年的发展，它已经成为一个研究型大学学生学习体验调查的联盟。中国的大学加入后，我们可以共享原始数据，并对其调查政策、调查方向享有一定话语权。我希望借助林建华校长的影响力，让更多的中国大学加入国际调查联盟中，有更多的中国大学发声，这可能会对高端创新人才的培养产生巨大的促进作用。

李青青：

我们下一步可以贡献的地方是，研究有无必要把游戏化学习和人工智能结合，看看这些前沿技术与教育如何结合起来，并且带入实操案例。目前在中国企业端，接受我们管理者、工程师以及技术人员管理培训的公司已经有 2 700 家，全部是中国各行业的龙头企业。另外，我们还投资了 K12 教育，我们发现家长和老师的思维模式存在问题，所以采用了游戏化学习方式，让父母和孩子们一起进行 PK 赛。在这个过程中，我们又发现现在很多孩子胸无大志，大多数的时候是由考试驱动的。怎样激发学生树立大志向？我们把经济学类的大型游戏分解给他，让他去玩游戏，让他感知这个世界的样子和供需运作关系。

在发现一级环节的关系后，有些小孩就产生了长大了可以做什么的想法，这就是游戏化学习对学生的激发与驱动。

做企业，我们要随时做客户反馈调研。因此，在调研样本、企业赞助、企业实际案例的需求上，我们可以作出一些贡献。此外，我们还在设计一些课程结构。在设计过程中，我们要考虑未来的科学技术人员找工作时需具备什么技能，以及未来生存需要什么样的情商、领导力、团队协作和基本商业技能等，如果研究中心有需要的话，我们也可以把自己的心得分享出来，与大家一起讨论。

刘振鹏：

再补充一点，我希望研究中心能够给未来教育下一个定义，或者明确未来需要的人才应具备哪些素质和能力。这一是要对未来教育的定义和未来人才的素质能力进行梳理；二是要对现有的典型案例进行分析和研究。研究中心的参考指导很重要，如果方向是对的，我们就可以大胆往前走。现在有很多学校都想改革，但受到来自家长、政府、教育部门的各种限制，它们需要支撑和支持。研究中心应该展示出对改革的鼓励和支持，引导学校进行改革，从1家、2家、10家乃至几千家学校开始引领中国的教育。从现在一步步走到未来，一个完整的、好的教育生态就能真正形成。

林建华：

谢谢大家！我觉得这个研究中心就是一个让大家来一起做事情的平台。研究中心本身就能够做很多事，我觉得搭一个平台会很好，让大家一起实现一些重要的想法，保持联系。

梁慧思：

我们有一个 Future Office，是由大校长领导的，有需要可以互相交流。

林建华：

好的，谢谢大家！

第三部分 主题报告

教育有多个维度，包括大学治理、国家政策、教育功能、教学过程、教育方式和课程、师生关系等。基于不同维度对教育模式、教育环境展开探讨与对话，为读者呈现出不同个体对教育问题多方位的认知，从而也激发各方无限的思考，探寻未来教育的重要方向，具有非凡的意义。新教育实验发起人朱永新与剑桥大学社会人类学教授艾伦·麦克法兰（Alan Macfarlane）之间曾就教育的本质、素质教育、创新与未来教育发展等多维度进行对话研讨，不仅仅有面对面的交流探讨，还有非正式的邮件沟通等，这些对话内容也都记载在二人所著的《教育的对白》一书中。通过这些对话，我们发现，不同文化价值观下对教育的理解存在差异。但相同的默契是，大家对未来教育发展趋势的研判一致，终身学习将是未来每个个体需持有的学习信念，而且个体学习更加依赖于自我学习和自我教育。未来教育一定会受到数字技术的影响，学校的形态和功能也会发生深刻的变化，自下而上的学习模式将会盛行。

未来教育管理研究中心也看重教育对话在教育改革与人才培养中的作用，与重庆大学—辛辛那提大学联合学院、西交利物浦大学及江苏省产业技术研究院等案例相关的学者专家展开了多次教育对话和研讨。例如，研究中心创始主任林建华教授与重庆大学—辛辛那提大学联合学院张志清进行了谈话，张志清发现从学生的教育上讲，"自下而上"更符合教育的本质。重庆大学 Co-op 模式就是提供给学生成长的土壤，让学生自我成长和自我管理。林建华教授与西交利物浦大学席酉民校长等展开了有关未来教育的话题探讨，包括中国的大学改革、高等教育改革、教育与产业的融合发展等共同关心的话题，大家认识到教育需要回归本质和重塑教学方法体系。西交利物浦大学对组织管理运行体系进行的创新和探索，让大家认识到"共生协同"会成为未来大学教育的方向。在江苏省产业技术研究院，教育对话和研讨围绕人才培养展开，希望共同推进产教融合，共同打造既满足高校人才综合素质培养，又满足产业发展需要的人才培养体系，为国家或地方产业升级和高质量发展提供坚实的人才支撑。

  研究中心还特别邀请不同学者就高等教育中的特定主题展开话题汇报与研讨，接下来将重点分享相关系列主题汇报与讨论对话。

朱红[①]：中国顶尖研究型高校本科生学习动机的发展及其影响

> **导读**："未来·教育·对话"讲座沙龙邀请北京大学教育学院朱红副教授做了题为"中国顶尖研究型高校本科生学习动机的发展及其影响"的主题汇报。朱红教授系统地介绍了学习的内外部动机是如何发展的，它会对学习行为和能力产生哪些影响，以及哪些因素会影响学习动机的发展。在主题汇报后，各位老师对未来大学教育、内部学习动机的养成要素及老师在教学中的认知策略等进行了深入的研讨。通过更深入地了解各类教育活动是如何影响内部动机的，我们可以找到合适的教育教学方法，让学生更有自主性、更具创造性。本文根据嘉宾演讲全文及相关对话整理和摘录。

今天我跟大家分享的题目是中国顶尖研究型大学里本科生学习动机的发展及其影响。为什么要研究这个问题？学习动机对学生的学习行为、学业表现是一个非常关键的影响因素。很多文献对学习动机进行了研究，一般认为，学习动机强的学生会有更好的学业表现，学习动机弱尤其是内部学习动机弱是学生辍学或低学业成就的主要原因。学习动机不足是现在中国大学生面临的一个特别突出的问题。我们想知道顶尖研究型大学里学生的学习动机是什么样的？他们的学习动机在大学里是如何发展的？我们希望，厘清这个问题能够给培养顶尖创新人才带来一些启示和帮助。

今天介绍的这个研究主要包括三个核心问题。学习动机有内部学习动机和外部学习动机两个主要分类。在顶尖研究型大学里，学

[①] 朱红，北京大学教育学院副教授，北京大学未来教育管理研究中心兼职研究员；波士顿学院哲学博士（高等教育管理方向）。

生这两类学习动机的现状如何？在大学里产生了什么样的发展变化？两类动机对学生的学习行为和能力产生了哪些影响？我们也想探讨一下，到底是哪些因素在影响着学生学习动机的发展。

我先简要地从文献综述开始讲起，第一，介绍一下动机理论范式的发展。第二，介绍本研究采用的自我决定理论的基本内容。第三，介绍现在高等教育中研究大学生发展的学者们针对中国大学生的学习动机有哪些独特观点。第四，介绍关于学习动机的一些实证研究。

动机理论的范式主要可以分成三类，最初的理论范式是内部动机与外部动机二元对立的机械论，本能论、驱力论、诱因论，以及大家熟知的马斯洛的需求层次论，都属于二元对立的机械论。这种观点认为，内部动机与外部动机是对立不变的。这个观点逐渐受到学者们的批判，因为它忽视了学生作为个体的内部能动性，后来，认知论逐渐取代了机械论。

认知论主要包括成就动机理论、认知失调理论和归因理论，这些理论都属于特别关注个体能动性的动机理论。然而，随着理论的不断发展，大家发现只关注个体的内部能动性而忽视社会文化环境的影响也是不全面的，于是，社会认知论就初现了。

社会认知论特别关注外部环境与个体内部能动性的交互作用。社会认知理论包括班杜拉的自我效能理论和自我决定论。自我决定论是如何看待内部动机与外部动机之间的关系的呢？首先，自我决定论有一个前提假设，即人天生就具有好奇探索的特性。这一点我们可以从婴幼儿的成长过程中看到。当婴儿能动的时候，他会不停地到处爬、到处啃、到处咬，好奇的天性驱使他去探索这个世界。这个基本假设与现在学习科学的一些基本结论是吻合的。在这个基本假设下，什么叫作内部动机呢？就是为了满足自我需求，为了寻找挑战、乐趣，满足好奇的天性而进行学习活动的倾向。而外部动机指的是做事是为了获得某种可分离的结果，为了获得活动本身之外的其他因素，如别人的赞赏、更好的成绩、更高的报酬等都属于外部动机。除了内部动机和外部动机之外，还有一个类型是无动机：我做这个事情没有目标，无所谓。在自我决定论的理论框架下，这三个动机是可以互相转化的。无动机往往是因为看不到成功的希望，所以选择放弃。但是，通过外部的一些调节和刺激（如赞赏、评价、奖励等），可以逐步产生外部动机。通过个人目标、个人身份的认知及一些学习，外部动机可以慢慢变成内部动机。动机之间是可以相互转化的，是一个特别重要的理论维度。

刚才我介绍了动机理论的一些发展特点，那么，中国学生的动机有哪些特点呢？有一些学者认为，中国学生有自己的特点。中国学生是内部动机与外部动机多元一体的，内、外部动机会同时对学生的学习和发展发挥作用。但我认为，基于中国文化，中国人的学习动机以及生命发展的路径，更多地体现为"由内而外的盛开"。梁漱溟先生总结过中国传统文化中生命发展的特点，指出反躬自省是儒释道三学的一个共同特征。比如，儒家提到"行有不得，反求诸己"；佛家提到"诸恶莫做，众善奉行，自净其意，是诸佛教"，强调自净其意、反躬自省；道家也强调要克制自己的欲望。从这个角度来说，中国人的生命成长或者学习的特点更多的是由内而外的盛开，而不是内外多元一体。但这些都是理论上的讨论，需要更多的数据验证。所以，我们进行这个研究也是想看看中国学生的动机到底呈现出什么样的特点。

通过对国内大学生学习动机的实证研究，我们发现主要有两个方面的特点。

第一，大多数研究用的是横截面数据，即某个时间点上学生动机是什么状态，这些研究发现，内部动机对学生的发展有更重要的作用。

第二，有一些研究是关于追踪数据的研究，在高等教育领域里，主要有三个追踪调查研究。一是西安交大的团队在20世纪80年代做的追踪调查；二是高一虹对5所大学非英语专业学生的英语学习动机进行的分析；三是李曼丽的研究，她用一所顶尖研究型大学的数据分析工科学生的学习动机。通过这三个已有的研究，我们可以看到，起决定性作用的是学生的内部动机。但是，这些研究的结果也并不完全一致，也有相互矛盾之处。所以，我们想用新的数据进一步进行研究，看看在中国顶尖的研究型大学里，学生的动机到底是什么样的。这是我们的研究重点。

我简单介绍一下我们的研究设计，主要是从以下四个方面展开的：分析框架、调查对象、测量工具与分析方法。基本的分析框架是对学生进行两个时间点的动机状态调查。第一个时间点是从拿到高考录取通知书到入学后一个月左右的时间，这时学生还没有太多地受到大学的影响。第二个时间点是这些学生大三上学期的时候。这两次调查的对象是同一拨学生，是完全一样的群体。我们用了潜在转换分析法——这是一个更精准的统计分析方法——根据动机发展的不同，把学生分成不同的群组和类型，探讨动机发展类型不同的学生在学习行为、能力方面存在什么样的差异，同时探讨到底是内部动机还是外部动机对学生的学习和学业结果产生的影响更大。这是分析框架与调查对象。

能力测量选取了三个指标。第一个指标是高阶的认知能力——批判性思维；第二个指标是非认知能力，主要利用毅力指标进行测量；第三个指标是创新能力，作为一个综合指标，创新能力既包含认知，也包含非认知。我们采用成熟的量表测量学习动机，这个量表是邱皓政于2000年在台湾进行汉化的，辛涛在大陆进行了汉化。总体来说，量表的工具比较可靠。关于内部动机的测量有四个题目，这四个题目主要考核的是学生的好奇探索、对疑难问题的钻研，比如，第四个题目是大学能不能给自己增加知识技能。关于外部学习动机的测量主要是把他人的评价、把成绩作为考核的指标和标准。我们测量的是2016级的学生，样本量不是特别大，追踪还是挺难的。仅收集样本就花了我们很多时间，因为在顶尖研究型大学里，更多做法是要动员学生参与其中，不能用行政命令。好处是数据的结构与总体的结构是相似的，至少在院系的分布上比较相似。

我们看一下数据的结果（见图2），首先看学习动机的基本状况。关于外部动机的均值，我们用了4点式测量方式，即最高的是4，表示非常符合情况；最低的是1，表示非常不符合；如果超过2.5，可以看作动机符合状况；如果低于2.5，表示动机不符合状况。2016年刚刚拿到录取通知书的时候，学生外部动机的得分基本在2.5附近。具体来说，如图2所示，有三个题目的均值低于2.5，其他三个题目的均值则稍高一点。我们还可以看到，与内部动机相比，学生的外部动机是比较低的，即使到了2018年，这些学生进入大三的时候，外部动机虽然有了一点点增长，但与2016年的差异仍然不是特别大。

从图2中我们可以看到，与大一时相比，学生的内部动机在萎缩。当然，这个值的大小到底算多大的程度，没有一个绝对标准，但可以看到，内部动机的确是在下降。

我们进一步通过潜在转换变量分析法，测量学生内部动机及外部动机在3年间的变化。数据显示，外部动机在3年中基本上没有变化。通过不同题目测量的外部动机之间的差异很小。但是，内部动机的差异比较大，所以，我们根据内部动机把学生分成了3组，第一组是积极组；第二组是平均组；第三组是消极组。我们的初步发现是，顶尖研究型大学的本科生外部学习动机处于较低水平，内部学习动机处于较高水平；外部学习动机在大学期间并未发生太大变化，但内部学习动机大学3年中发展的差异很大。

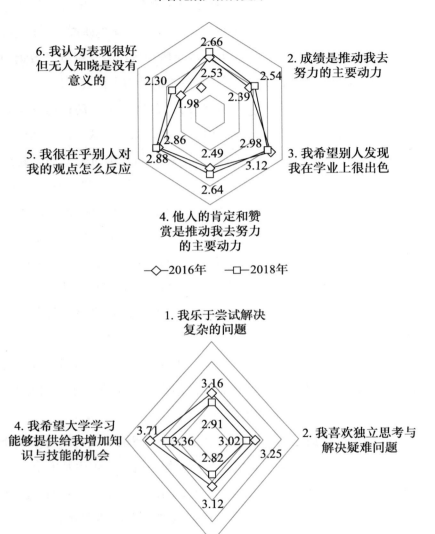

图 2　北京大学本科生追踪样本外部（上）与内部学习动机（下）情况

那么，具体是什么差异呢？基本呈现这样的状况：新生阶段，大约 30% 的学生的内部动机属于积极组，大约 60% 的学生的内部动机属于平均组，还有 10% 左右的学生的内部动机属于消极组。在 3 年里，有一些学生从积极组掉到了平均组，还有一些学生从平均组掉到了消极组；同时，有一些学生从消极组（内部动机最低的一组）提高到了平均组，还有一些学生从平均组提高到了积极组。在图 3 中，我们用箭头的粗细来表示比例的大小，可以看到，往下滑的学生更多一些，往上升的学生更少一些。比如，从积极组掉到平均组的学生大约为 58.5%，这个比例相对较高。

图 3　内部动机与学习表现

我们又对发生变化的学生进行了分析，比如，下降的学生和上升的学生在学习行为及学习表现上有没有差别？我们发现，上升学生的学习行为更好，下降学生的学习表现，无论是课堂参与、课外学习还是与老师的互动，都会更低一些，这也符合常识。我们还对内部动机的发展变化对学生能力的影响进行了分析。通过表 1 我们可以看出，2016 年还是新生时，3 组学生的批判性思维能力没有显著差异。但到了 2018 年大三时，积极组学生的批判性思维能力的发展明显高于平均组，平均组与消极组之间则没有差异。不过，在属于非认知能力的毅力与创新能力上，我们可以看到，积极组与平均组都明显高于消极组。尤其是创新能力方面，到了大三时，积极组明显高于平均组，平均组明显高于消极组。所以，内部动机的发展拉大了学生之间的能力差距。另外，我们也可以看到，相比认知能力，内部动机对非认知能力的影响更大。

表1 大一和大三学生能力素质的比较

组 别	2016 年	2018 年
批判性思维能力	3组差异不显著	积极组显著高于平均组
毅力	积极组优势明显，其他组无差异	平均组赶上积极组
创新能力	积极组优势明显，平均组与消极组无差异	积极组优势依然明显，平均组显著高于消极组

本研究的数据结论验证了我们最初提出的"中国学生的学习动机是由内而外的盛开，并不是内外多元一体"的观点。在我国最顶尖的研究型大学里，学生的内部动机水平要高于成绩、别人的评价等外部动机水平。而且，内部动机对学业成果的影响也更大，这是我们的第一个结论。第二个结论，关于"几人盛开？几人凋谢"，我们可以看到，多数（大约60%）学生的内部动机水平其实没有发生变化，维持在一个稳定的状态，只有少数学生发生了变化，也就是说，"盛开的"要少于"凋谢的"，"凋谢的"会稍多一点。第三个结论，我们探讨的是，这些现象是人的成长过程或生命发展的必然现象，还是教育的问题？对此，不同的学者有不同的观点。在一次学术会议上我汇报了这篇研究，一位在高等教育领域非常知名的老师提到，在人的成长过程中，孩子的好奇心是最旺盛的。随着孩子慢慢长大，他的好奇心必然会枯萎或者降低，这是一个正常的生理或者成长现象。但是，如果我们观察那些特别卓越的学者，或者那些在自己的领域里表现特别优秀的人会发现，他们的好奇心和探索精神在一生中都保持着旺盛的状态。在我们学校，有很多老师都是这样的，他们对自己研究领域的好奇不会随着自己慢慢变老而减弱，

反而会越来越想去深入探究。所以,我们的结论是,这种内部动机的衰减与教育可能是有关系的。联合国教科文组织在1972年发布过一篇非常有名的报告,叫作《学会生存》。该报告开篇就提到,教育是一把"双刃剑",它既能促进创新又能扼杀创新。所以,更重要的是,要思考问题产生的原因是什么,以及大学如何做才能够更好地促进学生内动力的发展。

接下来,我要与大家分享一些实践层面的东西。刚才讲的内部学习动机是什么呢?它指的是人在"苦思冥想后顿悟"的那一刻所获得的愉悦感,即顿悟的愉悦感。只要我们的大脑获得过愉悦感,就会一而再、再而三地想要拥有它,因为这是人类在演化过程中大脑形成的一个机制。这是内部动机最根本的来源,也是人最深层次的内部动力。那么,哪些因素能够促进人的内部动力的生成呢?

自我决定论提到有三个维度是特别重要的。

第一个维度是能力感,要让被教育者、未成年人有这种能力感。能力感指的不是人本身的能力高低,而是他感觉到"我行不行",感觉到"我是不是在进步",这是特别重要的。如果要给学生能力感,那么我们的教育应该具备什么样的特征呢?

我认为,一是对学生现有状态的认可和接纳。因为在成长的过程中,人的心智模式是不断发展的,在将要发展到更高境界或阶段的时候,会面临失衡的状态,原有的心智模式会坍塌或者解体。只有度过这种失衡状态,人才能够达到更高的平衡,心智才能发展到更高的阶段。原有心智模式的解体,意味着我们看待世界的方式需要发生根本的变化,意味着我们突然无法理解世界了,或者旧的理解世界的方法失灵了。这些体验一定会带来成长的痛苦迷茫、纠结矛盾。在这种状态下,教育者对被教育者的理解特别重要。

杰罗姆·大卫·塞林格(Jerome David Salinger)在《麦田的守

望者》这本书中提到，我们在成长的过程中肯定会有痛苦。如果这个时候有人给我们投以温暖的目光、理解的微笑，我们就会释然，内部力量就会被释放出来。所以，觉察、理解、接纳、认可学生成长中的痛苦是促进学生成长的基础，也是我们作为成年人应该提供给未成年人的滋养，一种生命的滋养。现在的教育，无论是家庭教育、学校教育还是大学教育，都太缺乏这方面的滋养了。

二是要在挑战和支持方面寻求均衡，要给学生适度的挑战，而不是挑战越艰巨越好。在给学生设置挑战的同时，还要给予一定的支持。如果只有挑战没有支持，人在巨大挑战的压力之下就会退缩，会回到比原来更低的发展水平。所以，挑战与支持的均衡特别重要。教育部提出要开"金课"，提高课程挑战度，这非常有必要；但同时我们也要给学生提供"金支持"，"金挑战"一定要有配套的"金支持"。

三是要形成成长型思维模式，这是中国学生特别需要的。因为在现在的教育体系下，学生总是被单一的成绩评价，而且是横向的评价——跟他人比。所以，让学生看到"我在不断进步，我在不断成长"的成长性思维非常重要。以上就是培养学生能力感的三个院校环境特征。

要培养能力感，有一个先决条件，即拥有自主性，这是第二个维度。学生要具备能够伴随行为的自由意志，也就是说，要先减少对他的外部控制，其内部的内驱力和自主性才能发挥出来。所以，不要着急下结论、贴标签，不要有太多琐碎的管控，先去倾听、理解，这些是培养自主性的几个非常重要的条件。这意味着教育环境要允许学生尝试、体验和犯错。教育环境应该是一个承托性的教育环境，学生不用担心自己会犯错，而了解到自己还有学习和提升的机会是非常重要的。这也是当前教育环境中特别欠缺的东西，从基础教育开始就特别欠缺。

第三个维度是关联性，学生的学习跟他的生命体验一定要有关联性。关联感体现在三个方面。其一是归属感，包括组织的归属感、情感的归属感。家庭、班级、院系乃至整个大学的归属感，都可以帮助学生建立归属感。其二是价值内化，也就是立德树人。怎样才能使学生把德内化于心，是特别难也是需要特别关注的地方。其三是命运的共同感。比如，一个学生为什么愿意去学习，最基本的原因可能是父母的期望，是家族价值观的传承，再扩大一点，可能是整个民族共同的命运感和价值感。这是帮学生建立关联性的一种方式。

这些都要求社会性的互动，也就是说，我们跟学生的互动不仅仅是教他知识、技能，而要更多地分享对人生、社会和生命的感悟，这对于学生来说至关重要。但在研究型大学里，这方面特别欠缺。以导师制为例，我们虽然建立了导师制，但是效果不尽如人意。院系环境对学生内部动机的培养非常重要。从理论上来说也是如此，在获取数据时，我们搜集了不同的测量题目，以此来进行分析，看看是否能从中发现一些影响因素。

为什么学生的内部动机"沉落"的比"生机勃发"的要多？这与学习上的自我效能感有关。通过学生们填的自评式问卷，我们发现，80%的学生在学习上的自我效能感都很高。但值得注意的是，我们在题目中问的是广义的学习，而不是课程的学习。如果只看课程学习就会发现，学生们的自主学习行为是比较欠缺的，只有50%的学生对课程有过自主学习的行为。比如，在调研中我们会问学生：课余时间会不会讨论与课程有关的问题？会不会花额外的时间学习？会不会阅读老师推荐的材料？会不会带着期待解决的问题去上课？只有50%的学生回答"同意"，所以学生在课程上的自主学习行为还需要提高。另外，学生的能力感既需要挑战也需要支持。我们也探讨了学生对学业支持的需要程度，85%的学生表示需要支持，其中 30% 的学生表示非常需要支持。而且，从自主性或他人的评价中，我们可以看到，外部动机的标准其实遵循的是固定型思维，即让别人来评判自己，而不是对自我进行认识、评判。从均值可以看出，在大学 3 年里，学生们固定型思维的模式在增强。

这学期我带本科生做了一个关于新生调查的小科研项目。一个学生提到，在某院系的新生教育会上，主管领导对他们说，我们学院毕业的学生基本上都是三条路，你们也逃不脱，从里面选一条就行了。这种教育不是给学生提供更多的可能性，而是固化了外部的东西——别人这么选，你跟着选就行了，反正你也逃不到"三界"之外。但从学生的终身成长来说，这是一个不利的现象。这样的情况可能不是个例，我们在与学生日常沟通时，他们或多或少都会表现出这种思维方式。

同时，我们让本科生（也有高中生参与）写了关于成长型思维模式和固定型思维模式的小日记，从中可以看出，学生的固定型思维模式非常强，他们觉得自己的能力不行，自身没有这个天赋，会做不好，也没有相应机会。这体现出学生的自主性比较欠缺，还需要加强。

在研究中，我们还分析了老师在教学中使用的教学策略——低阶、中阶和高阶的认知策略，并分析了相关认知策略的使用程度。

让学生熟记事实、把课堂传授的内容当作事实去接受，属于低阶认知策略，即把它当作事实，没有思辨。大约 50% 的学生认为老师在课堂上使用的主要是这些低阶认知策略。

而把概念和知识讲清楚，属于中阶认知策略。对于中阶认知策略，我们调查的学校做得较好，接近 90% 的老师能够把概念、知识点讲清楚，80% 的老师能确保学生理解自己所讲的内容。知识的关联性是一个中阶的认知策略，指的是一门课的知识与另外的课程知识间的关联性、讲授的内容与生活的关联性，80% 的学生认为老师使用了有知识关联的认知策略。

高阶认知策略主要指的是对问题、假设与概念的讨论、辩论等，认为老师使用高阶认知策略的学生比例有所下降，为70%左右，而且其中只有一半的学生是特别认同的。师生互动是一种高阶认知策略，有70%的学生接受过老师的建议与指导。但是，有46%的学生在上一学期、上一学年没有收到任何来自老师的成绩之外的反馈，也就是说，在学生需要的关联性、自主性、能力感等内部动机方面，老师的反馈比较欠缺。

除此之外，我们也问了一个大问题，即人生意义，见图4。我们给了三个题目，一个是"我总是盼望着找到我的生活目标"。从图4中可以看出，学生们其实现在还比较迷茫，没有自己的生活目标。另两个是"我正在寻找一些能令我的生命有意义的事情"和"我很清楚地知道什么令我的生命有意义"。可以看出，大一时的值与大三时的值相比要高很多。正在寻找的学生似乎减少了，那么，是不是他们都找到了能令自己的生命有意义的事情呢？并不是，大三时，这个值反而降低了。

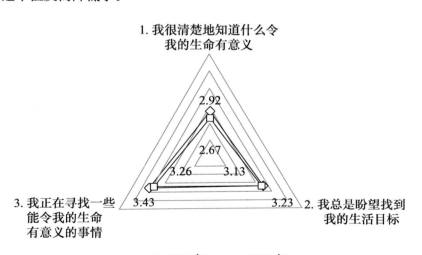

图4　大一学生和大三学生的人生意义感知

这可能不是一所大学或者中国大学特有的现象，西方的高等教育也会面临同样的问题。安东尼·克龙曼（Anthony Kronman）是美国耶鲁大学的教授，曾经写过一本书，叫作《教育的终结——大学何以放弃了对人生意义的追求》。在这本书中，他从七个方面系统地总结了现代大学或高等教育的现状，如研究理念的洪流、人文社科自信和威信的降低，以及理工科地位的上升等，这些共同导致大学不再关注学生的人生意义。因此，这是中外高等教育面临的共同问题。

所以，我们需要更多地引导学生思考自己人生的重大问题。人生意义问题是生涯教育要特别关注的一个问题。我们对学生的职业规划要更多地转向生涯教育，引导学生不再只关注找什么样的工作、薪酬如何、前景怎么样，而是更多地认识到找工作其实是对自我的了解，是生活方式的选择，是价值观的选择。

这些都是学生在本科阶段特别需要的东西，我们希望与各位老师一起讨论。关于未来的研究方向，在研究内容上，我们需要更多的数据来了解各类教育活动是如何影响学生内部动机发展的；在研究工具、研究对象上，我们也需要继续完善。

讨论与对话摘录（一）

讨论 1

从教育上来讲，我们希望学生将来更有自主性，也更有创造性。但是现在从研究结果来看情况是相反的，或者在这方面没有什么进展。如果这是一个事实，我们确实需要思考。如果现在的教育让学生失去了内在动力，这与创新人才的培养显然是背道而驰的。我们希望培养的人才是更有想象力，更有创造力，以及更有主动性的。

仔细观察从光华管理学院毕业的学生，在社会上真正做得特别突出的人，可能还不如人文、基础理科专业的毕业生多。这需要我们对大学教育进行思考，探讨教育的影响因素。我们原来一直认为，高考竞争促进了学生应试习惯的形成，压制了学生的创造性以及长远发展的潜力。但是，后来我们发现，在印度，考试的惨烈程度比我们的高考还高，但印度理工学院的学生在毕业后依然能获得相当好的发展，现在美国很多大企业的 CEO、知名大学的教授和院长（包括哈佛商学院院长）都毕业于印度理工学院。也就是说，竞争是一个影响因素，但不一定是决定学生未来发展的限制性因素。

讨论 2

刚才的报告讨论了学生的内在动力，林建华校长也提到了现有环境下如何激发学生的创造性。北大是一所综合性大学，应该说最具有内在动力的是人文学科的学生，因为他们不太受外在因素的影响。人工智能、大数据等科技变革推动了教育技术的发展，使学习的形式、内容和方法发生了深刻变革。那么，需要面对的一个非常自然的问题是，在今天大数据和人工智能环境下，人文学科的学生对今天北大的教育有什么样的反应？我们也对人文学科的学生进行了调查，看看他们对北大现在开设的课程以及数字技术、信息技术有什么样的需要。

我们收集了 206 份有效问卷，调查对象全部来自人文学院，包括历史系、中文系、哲学系、艺术学院等。我们想了解一下他们对数字人文的理解和对信息技术的依赖度。本以为文科生坐在书斋里看看书就可以了，但调查发现，46% 的人对电子书重度依赖。今天所有的学科都是在数字环境下展开的，因此，探讨今天的教育应该怎么做，必须考察数字环境，考虑信息环境会给教育、学生及师生关系带来什么样的影响。

比如，人文社科的学生在使用新技术上是否遇到障碍，50% 的学生说经常遇到，48% 的学生说偶尔遇到，很少障碍和没有障碍的学生不到 2%。人文院系的学生如何理解信息技术？80% 以上的学生认为信息技术不仅仅是指查询数据库，还包括文本处理、数据分析等，对于文科学生的学习研究和就业非常必要。50% 的被调研者认为掌握信息可视化、社会网络分析等技术对自身的学习研究非常有用。在北大，虽然将近 90% 的被调研者对这些方法很感兴趣，但只有 8% 的人参加过数字人文相关的研究。北大这样的大学给学生提供的条件是否合适？即现在的教育环境是否为学生成长提供了相应的条件？这是我们需要面对的一个问题。再者，除了刚才提到的学生的内部动机，我们的外在条件如何呢？

基于相关数据，我还想探讨人工智能技术、大数据技术对整个教育行业的影响。因为信息管理关注的一个核心问题就是信息环境对知识生产、知识传播和教育的影响。它会产生一个什么样的变化呢？它会逐渐营造一个共同知识体。比如，过去中文系、历史系间的深度合作是共同研究传统文献，这些典籍过去的呈现方式是图书集成，如将古今诸多图书集成在一起的《永乐大典》。那么今天的图书集成应该怎么做？可能是把知识提取出来，融合成一个知识体。也就是说，学者的研究不再是书斋式的，而是在一个共同知识体系的支撑下展开。这意味着文科研究面临着一次范式转变。

为了应对这种转变，我们做了一些工作。未来教育论坛的对话系列提到国际合作应该如何进行，多元化教育怎么展开，这学期我们恰好做了一些实验，我想把这些实践与结论、体会分享给大家。

在一个新领域，我们如何教授学问？面临着教育环境的巨大变化，传统的传授方式是不是还有效？我们想为这些问题找到答案。我们计划2021年启动首届数字创新平台，即建立一个开放数据平台，数据和问题都放在这个平台上。不同研究机构都可以把他们的问题开放出来，让中国学生乃至全球关注这个领域的学生自由组成团队，进行"头脑碰撞"。

这种松散的碰撞可能远远不够。我们还设想在2021年7月组织开放的暑期课，不再安排缜密的课程体系，而是邀请来自历史系、人工智能领域、数字技术领域以及人文学科的专家来授课。实行多元化招生，理科、工科、艺术、人文院系的学生都可以参与，自由组成团队，看他们是否能针对一些新话题提出创新性的解决方案。

讨论3

首先我们要回到正在探讨的学生状态，他们是一种什么状态？要么是生机勃发，要么是黯然沉落？我们希望学生们都是生机勃发的，但经过几年的发展，很多学生黯然沉落，这令人难受。学生的状态可以看成一个子系统，该子系统一定与超系统之间发生了很多资源和能量交换，才发生了"黯然沉落"。所以，一方面，要从学生自身找原因；另一方面，应该从环境找原因。我认为，有两个原因导致学生"黯然沉落"。第一个原因可能是资源的稀缺导致学生成长的扭曲。第二个原因——如果把教育看成一个市场，把学生与所有利益相关人的关系看作委托代理关系——那么，委托代理关系一定出现了问题。

如果是资源稀缺产生扭曲，我想从以下几个方面来讨论。

第一，孩子的成长不是个人的事情，应该有成长的"合伙人"。师生关系现在已经大体上退化成交易关系，但我们应该是孩子的"合伙人"。我们首先要帮助孩子甄别自己成长中的所爱所能，如果在这方面都甄别不了，那小的事情就更甄别不了。我们要和他商量，也要求他和我们商量，这很重要。年轻人往往缺乏相关的思想和经验。即使他自己甄别出来了，也没法决策；即使决策好了，也很有可能找不到资源去实施。由于缺乏"合伙人"，很多孩子产生了扭曲，会瞎判断、瞎决策、瞎配置、瞎实施，等到出现问题时我们再干预已经迟了。

第二，孩子的成长有一个特点，即链式成长。人生实际上是由非常简单的几个环节组成的，主要包括"择胎期""娘胎期""家胎期""校胎期""工胎期"和"老胎期"。孩子在肚子里时，我们就需要对他进行教育，这就是胎教。孩子从出生后到6岁之前这段时期是"家胎期"，这时他们可能已经稍微有一些能力了。这一阶段，父母从饮食到精神的照料就是孩子的"羊水"。"校胎期"就是K12以及上大学的这段时间，当然有的人还要读到博士、博士后。这个阶段也很重要，如果这个阶段的"羊水"不好，孩子可能会抑郁，甚至要自杀。接下来是"工胎期"，这一阶段，如果你跟老板相处不好，仍然可能抑郁甚至自杀。最后是"老胎期"，人要终身教育，人生就是一个不断成长的旅程，老年人也需要成长，成长得好了才会和下一代有良好的互动关系。有些老人的成长非常厉害，不只能让自己享受"夕阳红"，还会发挥无穷的价值。现在很多老年人的价值没有被充分发掘出来，这是极其错误的。

最后要探讨的是因市场而扭曲的情况。如果教育市场是扭曲的，孩子很难健康成长。现在很多学生在找工作的时候主要看工资标准，更倾向于选择工资高的工作，于是他的行为扭曲了。教育要作为一个大市场来进行管理。教育部应该把所有学校以及校外的资源放在一个统一的平台上,当然这是一个理想状态。一个学生应该有权利在北大、清华、人大甚至哈佛大学选择资源,这是我们首先应该做的一件事情。然后,市场应该有道德管理,教育要有标准,才可能进化。

讨论 4

在今天的环境下,新的教育方式应该是把资源放在平台上,让学生自己去碰撞、去组合。受过去经验的束缚,我们总想着教给学生什么,试图按照某种设想塑造学生。我们今天面临的是全新的问题。过去当然也处于不断发展中,但环境相对稳定;而当今时代瞬息万变,疫情的出现更是加剧了世界的变化,面临"百年未有之大变局"。在这种情况下,我们要在学校里为学生提供一个试验场,让他们去碰撞,而这个试验场相对来讲是比较安全的。

我们总是设想对学生进行"闭路"培养,似乎把学生的每一步都设计好了,他们就能成为大师。但大师不是这么"转"出来的,大师是自己长出来的。在今天出口束缚如此紧、"千军万马过独木桥"的情况下,我们仍想提高学生的创造力以因应时代变化。但学生的创造力肯定会下滑,因为他们想的、做的是如何拿到好的成绩,从而能够保研、直博。所以,我们对整个教育的设想可能都要面临一种改变。

讨论 5

与内在动力相比,外在因素对于一个人的成长的影响几乎是微乎其微的。我接触过很多专家学者,其中既有诺贝尔奖获得者,也有公认的在科学上最富创造力的人,跟他们交流并了解了他们的人生经历后,我发现,他们的内在动力是与生俱来的。有些人在上课时并不积极，只要考试及格、达到标准即可，但他们会完全投入一个全新的领域，不会顾及任何人的想法、看法。这种人很少，但是他们能推动真正的创新。

在哈佛大学时，我当过助教，助教的训练不在于怎么教课，没有人教你怎么教课，而是让你了解学生。这些学生都是美国各个高中最好的学生，到了哈佛大学，他们遇到的第一个问题是，原来所有人都是第一名，但现在只有一个第一名。我们需要帮助学生了解如何面对这个现实，让他们学会面对考试。

哈佛大学做过一个持续60多年的知名研究，即在一个人的成长过程中，怎样才能让他幸福，然后成功。同样，作为教育者，我们怎样才能尽自己最大努力使工作有意义。这是一个非常有意思的话题。从刚刚的研讨来看，往下滑的人更多一些，往上升的人更少一些。这种状况能不能改变？如果一个人缺乏内在动力，外在因素对他的改变是比较小的。但在一段时间内，你觉得他确实非常可塑、可以被培养。

最近，我们学院请了心理咨询中心的老师来讲授危机干预，他讲了很多，我也学习到很多。他提到了"内卷"。什么是内卷？就是有一个来自外界的强大动力去"推"着我们往下去，而且沉得非常厉害。举一个例子，我跟一个朋友吃饭，他的两个孩子都在人大附中就读，他说他儿子喜欢打篮球，喜欢游戏设计，在中学时就参加了国际比赛，还得到了金牌。但是到了高中，他儿子的学习动力巨减，对什么事情都不感兴趣。他们想拉着他打篮球，他不去，说功课太多，每天都要做到晚上11点半。为什么要这样？他儿子说，他们有一个群，互相督促学习，谁都不愿意成为第一个睡觉的人，所以每天大家都学到很晚，经常到凌晨2点半甚至到3点半。他们真的学到东西了吗？不一定，那时候已经很困了。他跟我讨论是不是要让孩子从人大附中退学，到其他学校就读，否则孩子身体都垮了。

后来他与人大附中的老师交流，老师说并没有布置这么多作业。这个事情让我认识到，促使内卷的其实不是来自家长的压力，也不是来自老师的压力，而是来自群体的压力。某种意义上，这个群体的压力比老师、学校带来的压力还要大得多。

讨论 6

在大学，我觉得最重要的是要解放人的心智，这是大学的一个根本目的。如果学生到大学来没有被解放，反而被束缚住了，那么这个大学是有问题的。我们应该有一个共同目标，就是充分利用大学的资源，利用社会的资源，让学生在经历大学 4 年的发展后能将心智、创造力、潜力释放出来，这是教育中最重要的一件事情。当然，文凭很重要，文凭对价值的提升是非常重要的，但更重要的是要解放学生的心智。

我们聚在一起，要共同思考一些问题，进行教育探索，打开边界。比如，欧林工学院的教育模式，还有 Co-op，我们重大也在做类似的事情，希望充分利用社会资源补足大学教育的不足。现在很多学生的心智或者心理上有一些问题，其实如果让他更多地接触社会，他的状况可能会改善。所以，我希望大家跳出来，根据教育环境的变化，根据国家的发展要求、老百姓的要求，思考并落实怎么把教育做得更好。

讨论 7

今天开启了一个话题，而且是从学生的视角来进行探讨的。在讨论大学的时候，核心还是要关注它的构成要素，从大学开始出现到现在，有三个最重要的要素一直没变，即校园、教师、学生。这三个要素合起来就构成了大学这个载体，所以林建华校长之前说"校园也是教育"。

其实教育在组织形式上的各种变化，最终都是为了挖掘出三个主体意识，即校园的精神脉络、教师的主体性、学生的主体性，一直到这三个主体性被彻底释放，只是展现的方式可能不一样。到现在，大学已经演变出各种学科、各种院系，但是对这三个主体意识的激发一直没变。

所以，将学生作为主体来进行研究是很重要的。这让我想到另外一件事情，就是老师到底有没有作用？或者课程到底有没有作用？我们的 EMBA 招收的都是已经有工作经验的优秀学生。有一次，我与一帮优秀的企业家们坐在一起聊天，刚好有位北大的教授也在场，其中一位企业家说起怎么把 EMBA 课程上好，他对那位教授说，你们老师不用讲课，我们去上课自己聊就行了。这让我很有感触，让我认识到首先要激发的是学生自己。这次探讨的调研数据恰好印证了这个想法，就是要激发学生的主体意识。而要激发学生的主体意识，我觉得可以在几个方向上进行拓展，外部动机部分要扩得更大，因为内外动机的互动会产生很大的影响。

数字技术带来了知识集成，而集成之后，在培养人和激活人方面就会出现一个问题：教育内容是不是要变？知识分为存量知识、过程知识和增量知识三种，在过程知识和增量知识的学习中，教育能真正发挥作用，而存量知识的学习依靠数字技术可能就解决了。但对于过程知识和增量知识，主体意识是至关重要的，如果一个人不主动参与这个过程，不主动创造知识，就不可能拥有这些知识。最后，我想强调，学生主体意识的觉醒会使教育面临越来越大的挑战。

王蓉[①]、周森[②]、杨钋[③]：为什么中国高等教育能够容忍如此巨大的分化
——高等教育与国家：理论的迷思与现实的观察

> **导读：**"未来·教育·对话"讲座沙龙邀请了北京大学中国教育财政科学研究所王蓉教授，她与周森博士等做了其团队关于"为什么中国高等教育能够容忍如此巨大的分化——高等教育与国家：理论的迷思与现实的观察"的研究汇报。王蓉教授先系统介绍了问题的提出及理论分析框架，探讨了相关制度模式；周森博士介绍了财政的分化与财政的动员，包括制度、政策与分析等，并分享了未来的教育思考与研究方向。在主题汇报后，各位老师对大学与政府的关系、高等教育制高点战略、西方的框架与中国的问题以及高等教育发展的新局面等做了深入的研讨。本文根据后期嘉宾演讲全文及相关对话整理和摘录。

今天我们分享的发言题目是"为什么中国高等教育能够容忍如此巨大的分化——高等教育与国家：理论的迷思与现实的观察"。这是一个"命题"讲座。2019年，我在参加北大教务部和教育学院组织的一个会议时与衡水中学校长的对话录，被冠以"中国高等教育为什么能容忍如此巨大的分化？"的标题在网上不断流传，引发了很多争论，由此带来了这个分享的机缘。

[①] 王蓉，北京大学中国教育财政科学研究所所长、教授，现任北京大学未来教育管理研究中心执行主任；加利福尼亚大学伯克利分校哲学博士。

[②] 周森，北京大学中国教育财政科学研究所助理研究员，斯坦福大学国际比较教育与教育经济学博士。

[③] 杨钋，北京大学教育学院、中国教育财政科学研究所长聘副教授，哥伦比亚大学教育经济学博士。

今天的发言内容分为三个部分。第一部分是问题的提出与理论分析框架。第二部分是介绍我们前期在与国际同仁合作的研究项目中所做的关于中国的国家与高等教育关系的探讨。第三部分是与上述议题相关的高等教育财政数据的分析与发现。

一、问题的提出与理论分析框架

我们团队关于中国高等教育问题的思考主要有两种学术滋养。一种来自政府主导的需求方驱动的研究；另一种来自学者自主的国际比较研究。之所以要先谈到政府主导的需求方驱动的研究，是因为在网上流传的"中国高等教育为什么能容忍如此巨大的分化？"这篇谈话录的主要内容来自我在2014年递交给政府相关部门，后来以《中国特色世界一流大学建设：财政的视角》为题公开发表的政策研究报告。这个研究报告的背景是2014年年初，财政部、教育部委托北京大学中国教育财政科学研究所就"985之后怎么办？"开展研究。2014年10月，我在财政部、教育部一年一度的教育财政会商会中就主要观点和建议做了介绍，过了半年才把这个报告公开。因此，这个报告首要针对的读者和听众其实是中央政府层级的决策者和实践者，主要目的是分享从财政视角思考"中国特色一流大学"建设的一些观点，并提出下一步怎么做政策设计的一些思考。

我们之所以得到这样的研究任务，与北京大学中国教育财政科学研究所的特殊职能有关，在此也做一下简单介绍。我们所是2005年10月由教育部、财政部和北京大学共同设立的我国第一所专门致力于教育财政研究的学术机构，其核心职能是努力以开展前沿性与严谨的实证研究来直接服务于我国教育财政政策的制定。该所为北京大学下属独立实体，过去这些年，两部经常根据每个年度重大的教育财政工作委托我们做相应的政策研究、政策咨询，在所内我们称之为"任务研究"。除了任务研究，我们还有大量的自主研究，如后面即将谈到的国际比较研究都属于我们的自主研究。任务研究和自主研究互为滋养。教育财政研究所目前形成了涵盖宏观财政体制、学前教育财政、义务教育财政、高中教育财政、职业教育财政、高等教育财政、民办教育财政、数字化时代的教育财政等在内的教育财政研究体系。具有这样的研究体系的教育财政研究所，可能在世界上也是唯一一个，这与我们所成立的特殊背景是分不开的。

下面首先介绍一下《关于"中国特色一流大学"的思考：财政的视角》[①]这篇旧文的主要内容。

（一）中国特色世界一流大学建设：财政的视角

到底什么是"中国特色世界一流大学"？在财政的视角下，我当时提出，可以从发展模式、结构模式、治理模式、激励模式这四个方面来把握和理解"中国特色"。

1. 高等教育的模式

（1）高等教育的发展模式

与其他国家相比，我国高等教育发展已经呈现出如下具有"中国特色"的特点：第一，我国在社会经济发展基础较为薄弱的情况下提出并实现了高等教育大众化的目标；第二，我国在同一历史时期将建设世界一流大学作为公共政策目标。固然有的国家也在基础较为薄弱的情况下实现了高等教育大众化，当前提出建设世界一流大学目标的也不乏发展中国家，但是两者同时发生且两者都有"体量巨大"的压力，可谓我国的特色之一。

从财政的视角来看，我国的高等教育扩展，前期以"大的非公共投入、小的非公共部门"为依托，即主要依托公立院校，使其在

---

① 关于"中国特色一流大学"的思考：财政的视角 [J]. 教育经济评论, 2016, 1 (1):46-55.

有限的财政投入背景下，以大量汲取非公共财政的经费（学费）实现了扩大高等教育供给的目标。同时，我国持续实施了以支持建设一批世界一流大学为名而对精英型公立大学的倾斜性财政支持政策。虽然近年来上述政策有所调整，包括中央政府开始对地方院校提供财政支持，民办高等教育稳步发展。但是，我国高等教育"优质平价、低质高价"的基本格局仍然没有改变。

因此，在发展模式上，我国的挑战主要来源于发展中国家、高等教育大众化、建设世界一流大学这三个因素的同时存在。把握好高教大众化与建设一流大学的教育发展事业的节奏，平衡好重点投入与普遍改善之间的关系，平衡好质量、规模与速度的关系都极其重要。

（2）高等教育系统的结构模式

所谓结构模式，是指构成一个国家的高等教育系统的各个组成部分之间的关系模式。在此，我们将结构模式问题划分为两类问题。横向的结构模式问题，主要是指教学、科研以及其他高等教育功能由哪些高校承载；纵向的结构模式问题，主要是指不同的质量和选择型的院校之间的关系问题。

随着高等教育大众化和普及化的发展，高等教育系统的纵向结构问题越发凸显，斯坦福大学学者戴维·拉伯雷（2010）将之称为"高等教育的民主政治和市场导向之间的矛盾"。他还指出，各国都采取了类似的方式来处理这个矛盾，即学校分层制度。[①]

美国顶尖大学的学术成就在全世界范围内获得了高度的关注。但是，美国模式具有的几个突出的特点实际上是体现在其结构模式方面的。讨论这些特点，有可能启发我们对"中国特色"的思考。

---

① 【美】戴维·拉伯雷.复杂结构造就的自主成长：美国高等教育崛起的原因【J】.周勇译.北京大学教育评论，2010，8（3）：24-39（注：如无特别说明，本节关于美国的讨论主要引自戴维·拉伯雷）.

第一，根据拉伯雷的观点，美国具有强烈的市场导向，大学的分层程度远远高于欧洲大学，其顶尖大学的资源集聚度及其与底层大学的差距，都远远高于欧洲国家。

美国大学——包括公立大学——作为总体而言，其特点之一在于对学费和消费者的依赖，而不是如欧洲大学那样依赖政府。由于这种消费者依赖，美国大学围绕市场组织自己，把自己变成了极具企业家精神的自治机构。在大学内部治理上，美国大学建立了更加具有理性化色彩的现代大学制度体系，包括清晰的科层管理架构、商业化的预算机制、专业的经理人队伍、精细的学生入学和教师招聘及晋升评价体系。美国大学也发明了学分制度，从而更能满足消费者的需求。在所谓"现代化"和"理性化"方面，美国大学走在了欧洲大学前面。

第二，这些大学既把学术研究和研究生教育作为主要功能，同时也重视完善本科教育、发展应用研究和实用教育。在财政方面，在一个市场导向的高等教育系统中，大学更为依赖本科生的学费收入和本科生校友的捐赠这样的资金来源。即使是联邦项目（如科研经费、佩尔助学金等），也都是利用类市场机制而不是通过中央计划进行资源配置。

第三，虽然美国大学受到较弱的政府干预，但是美国没有像德国、法国等那样有一个国家支持的、独立的科研机构系统，美国大学被定位为主要的基础研究承担者，并且建立了完善有效的、依托大学的国家实验室制度，因此研究型大学同时兼具教学和研究功能。需要指出的是，美国不仅具有"科教融合"的科研体制，而且其科研体制甚至是"军民融合"的，这一特点往往不为学者所关注，但这是其最重要的特点之一。相比之下，德国、法国、俄罗斯等国与中国一样，存在着一个强大的独立科研机构系统。有研究表明，德国大学在与科研机构的竞争中处于劣势，原因是高校的招生人数每年都在扩张，政府要求高校必须优先保证教学任务的完成。与之相比，德国以亥姆霍兹联合会、马普学会为代表的政府下属的独立科研机构经费充足，没有教学负担，有着更加灵活的人员激励机制，科研成果的产出也更高。以诺贝尔奖为例，德国大学从20世纪80年代以来，获奖人数非常少。但是马普学会自1985年至2014年获得诺贝尔奖的人数有12人。需要补充的是，马普学会等和大学之间存在紧密的相互合作关系（钟未平，2014）[①]。

将德国、法国等几个典型的欧洲国家与美国对比，我们发现，在一个"政府依赖"的高等教育系统中，学校之间在财政投入上的差距，其名义上的合法性，往往是学校在研究功能方面的差距；但是普通民众和二三流院校往往会视之为不公平的财政政策，因为这些顶尖高校教学功能的服务群体，往往都是社会的优势人群。因此，要求或维持均衡化分配资金的民主政治压力持续存在。然而，如果扩散使用旨在提高国家科研能力的财政资金的话，无疑可能会造成效率损失，因为所有人都心知肚明，不是那么多高等院校都具备足够的研究能力。

而在"学费依赖"的市场导向化的高等教育系统中，例如，在美国，私立精英院校的存在造成了严重的院校分化，这些院校实际上得到了大量联邦政府的研究资金，这些资金分配的集聚格局反而没有遭到同样严重的质疑和批评。除了社会意识形态等方面的影响，还与两个因素相关。第一，美国这些精英私立高校的学生培养不是直接由纳税人的钱承担；第二，美国采取了市场化的竞争机制来分配科研资金。最根本的问题在于，这种安排导致的教学与科研分化的格局，即人们不会将院校主要因研究功能差异而导致的公共财政投入差异，与院校之间和教学质量差异相关的学生阶层差异联系起

---

① 钟未平.德国公立高校经费投入机制研究.北京大学中国教育财政科学研究所，2014.

来，即便私立精英高校往往通过间接成本制度将政府科研经费补贴其学校的整体运作，从而使自己的精英阶层学生受益。

审视欧洲大学和美国大学的此消彼长经历，反思我国的情况，可以更加清晰我们对一些具体问题的认识。

第一，我国的民众和政治体制对于大学之间的分化以及由此导致的公平问题具有更强的包容性。在欧洲一些国家，政治的力量使得大学高度均质化，而改变这种均质化的改革往往遭到激烈反对。

第二，辩证地看待我国的科教分割问题。从大学或教育系统本位主义的角度来看，科研机构参与了本来就有限的科研投入和高级科研人才的竞争，不利于研究型大学的发展。但是，从国家角度来讲，加大精英大学投入的举措，直接涉及千家万户的教育期望，往往具有广泛的政治效应、教育系统效应和劳动力市场效应，而通过科研机构提高国家的科研创新能力，没有此类问题。

另外，根据上述分析框架，一流大学建设的核心问题在于，教学功能的投入往往是政治化导向或市场化导向，而科研功能的投入往往是国家导向（特别是体现国家导向的军工部门支持的科研活动）和学术共同体导向（以同行评价为基础的科研活动）。在现实中应该如何安置这几者的交互作用？

（3）高等教育的治理模式

"中国特色"最实质的表征应该在于政府与大学关系的治理模式的探索与选择。大量的国际经验已经表明，如果大学具有较小办学自主性的话，则大学的战略规划能力和应变能力会较弱；反之，当大学可以自主办学时，则大学会加强自身战略规划和协调能力建设。高等教育管理的集权程度与大学系统的创新成反比。近年来，世界上诸多国家都采取了增强公立大学自主性的政策措施。

日本的著名教育经济学家金子元久教授（2010）将美国大学和

德国大学分别归类为法人型大学和国家设施型大学这两大类典型。①美国的法人型大学最早在私立大学领域确立。私人团体以一定的理念为基础，为实现某种公共目的而出资办学，永久性地委托承诺以实现这一理念为目标的董事会、理事会进行经营管理，这是这类大学的基本特点。

关于国家设施型大学，一方面，它是国家为实现某种特定目标而设立的一种机构（设施）；另一方面，它是由参与学术研究的教员组成的一种自律性的职业团体。在国家设施型大学中，非学术性权力属于州政府，学术相关事务权力属于教授，学校管理层的权限非常小。德国的大学自治更多体现为讲座教授的自主权，而不是大学本身的自主权。

我国大学的治理模式既不同于美国，又不同于德国。当前各个高校纷纷提出或者已经尝试建立董事会、理事会，这一改革风潮是否能够实质性地推进大学与政府关系的制度改善，还需拭目以待。

（4）高等教育的激励模式

办好世界一流大学，归根结底最重要的是吸引真正具有世界一流水平的人才到我国大学任教，并为吸引和保留这些人才提供足够与适宜的激励。具有较长高等教育发展历史、高等教育较为发达的国家，都形成了具有自己特色的教师激励模式，而且大学内部对教师的激励模式与外界（包括政府）对大学的激励模式形成了有机结合的整体。

一种模式是美国的"企业与市场"模式。相比于"教授的天下"的欧洲大学，美国大学作为"教育企业"的特色十分突出，校长就如企业 CEO 一样具有较强的管理协调权力和较高的自主权。美国大学校长是由董事会任命的，而不是由教师选举产生，校长对董事会

---

① [日] 金子元久. 高等教育财政改革与管理[M]. 刘文君编译. 上海：华东师范大学，2010：195-277.

负责，而不是对教师和学生负责。美国大学总体来说在内部对教师采用较为严苛的市场导向制度，即一是采取聘用制度，只有经过长期严格考核后，教师才能成为大学的终身雇员；二是对教师施加了较强的问责、奖惩压力，形成了筛选体系，教师"非升即走"。但是，与此相对应的是，显著影响教授声誉和大学声誉的联邦政府的科研支持和来自社会的科研支持，也基本采取市场导向的竞争机制，往往是以教师本人和项目而不是以大学为支持单位。优秀的教师可以携带这些支持游走于各个大学之间。对于内部治理不良、学术声誉滑坡的大学，同样存在教授炒大学鱿鱼的反向机制；加之学校之间对优秀教授的竞争，由此形成了教师倒逼大学管理层尊重学术权力、不断提高内部治理能力的压力。在美国的模式中，大学内部的市场化激励加强了大学对教师的问责和奖惩，而大学外部的市场化激励加强了教师对大学的自主权和反向压力，从而形成了制衡机制。

另一种模式是欧洲大学的"学术共同体"模式。在许多欧洲国家，大学教师具有政府公务员的身份，职位有绝对保证，收入标准由政府部门制定，大学没有权力决定教师的去留以及工资收入水平，因此也缺少采取相应的激励和监督措施。同时，欧洲政府的支持政策也往往以大学为瞄准对象。但是，欧洲大学长久以来具有极强的"学术共同体"的传统和法律地位。例如，牛津大学的宪章明确规定，该大学属于全体教师所有。而且，欧洲大学的校长往往是由教师选举产生的。这种大学内部教师的学术权力和对学术共同体的"拥有权"，在某种程度上提供了对教师的激励并制衡了来自政府的高度行政化的管理。

2. 精英院校与普通院校

就精英院校而言，当前我国诸多动辄以哈佛、斯坦福这些美国世界一流大学为榜样的讨论中，几乎没有对下述几个"事实"的关注。

第一，我国一流大学校长经常谈到"人才培养为根本使命"，而实际上，美国精英大学在历史上都受到过这种思潮的严重影响（当然此处并不是肯定这种思潮，笔者本人甚至是反对相关观点的），就是应该把教学交给其他层次的机构而自己聚焦于科研。这是美国研究型大学与四年制文理学院和社区学院并存发展的驱动力之一。

第二，这些被国人关注的美国大学很多是私立精英大学。这些私立精英大学的核心财政基础之一是捐赠基金。我国大学和日本的私立大学通常是依靠债务（银行贷款）进行资本投入。但是，美国私立大学依赖富余的资本积累，并采用风险投资模式选择学生进行投资。从政治经济学的角度分析，这是美国允许社会精英将巨大的社会财富置于公共视野和民主过程之外，干预教育和进行其自身复制的制度。

第三，美国拥有一大批优秀的公立大学，与私立精英大学互相竞争也互为庇护。前者实际上在教学功能方面承担了严重的政治压力、庇护了后者，而后者优异的治理与表现又不断激励前者去改善。我国一流大学既要承担"培养国家需要的人才"这样的使命，又要与其他国家的一流大学在国际化的学术世界中展开竞争，这是在建设具有"中国特色的一流大学"的过程中不得不迎难而上的最为关键的挑战。同时，这也解释了为何在世界一流研究型大学建设过程中，我国一流大学本科生教育规模并未大规模扩张，始终保持精英化的培养模式。

3. 关于一流大学建设的政策建议

关于一流大学建设的具体政策问题，建议当前和未来一段时期内改革举措的细节设计应体现如下原则：

第一，突出科研的原则。应该进一步加强科教体系中研究型大学的主力军地位，同时也进一步提升高等教育机构中科研功能的地位。突出一个着力点，即建立一个强大的高等教育系统内的独立的科研经费支持体系和科研预算管理体系，将一流大学和一流学科建设的具体任务尽量由这个体系承载、整合。换句话说，一是政府应该尽快改变当前学校因"身份"而得到支持的专项政策；二是政府应该适当分离大学的教学支持和科研支持，以建立教学与科研"两条腿走路"的体制安排。从长远来看，这一体制安排更加有利于研究型大学的良性发展。在具体的制度设计上，在教育系统内建立两个彼此独立的教学预算拨款制度和科研预算管理制度体系，以规范化的教学预算拨款制度和科研预算管理制度为支持研究型大学的主干；在主干之外，再考虑政府的政策重点并安排短期性、临时性的专项。

第二，稳定支持的原则。将现有"985"专项纳入常规性拨款。在教学预算方面，对央属高校这个群体进一步细化生均综合定额拨款标准，将办学质量、办学特色、办学层次等因素考虑在内，将研究生拨款剥离，纳入另行设立的"央属高校科研预算管理制度"。另外，建议单独对"学术支持"建立经费支持机制。

第三，激励制衡的原则。政府可支持大学试点对教师采用更加灵活的聘用和奖惩制度。同时，应该将更高比例的政府对研究型大学的科研支持，采取竞争机制，以教师群体或个人，或项目为基本单位进行分配，提高间接成本补偿比例，允许科研资金随教师群体或个人的流动而流动，形成有效的教师倒逼大学管理层，使之提高对学术权力的尊重，提高内部治理能力的机制。

（二）国家与高等教育：比较视角下的理论迷思

为什么中国能够容忍如此高度的高等教育分化？我介绍上面旧文的目的就是说，这其实是2014年提出来的一个老问题，也是一个有趣的问题。在中国，到底是什么机制使这种不均合法化？未来什么机制将延续这种不均合法化？我觉得这是令人充满好奇心且有严肃的学术价值的问题。根据戴维·拉伯雷的框架，在政府依赖型的高校系统里，高校可能要受到民主政治方面的压力，推崇平等的呼声更高，由此导致了高等教育系统内的弱分化。而在市场导向的高等教育系统中，自由竞争更加强烈，对不平等有更强的容忍，因此会存在高等教育系统内的强分化。而中国很有意思。总体来说，把我国的高等教育系统归类为政府依赖型的系统大概没有异议，可是我国的高等教育系统具有强分化的特点，这就形成了一个非常有趣的问题——中国的高等教育为什么是政府依赖型系统却又存在如此强的分化？在中国为什么没有如欧洲那样出现反高校分化的力量？有必要指出的是，这里的强和弱指的是"度"的问题。严谨地讨论这些问题需要量化的分析证据做基础，周森老师会在她讲的部分介绍一些我们与此相关的成果。

刚才介绍了一个所谓政策导向的研究。另外，过去十几年我们所与国际同仁合作进行了一系列的比较高等教育研究，我把它们称为"比较视角下的中国的高等教育与国家"研究系列。这些研究可以划分为三个阶段：第一个阶段讨论了国家性质（the Nature of the State），即中国的发展性国家（Developmental State）与高等教育发展的问题；第二个阶段讨论了国家策略（the Strategy of the State），即中国在高等教育发展中的战略；第三个阶段讨论了我们目前聚焦的国家结构（the Structure of the State），即中国国家治理的结构和高等教育发展的关系问题。

上述系列研究的缘起，是 2008 年斯坦福大学教育学院的马丁·卡诺依（Martin Carnoy）教授邀请我们财政所参与他发起的"金砖四国"高等教育比较研究项目。这个项目除了我们和马丁·卡诺依教授的团队外，还有俄罗斯、印度、巴西学者参与，我们所有人基本上都是教育经济学者，最后的研究成果于 2013 年由斯坦福大学出版社出版，书名叫作 *University Expansion in a Changing Global*

Economy: Triumphs of the BRICs? 这个国际比较项目比较有特点，我们大概一起工作了 4 年，设计了相同的研究工具，在几个国家都做同样的抽样调查，我们也都是做实证研究出身，这其实在国际比较教育研究中比较少见。

在书中，马丁·卡诺依教授作为主编总结说，高等教育发展的文献一般采用这样几个分析框架来探讨高等教育发展的驱动力，即高校驱动的发展（Institutions Driven）、全球化驱动的发展（Globalization Driven）和市场力量驱动的发展（Market Forces Driven）。在谈到中国的时候，他首先提到的就是 the Centrality of the State，就是国家起到了最核心的作用；中国高等教育的发展本质上来说就是一个"发展性国家的故事"（the Developmental State Story），就是中国国家的基本合法性建立在能够维持经济增长的能力方面。对于经济增长来说，人力资本的投资越来越重要，因此高等教育的扩张在中国是一个国家主导的过程。从政策设计的角度来说，这个扩张的核心使命是服务于维系国家合法性这样一个政治目的的。

我对马丁·卡诺依说，你对中国故事的总结可能过于简单了，缺乏足够的历史视角下的审视。但是我的建议并没有被他采纳。后来恰好来了一个机会，就是 2014 年我被邀请为 *The Oxford Companion to the Economics of China* 写一个关于中国高等教育的词条。我写了一篇题为 "The Commanding Heights: The State and Higher Education in China" 的短文，说明中国改革开放之后的几十年，见证了中国政府的高等教育战略的转变，即从"全面掌控战略"（the Control-all Strategy）转变为"占领制高点战略"。"占领制高点"是 1922 年由列宁先提出来为他的新经济政策做辩护的，后来这个说法被广泛使用，用中国人的大白话讲就是抓大放小、抓住核心。

我最初企图用"占领制高点战略"来刻画或者是回答中国的高

等教育扩张到底是怎么取得的。简单来说，就是中国政府一方面放松了对一般高等院校的掌控，把它们分散到了地方政府，并且主要依托地方院校吸纳扩招的学生群体来完成高等教育大众化的任务；另一方面就是优先支持精英高校。

随着我们思考的演进，我和同事们逐渐认识到，关于中国的国家与高等教育问题，必须从两个方面进行更加深入的讨论，一方面是对国家高等教育战略的学理化思考；另一方面是中国的国家治理结构、治理体系与高等教育发展之间的关系。下面以杨钋和我在第二阶段的研究成果为基础介绍我们相关的讨论。

二、中国高等教育发展与国家的结构和治理

"占领制高点战略"的提出，主要是为了讨论高等教育领域中的央地关系及其动态。2014年我提出来以后，杨钋发展了这个思路。2016年，我们的国际合作伙伴斯坦福大学的马丁·卡诺依（Martin Carnoy）教授，以及俄罗斯高等经济研究院大学的艾萨克·弗洛明（Isak Froumin）教授和牛津大学的西蒙·马金森（Simon Marginson）教授，邀请七八个国家比较研究联邦制国家的高等教育系统。他们坚持邀请我们参加这个项目，我们说中国不是联邦制国家，但是他们说中国案例非常有趣，因此我们就加入了。

我和杨钋合作一章，题目是"制高点战略的再思考"（The Commanding Height's Strategy Revisited）[①]。这一章的核心观点是，以往对高等教育大众化的研究主要关注其类型和结果，而缺乏对其过程的分析。我们认为，高等教育大众化的过程不仅是一个教育过程，

[①] Wang, Rong. & Yang, Po. (2018). China: The "Commanding Heights" Strategy Revisited. Edited by Martin Carnoy, Isak Froumin, Oleg Leshukov, and Simon Marginson. Higher Education in Federal Countries: A Comparative Study. Sage Publication: New Delhi, India.

同时也是一个政治过程。在联邦制国家，法律赋予地方政府发展高等教育的责任，但非联邦制国家通过中央政府授权地方政府发展高等教育，那么地方政府的激励就成了一个值得研究的问题。

经济学领域对中国地方经济增长已有很多理论和实证研究，但是对地方高等教育扩张还缺乏学理上的讨论。后来，我们在这一章的基础上进一步研究了"央地关系和中国高等教育分层"（Central-local Relations and Higher Education Stratification in China），拓展讨论了中央为扩张地方高等教育供给提供的三种动员机制及其后果[1]。

现有高等教育大众化的文献忽视了地区和地区公共机构在当代高等教育扩张中的作用。先前研究侧重于高等教育扩张的宏观驱动因素，例如，国家政策、经济发展、社会地位的愿望、证书和全球化（Marginson，2016a）[2]，以及世界社会（World Society）的发展，如科学化、民主化和人权的扩大、发展规划的兴起以及世界政体的结构化（Schofer & Meyer，2005）[3]。这方面文献中，高等教育被视为国家或全球公共物品（Marginson，2011[4]；Tilak，2008[5]）。由于高等教育的正外部性，民族国家应该提供高等教育。至于高等教育应该由哪一级政府提供或如何动员地方政府提供，并不是高等教育学者的主要关注点。

---

[1] Yang, Po & Wang, Rong. (2020). Central-local Relations and Higher Education Stratification in China. Higher Education, 79 (1):111-139. DOI: https://doi.org/10.1007/s10734-019-00399-z.

[2] Marginson, S. (2016a). High Participation Systems of Higher Education. The Journal of Higher Education, 87(2), 243–271.

[3] Schofer, E., & Meyer, J. W. (2005). The worldwide expansion of higher education in the twentieth century. American Sociological Review, 70(6), 898–920.

[4] Marginson, S. (2011). Higher education and public good. Higher Education Quarterly, 65(4), 411–433.

[5] Tilak, J. B. (2008). Higher education: a public good or a commodity for trade? Prospects, 38(4), 449–466.

然而，从政治经济学家的角度来看，高等教育的政府间分工以及权力下放与地方高等教育发展之间的关联，是理解地方高等院校发展的关键问题。非联邦制国家，即那些在宪法上没有划定国家和地方政府之间高等教育责任分工的国家，如何为地方官员发展高等教育提供可信的激励措施？这些国家引导地方高等教育发展的有效国家战略是什么？这些战略对国家高等教育体系的规模、结构和质量以及地方高等教育发展之间的差异有什么影响？这些问题是理解高等教育大众化过程的关键，也是从政治经济学角度理解地方高校发展的核心。作为世界上最大的高等教育系统之一，中国过去和现代的发展经验可能为理解和解决这些具有挑战性的问题提供一些参考。

（一）多层级治理和"占领制高点战略"

　　本研究的主要理论参考是联邦主义文献中有关跨辖区竞争和公共物品提供的多层次治理理论。一些中国式的联邦主义文献分析了区域经济增长的动机。第一种观点认为，中国是"保护市场的联邦制"的一个例子（Qian & Weingast, 1997）[1]。Jin, Qian、Weingast（2005）声称，20世纪80年代，中国的财政承包制度为地方政府提供了强大的财政激励以追求经济增长[2]。第二种观点强调国家能够通过"区域锦标赛"为地方增长提供政治激励（Li & Zhou, 2005）[3]。第三种观点侧重于党内通过派系关系进行的政治动员（Shih、

---

[1] Qian, Y., & Weingast, B. R. (1997). Federalism as a commitment to preserving market incentives. The Journal of Economic Perspectives, 11(4), 83–92.

[2] Jin H., Qian, Y., & Weingast, B. R. (2005). Regional decentralization and fiscal incentives: Federalism, Chinese style. Journal of public economics, 89(9-10), 1719-1742.

[3] Li, H., & Zhou, L. A. (2005). Political turnover and economic performance: the incentive role of personnel control in China. Journal of Public Economics, 89(9), 1743–1762.

Adolph、Liu，2012）①。

后续文献进一步将派系关系的概念发展为"垂直精英网络"（Vertical Elite Network）的概念。Krug和Libman（2015）认为，具有利益关系的涵盖国家和次国家层面的垂直精英联盟可以激励地方官僚提高区域发展的绩效②。我们的研究在中国语境中将垂直精英网络概念操作化，以分析中国高等教育部门的权力下放和区域高等教育系统的增长。

在多级治理环境中，高等教育权力在多个权力中心之间的扩散是通过在附属原则下的权力下放来实现的（Marginson & Carnoy，2018）③。然而，在像中国这样的非联邦制国家，这种扩散需要在政治层面获得支持，国家通过纵向精英网络的建设和多重的政策动员来实现这一过程。我们之前提出的"占领制高点战略"概括了这种高度制度化的政治、财政和部门动员过程。我们将"占领制高点战略"定义为一种国家高等教育治理的指导战略，它支持将权力分散到次国家级别的各级地方政府中。

该战略包括两个组成部分。其一，它加强了中央政府教育部的高等教育管理和资源配置的统筹权，然后围绕教育部建立起垂直的精英联盟。当然这并不是说在高教领域就没有了我国部门制衡的基本治理特点，如发改部门在高校的学费定价、财政部门在高校经费方面等仍然具有很强的制衡权力。不过总体来说，"占领制高点战

---

① Shih, V., Adolph, C., & Liu, M. X. (2012). Getting ahead in the communist party: explaining the advancement of central committee members in China. American Political Science Review, 106(1), 166–187.
② Krug, B., & Libman, A. (2015). Commitment to local autonomy in non-democracies: Russia and China compared. Constitutional Political Economy, 26(2), 221–245.
③ Marginson, S., & Carnoy, M. (2018). Introduction: higher education in federal countries. In M. Carnoy, I. Froumin, O. Leshukov, & S. Marginson (Eds.), Higher education in federal countries: a comparative study (pp. 1–36). India: SAGE Publishing.

略"穿透了僵化的官僚结构，在高等教育领域建立起一个垂直的精英网络，成员主要来自教育部、央属高校以及省级教育行政部门等。政府赋权给这一联盟掌控高等教育系统的顶层机构和高等教育发展的核心资源，使得该联盟具有了充分的动员能力。

其二，它为地方政府发展本地的高等教育系统提供了财政激励和部门激励（Fiscal and Sectoral Incentives）。这两种动员都有助于国家解决为地方政府提供可信承诺的问题。财政激励是指国家与地方政府之间、政府与市场之间的高教经费责任分担。这些激励措施为地方政府提供了更多的经费，用于以较低的成本扩大地方高校的规模。成本分担政策的推行是指中国中央政府改变了高等教育财政的基本体制安排，即允许高校收取学杂费，以学生和家长的付费来承担高校扩张的经费压力。与此同时，中央政府逐步建立和完善国家助学体系并在其中承担了主要财政责任。部门激励是指中央政府将高等教育的行政职责下放到区域政府，为区域高等教育发展提供合法性和自主权。除了将大量中央部委所属高校下放给地方政府之外，值得关注的还有3年制高职院校的认证权也下放给了省级政府，而中国高校扩招的主要承担者就是这类院校。

"占领制高点战略"的提出主要是为了回答在非联邦制国家，中央政府如何为地方政府发展高等教育提供可信的承诺。这一讨论为理解中国增长模式和高等教育增长模式提供了新的窗口。

第一，我们没有西方宪法规定的中央和地方关系（Constitution-based Guarantee for Central-local Relations）。实际上关于中国的经济增长，很多经济学家认为主要发挥作用的是地方政府。像钱颖一教授、周黎安教授等著名经济学家都在讨论这样的问题，如地方政府怎样形成发包制、怎样参与晋升锦标赛等。在中国，同样可以看到高等教育扩张主要依靠的是地方院校。但是，地方政府和地方院校扩张的核心在哪里？或者说，中央让地方扩张高等教育供给，地方就积极响应，这背后的动力机制是什么？

第二，中国没有所谓的投票者压力（Voter-pressure Groups）。那么，中国的政策动员过程又是怎么发生的？其实我们刚才谈到马丁·卡诺依的观点，中国是一个发展型国家举办高等教育，高等教育要跟中国的国家合法性（State Legitimacy）联系起来。这种简单归纳掩盖了复杂的政治动员过程。到底是谁一直在说一定要给世界一流大学投钱？是谁一直在游说？是谁一直在为高等教育发声？

第三，中央政府为地方政府提供更好的公共服务的激励是什么？地方政府提供更好的教育服务的内生激励是怎么来的？它受什么因素影响？

第四，中国没有国会政治性的过程（Congress-styled Politicalized Process）。我们的公共预算过程是怎样的？也就是说，高等教育政策怎么转变为真金白银的钱？这个过程是怎样发生的？我们觉得无论在中文文献中，还是在英文文献中，对这些问题的讨论其实都非常缺乏。我们在与国际学术同仁对话的过程中，联系到我们所从事的政策研究，形成了上述"占领制高点战略"的分析框架，形成了对公共预算过程、政策动员过程的研究兴趣，我们认为这些其实也是具有高度学术价值的问题。

（二）动员机制和高等教育体系的分化

在"央地关系和中国高等教育分层"（Central-local Relations and Higher Education Stratification in China）[①] 一文中，我们再次诠释了"占领制高点战略"。我们提出，该战略实质上是一个纵向的精英网络和财政分权化的集成。中国的"占领制高点战略"是一种支持

---

① Yang, Po & Wang, Rong. (2020). Central-local relations and higher education stratification in China. *Higher Education*, 79(1):111-139. DOI: https://doi.org/10.1007/s10734-019-00399-z.

"向下放权"的高等教育治理战略。经过数十年的政策建设,在高等教育事权和财力重新划分创造的"准分权"治理结构下,"占领制高点战略"创造性地通过政治动员机制、财政动员机制和部门动员机制,激发了地方政府办学的热情,使得地方政府能够积极回应地区民众对高等教育的强烈需求。

关于政治与政治动员机制,这与我 2015 年提出来的高等教育领域的"盟主与督军"概念有关。这个说法经常被认为不是很严谨,但是我觉得还比较形象。"盟主与督军"是指中央政府层级的高等教育管理权力在过去一段时期日益集中于教育部,在中国政府采取项目式持续重点支持精英院校的过程中,教育部与精英院校形成了越来越紧密关系的联盟,采取一致行动向中央政府争取资源。实际上,这与我们关于公共预算过程的研究密切相关。因为中国不允许组织教师工会等组织,所以教育部这个部门既具有行政性的职能,也具有某种意义上政治性的职能,教育部门通过教育部参与和其他部门进行公共资源的竞争。"盟主和督军"在这里是一个中性词,指的是部门具有行政性职能和政治性职能的两面性。

在财政动员方面,我们必须谈到 20 世纪 90 年代的财政集权。其大背景是 1994 年财政体制进行了分税制改革,把大量的财力集中到了中央政府。随后,在 1998 年、1999 年发生了大规模高等教育体制改革,大量地方高校被下放。1987 年开始实行高等教育的收费,即成本分担,但是直到 90 年代才全面铺开。高等教育成本分担的背景是中央财力的高度集中,地方财力难以支持高等教育的大扩张。在这一时期,大量地方院校的收入主要依靠收费,这个时候国家又实施了"985 工程",将大量的资金倾斜投向精英高校。

在中国的体系中,高等教育的组织分层和分化主要是由四个方面的政策导致的。我们将其总结为:行政的分化,体现为严格的高等教育的行政等级体系;财政的分化,即高校财政性的经费向部分精英大学倾斜；功能的分化，即中央部门掌控研究生教育的认证和重点支持项目；生源的分化，即中央部门将优质生源即最稀缺的一种资源向部分精英大学倾斜。

回到一开始提到的框架，我们觉得上述对"占领制高点战略"的讨论可以回答为何在中国"政府依赖"的高等教育体系中出现了如此高程度的分层和分化。在我国政府依赖系统中，中央政府通过行政分化、财政分化、功能分化和生源分化，维系了或者导致了强分化的格局。回到戴维·拉伯雷的讨论，他谈到美国市场的敏感性和分化导致美国大学有强烈的攀升欲望和压力。在中国，我们做完了这一圈研究后认为，中国院校强烈的攀升激励和强烈的攀升压力完全都是政策使然，中国院校对政策激励具有高度的敏感性，这些政策引导院校按照政府的目标展开行动。

那么，中国体制下是否存在抑制高教分化的政治压力呢？也就是说，在中国是谁在说不应该这样分化并采取了有效措施？在戴维·拉伯雷的框架中，他认为在政府依赖系统中存在民主政治，它有推崇平等的压力。在中国政治体制之下，以及政府管理系统的背景之下，我们的政策动员和抑制高度分化的政治压力从哪里来？这就是我们研究所另外一个研究关注的问题。我们所刘明兴教授领衔的一个研究项目是"谁在为教育发声？"。这个团队研究了多年全国人大和政协的提案和议案，关注每年的提案和议案都是由谁来提出的，谁要求增加对非重点大学投入，谁要求增加区域高校投入，这种提案的变化趋势如何。该团队最近出版的一本新书包括10篇博士论文和硕士论文，都围绕着政策动员这个主题。即便和国际上研究中国的专家讨论这个问题的时候，我也发现其实政策动员还是存在研究空白。这也是我们想努力去理解中国国家的一个思路。

上文提到的"盟主和督军"关系，其实可以进行更一般化的讨论。它不是单指中央政府的教育部门，其实各个部门都是这样，具有政治性的功能，我们把它称为"盟主"。这些中央部门的行政性功能可以比喻为"督军"，就是政府主管部门。一方面，它们成了精英高校集体向政府争取资金和其他社会支持的总代表，称之为"盟主"；另一方面，它又是政府的代理人，受整个政府这个委托人的指派，向这些高校来行使具体管理权，发挥"督军"的功能。在高等教育重点建设项目主导投入模式，如"985工程""211工程"成型之后，单个精英高校所获得的政府支持不再主要取决于、或者不再单单取决于可以由常规性办学指标衡量的个体办学成效，而是在很大程度上取决于联盟的资源获取能力。

这个框架也可以用来分析为什么大家说我们高校的自主权越来越弱了。因为教育领域的"盟主"力量越来越强了，那么，它的"督军"的能力也越来越强了。这实际上是一个部门治理的问题。"占领制高点战略"是我们观察过去一二十年高等教育领域的一个特点。因此研究中国的治理，如果不研究部门治理，就不能进一步解析中国在社会发展方面的成就与问题。多数的学者还只是在关注地方治理，这是非常不足的。

由上述研究我们得出了这样一个结论。在中国，制衡这个"盟主"和"督军"的力量只可能是体制内的其他的"盟主"和"督军"。有人说中国会有民办大学等来占领制高点，在中国体制下，这种可能性是很有限的，只可能出现其他的联盟来制衡教育部门联盟。例如，围绕着科技部的联盟，还有强有力的地方政府，或者是由它们两类"盟主"结成的联盟。这是我们在2014年完成了给两部的报告后就形成的一种预判，因此过去这些年一直在关注相应的高校，周森博士在第三部分会分享一些我们的研究发现和思考。中国高等教育的发展格局会越来越有意思。

三、财政的分化与财政的动员：制度、政策与分析

这一部分主要是对相关的政策与数据进行分析，给大家一个直观的感受，让大家了解自 20 世纪 90 年代以来我国高等教育体系的分化，以及近几年出现的新变化。

在过去一个历史时期，我国进入了高等教育的普及化阶段。图 5 显示了从 1949 年到 2019 年，我国高等教育毛入学率的变化情况。从 1990 年开始，我国高等教育毛入学率迅速上升，到 2016 年达到了 42.7%，2018 年达到了 48.1%，2019 年已经超过了 50%，这标志着我国进入了高等教育的普及化阶段。

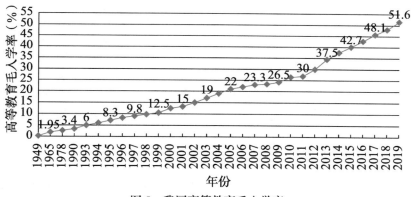

图 5　我国高等教育毛入学率

数据来源：教育部《2019 年全国教育事业发展统计公报》，http://www.moe.gov.cn/jyb_sjzl/sjzl_fztjgb/202005/t20200520_456751.html.

我们去看世界上很多国家高等教育的发展轨迹，会发现在整个高等教育规模迅速扩张的过程中，必然会出现高等教育质量的下滑，但在我国，这个情况并不是很严重。在规模跨越式发展的同时，我国部分研究型高校的世界排名逐步上升。根据泰晤士世界大学排名，2020 年，清华大学、北京大学、中国科学技术大学 3 所中国内地大学进入全球前 100 名，清华、北大进入前 50 名，不少中国大学的排名较之前有不同程度的提升（见表 2）。如果我们从其他大学排名榜

单来看，也能够发现这样一个状况。回顾各国高等教育发展的历程，虽然也有国家在基础薄弱的情况下实现了高等教育大众化，当前也有不少发展中国家提出了建设世界一流大学的目标，但是，两者同时发生，并且都卓有成效的国家，则并不多见。

表 2　2010—2020 年泰晤士世界大学排名顶尖中国大学的排名状况[①]

学　　校	2010—2011 年	2014—2015 年	2018 年	2019 年	2020 年
清华大学	58	49	30	22	23
北京大学	37	48	27	31	24
中国科学技术大学	49		132	93	80
浙江大学	197		177	101	107
复旦大学		193	116	104	109
南京大学	120		169	134	144
上海交通大学			188	189	157

数据来源：https://www.timeshighereducation.com/world-university-rankings/world-university-rankings-2021-methodology。

（一）"占领制高点战略"

那么，值得思考的是，我们是如何实现这种跨越式的发展，使得规模扩张与世界一流大学建设同时进行并均卓有成效的？正如上文所提及的，我国的教育主管部门采取了"占领制高点战略"。

首先是抓大放小，抓住主要的，放弃次要的。从 20 世纪 90 年代开始，我国进行了高等教育管理体制的改革和布局结构的调整，把原有由 62 个国务院部门单位管理的中央高校变成由 11 个部门管理的 120 所左右的中央高校。这次管理体制改革进行了三次调整，1998 年对原机械工业部等 9 个撤并部门所属院校进行调整，1999 年上半年对兵器工业、航空航天、船舶和核工业等五大军工总公司所

[①] 本表部分排名空缺，是因该大学当年未进入前 200 名。

属的院校进行调整，2000年上半年对铁道部等49个国务院部门单位的所属院校进行调整，至此，形成了一个中央部门的高校数量相对比较小的状态。1993年，我国共有中央高校300多所，2000年减少至120所左右（由教育部直接管理的有71所，由其他少数部门管理的有50所左右），在2003年之后，中央高校的数量维持在114所左右。根据2019年的数据[①]，教育部属（简称部属或中央高校）高校有76所，其他部委属高校是38所。[②] 同时期，我国地方属（简称省属）高等学校的数量不断增加。普通高等学校数（包括本科学校和高职高专学校）增至2019年的2 688所，本科学校从1998年的591所增至2019年的1 265所，这是行政分化的体现。

在行政分化的基础上，我国的高等教育系统内部开始进行功能的分化。中央高校进行世界一流大学的建设，地方高校主要完成扩招的功能，为广大学生提供接受高等教育的机会。功能的分化还体现在，尽管地方高校承担了扩招职能，但该职能仅限于本科与专科教育阶段，在更高层次的研究生教育阶段，中央高校则承担了更多的培养职能。2003年，我国硕士在校生人数为49.47万人，其中63.73%就读于中央高校，博士在校生人数为12.24万人，84.39%就读于中央高校。[③] 随着地方高校的发展，中央高校培养的研究生占比在逐步下降，但与其学校数量及本科生人数占比依然相差悬殊。2019年，我国硕士在校生人数为241.79万人，其中47.05%就读于

---

① 教育部，2019年教育统计数据——高等教育学校（机构）数，http://www.moe.gov.cn/jyb_sjzl/moe_560/jytjsj_2019/qg/202006/
② 在有些报道中，会报道教育部属高校是75所，这中间的差异，其实就是华北电力大学（北京）与华北电力大学（保定）是否被算作一个高校，在部分统计数据和媒体报道中，这两所高校被合并为同一所高校进行分析。
③ 根据教育部网站2003年与2019年教育统计数据整理计算而得。具体使用数据，2003年教育统计数据——2003年分部门、分计划研究生数（普通高校），http://www.moe.gov.cn/jyb_sjzl/moe_560/moe_564/moe_593/201002/t20100226_10528.html，2019年教育统计数据--分举办者研究生数（普通高校）http://www.moe.gov.cn/jyb_sjzl/moe_560/jytjsj_2019/qg/202006/t20200611_464783.html

中央高校，博士在校生人数为 32.03 万人，其中 76.83% 就读于中央高校。

在"占领制高点"的过程中，中央政府采取了建设世界一流大学的策略。20 世纪 90 年代以来，我国就开始建设世界一流大学。1995 年 11 月，经国务院批准，原国家计委、原国家教育委员会、财政部联合下发了《"211 工程"总体建设规划》，"211 工程"正式启动。① 经过"九五""十五"和"十一五"3 期建设，共 112 所高等学校进入"211 工程"，绝大多数为部属高校。继"211 工程"之后，1998 年 5 月 4 日，江泽民主席在庆祝北京大学建校 100 周年大会上宣布，"为了实现现代化，我国要有若干所具有世界先进水平的一流大学"。1999 年，国务院批转教育部《面向 21 世纪教育振兴行动计划》，"985 工程"正式启动建设。② "985 工程"历经 3 期，共 39 所学校被列入建设行列，皆为中央高校。

世界一流大学建设工程的实施，使得扩招过程中我国中央普通高等学校的办学质量保持相对稳定。从经费的角度看，中央普通高等学校的生均教育经费支出以及生均预算内教育经费支出均在稳步增长。中央普通高等学校生均教育经费支出从 1993 年的 7 294.5 元增至 2017 年的 25 365.2 元，为 1993 年的 3.5 倍；生均预算内教育经费支出从 1993 年的 5 926.5 元增至 2017 年的 14 362.4 元，为 1993 年的 2.4 倍。

"占领制高点战略"带来的另一结果是精英高校与地方高校财政的分化。精英高校通过"211 工程""985 工程"等获得大量财政拨款，导致了院校间资源分配的不均衡。用生均教育经费支出和生均预算内教育经费支出来衡量，中央高校和地方高校之间的差异在扩大。

---

① 《"211"工程简介》，http://www.moe.gov.cn/s78/A22/xwb_left/moe_843/tnull_33122.html。
② 《"985"工程简介》，http://old.moe.gov.cn//publicfiles/business/htmlfiles/moe/s6183/201112/128828.html。

1997年，中央普通高等学校生均预算内教育经费支出为9 393.6元，地方普通高等学校生均预算内教育经费支出为7 378.8元，是中央普通高等学校的78.6%。该比例在逐年下降，2001年，地方普通高等学校生均预算内教育经费支出为中央高校的43.1%，此后维持在43%上下。至2009年，全口径的生均教育经费支出有同样的趋势，中央高校和地方高校生均教育经费支出间的差距在2009年达到最大。

这样分化的情况形成的最终结果是什么？我们用2017年和2018年的全国情况进行了总结。2017年，我国有中央高校114所，全国本科学校1 243所，中央高校占全国的比例是9.2%。中央高校的经费总收入占全国的比例是多少呢？是36.59%。那么，中央高校的财政性教育经费收入占全国的比例又如何呢？我们往往认为中央高校筹资能力比较强，其经费可能更多地来自其他途径。我们来看一下财政性教育经费，中央高校拿了全国高校的39.44%。培养了多少本科生呢？占全国的10.9%。中央高校的硕士和博士生在校生人数占全国的比例相对较高。如果按本科∶硕士∶博士等于1∶2∶3这样的比例进行折合的话，中央高校培养了全国22%的学生，其财政性教育经费占全国的39.44%，经费总收入占全国的36.59%。[①]

（二）中央高校内部的财政分化

中央高校与地方高校间出现如上所述的分化，在中央高校内部是不是也同样出现了财政的分化？我们采用2013—2018年部属高校公开的决算数据进行一个展示。在2013年到2018年的5年间，部

[①] 数据来源，2017年的相关数据来自教育部2017年教育统计数据——高等教育学校（机构）数，http://www.moe.gov.cn/jyb_sjzl/moe_560/jytjsj_2017/qg/201808/t20180808_344686.html；财政性教育经费数据来自《中国教育经费统计年鉴——2018》；中央高校本科生数占比根据教育部2017年教育统计数据——高等教育学校（机构）学生数，http://www.moe.gov.cn/jyb_sjzl/moe_560/jytjsj_2017/qg/201808/t20180808_344685.html

属高校的经费总收入和财政拨款收入逐渐集中。经费收入最高的部属高校，其每年的经费收入大幅度增加，而经费收入较少的部属高校，基本维持收入稳定的状态。在部属高校中，经费收入排名前十的学校，其经费收入占部属高校经费总收入的比例逐年提高，2013年为32.35%，2018年该比例增至34.88%。若使用2020年的预算数据，此比例更高。①

那么，是什么原因导致了部属高校内部的财政分化呢？我们的研究结果表明，从动态来看，自2013年至2018年，无论是综合类高校还是理工类高校，在生均总收入差异中，财政拨款收入和其他收入的贡献率在提高，而事业收入的贡献率在降低；在财政拨款中，项目经费的贡献率在提高。

1. 中央高校的拨款制度

什么是项目经费呢？这牵涉到我国中央高校的拨款制度。2008年，我国进行了一次拨款制度的改革，将整个中央高校的拨款体系分成基本支出和项目支出。基本支出主要用于高校的正常运转和完成日常的工作，以生均定额为主，包括离退休费等；项目支出主要用于高校完成特定的工作任务或者事业发展目标，用于改善办学条件、教学科研重点建设。2015年，为改善中央高校预算拨款制度中出现的项目设置交叉重复的状况，解决内涵式发展的激励引导作用不强等问题，财政部、教育部发布《关于改革完善中央高校预算拨款制度的通知》（财教[2015]467号）对该制度进行了完善，改为"1+6"的制度。其主要内容包括：①完善基本支出体系。在现行生均定额体系的基础上，逐步建立中央高校本科生均定额拨款总额相对稳定机制。以2~3年为一个周期，周期内生均定额拨款总额基本稳定；上一个周期结束后，根据招生规模、办学成本等因素

---

① 2013—2018年部属高校公开的决算数据来自各教育部属高校每年公布的部门决算数据下载整理而成，以北京大学为例，2018年北京大学部门决算数据的下载网址为https://xxgk.pku.edu.cn/docs/20190802094437324680.pdf

重新核定,并根据中央财力状况等情况适时调整本科生均定额拨款标准。②重构项目支出体系,将之前的十三大类专项合并为六大类专项(见表3),分别为:中央高校改善基本办学条件专项资金、中央高校教育教学改革专项资金、中央高校基本科研业务费、中央高校建设世界一流大学(学科)和特色发展引导专项资金、中央高校捐赠配比专项资金,以及中央高校管理改革等绩效拨款等六项内容。①

表3 2015年中央高校预算拨款制度改革——专项合并

十三大类专项	六大类专项
中央高校改善基本办学条件专项资金	中央高校改善基本办学条件专项资金
附属中小学改善基本办学条件专项资金	
中央高校发展长效机制补助资金	
本科教学工程	中央高校教育教学改革专项资金
基础学科拔尖学生培养专项资金	
中央高校基本科研业务费	保留
"985工程"(1998)	中央高校建设世界一流大学(学科)和特色发展引导专项资金
"211工程"(1995)	
优势学科创新平台(2006)	
特色重点学科项目(2010)	
高等学校创新能力提升计划以及促进内涵式发展资金(2012)	
中央高校捐赠配比专项资金	保留
中央高校管理改革等绩效拨款	保留

---

① 中央针对各专项资金也设立了相应的管理办法。例如,《关于印发〈中央高校改善基本办学条件专项资金管理办法〉的通知》(财科教【2017】3号)、《关于印发〈中央级普通高校捐赠收入财政配比资金管理暂行办法〉的通知》(财教【2009】275号)、《关于印发〈中央高校基本科研业务费管理办法〉的通知》(财科教【2016】277号)、《关于印发〈中央高校教育教学改革专项资金管理办法〉的通知》(财科教【2016】11号),以及《关于印发〈中央高校管理改革等绩效拨款管理办法〉的通知》(财科教【2017】2号)等。

整体而言，在中央高校，基本支出占比为60%左右，项目支出占比在40%左右。基本支出属于刚性支出，项目支出可能会随宏观经济形势与财政形势产生波动。今年因为疫情影响以及过紧日子的要求，项目支出大幅度缩减。

2. 科研事业收入的重要性与集中度

除了财政拨款之外，高校还有两个重要的收入来源。一是事业收入，包括教育事业收入和科研事业收入，如我们申请到的纵向科研经费就属于科研事业收入；二是其他收入。

对高校的经费来源进行分析后发现，在普通本科院校尤其是中央高校中，科研事业收入的重要性在逐步上升。以部属高校为例，2001年，科研事业收入占经费总收入的比重不足10%；到2019年时，科研事业收入已占经费总收入的近1/4。

那么，科研事业收入的整个集中度是怎样的呢？我们往往认为科研事业收入主要靠市场，依靠学校科研人员去竞争，大学研发经费往往集中在顶尖研究型高校中。以美国为例，2016年，前10名大学的研发经费占高校总体研发经费的18.3%，前20名大学的研发经费占高校总体研发经费的31.2%，前100名的大学，该比例为79.1%。在很长的一个时期——1997年至2016年，该比例一直较为稳定。我国高校研发经费的集中度又如何呢？若用高校的科研事业收入作为研发经费的一个估计，2014年，科研事业收入排名前10的学校占高校总体科研事业收入的27.83%，排名前20的学校该比例为40.97%，排名前100的是78.93%。[①]与美国相比，我们发现国内高校研发经费（用教育事业收入来衡量）在前20名的学校集中度更高，排名从第20～80名的学校所获得的研发经费相对较少。这

---

① 美国高校研发经费数据来自Higher Education Research and Development Survey Fiscal Year 2017, https://ncsesdata.nsf.gov/herd/2017/，我国高校科研事业收入数据根据笔者掌握的高校经费统计数据进行整理计算。

从侧面印证了我国具有竞争性的研究型大学相对较少。但一个较为乐观的发现是，我国高校研发经费的集中度是在下降的，这也就意味着越来越多的大学有能力来竞争科研经费。

3. 提高地方高校生均拨款水平

由此我们开始思考，究竟是什么原因导致我国越来越多的高校不断提高其竞争力来争取科研经费？在本文第一部分提到我们所的一项研究成果——《谁为教育发声》一书中提及，在2010年前后，我国要求增加对非重点高校投入的呼声是非常高的。以全国政协提案为例，从2000年开始有提案直接提出高等教育公平问题，并在2008—2010年形成了提案高潮（2000—2012年提及高等教育公平和均衡的提案共14条，其中12条出现在2008—2012年间）。①

这一时期，也有相关政策出台。2010年，财政部、教育部先后出台了《关于印发〈中央财政支持地方高校发展专项资金管理办法〉的通知》（财教[2010]21号）和《财政部教育部关于进一步提高地方普通本科高校生均拨款水平的意见》（财教[2010]567号）。前者在原"中央与地方共建高等学校专项资金"的基础上，设立支持地方高校发展专项资金，支持地方高校的重点发展和特色办学。后者要求：①"各地要根据高校合理需要，制定本地区地方高校生均拨款基本标准。在此基础上，结合财力情况、物价变动水平、高校在校生人数变化、工资标准调整等因素，建立地方高校生均拨款动态调整机制"。"原则上，2012年各地地方高校生均拨款水平不低于12 000元"。②中央财政建立"以奖代补"机制。对生均拨款水平已经达到12 000元的省份，在生均拨款水平没有下降的情况下，中央财政每年给予定额奖励。对生均拨款水平尚未达到12 000元的省

---

① 张文玉、王江璐高等教育财政政策的演进逻辑（1983—2012年）——中央与地方博弈策略分析，北京大学中国教育财政科学研究生简报，2017年第17-4期，总第146期.

份，中央财政对各省份提高生均拨款水平所需经费按一定比例进行奖补。③建立惩罚措施。对地方高校生均拨款水平没有逐年提高，2012年仍低于12 000元的省份，除不再给予奖补资金支持外，中央财政将停止或减少安排高等教育专项转移支付资金；同时会通过调整本科生和研究生招生规模，暂停硕士点、博士点审批，暂停新设高校、高校审核、高校更名审批等措施，推动各地高等教育规模与经费投入水平相匹配。① 类似的政策在高职高专和研究生教育阶段也有出台，如2013年出台的《关于完善研究生教育投入机制的意见》等。

此项政策有效地保证了各省级政府对地方高等教育的财政投入，此后，中央高校和地方高校之间的差距开始逐步缩小。2010年，也就是该政策实施的第一年，地方普通高校生均教育经费支出占中央普通高校生均教育经费支出的比例从42.7%增至46.9%，2012年该比例升至60.5%。此后虽有下降，但一直维持在55%左右。生均预算内教育经费支出也呈现同样的趋势。全国有20个省、市、自治区辖域内有中央普通高等本科学校，其中9个省份地方普通高等本科学校和中央普通高等本科学校的生均公共财政预算教育经费支出间的差距在缩小。

在这个阶段，我国地方政府的财力在不断提高。地方政府不仅加大了对地方高校的投入，也在加大对辖域内中央所属高校的投入。以"985工程"为例，2010年开始的第三期"985工程"建设，地方政府配比的额度以及签约率均高于第一期和第二期。② 地方政府加大对地方高校和中央高校投入的背后，既有初期阶段中央教育部门"共建"策略以及要求建立地方高校拨款机制的推动作用，更重要的

---

① 与此政策相同步，2011年开始，我国教育经费统计年鉴中增加了中央与地方属普通高等本科学校生均公共财政预算教育经费支出和生均教育经费支出的统计。
② http://old.moe.gov.cn/publicfiles/business/htmlfiles/moe/s7045/201212/146215.html.

是，随着地方政府财力的增加及地方产业升级的需求，高等教育的发展对地方经济的促进作用也在逐渐凸显，从而地方政府对本地区的中央高校以及地方高校的投入机制，已由过去单纯的外部驱动逐渐过渡为积极主动发展高等教育的驱动机制。

（三）高等教育发展新局面的萌芽与发展

地方政府的办学热情最初来源于满足学生的入学需求。进入高等教育大众化阶段后，地方政府期望通过合作办学以促进经济与社会的发展，补齐区域内高等教育资源欠缺的短板。在新的时期，地方政府则开始关注区域性高等教育体系的建立，在加大对原有高校的投入之外，东部经济发达地区的地方政府通过新建地方研究型高校、吸引"985"高校建立新型研发机构与新校区等方式，逐步增加优质高等教育资源的供给，形成区域性的高等教育体系。以深圳为例，2000年左右，深圳即通过各种方式吸引清华大学、北京大学、哈尔滨工业大学[简称哈工大（深圳）]等在深圳建立研究生院或派出研究院；2010年后，深圳市政府逐步采取新的措施，如建立南方科技大学（简称南科大），同时引进中外合作办学高校，设立香港中文大学（深圳）[简称港中大（深圳）]、深圳北理莫斯科大学等。

在地方政府积极主动发展高等教育的驱动机制发生改变的同时，以往相对独立于高等教育体系的中央科研体系也产生了举办本科教育的需求。2012年，以往仅提供研究生阶段教育的中国科学院依托自身研究力量建立了中国科学院大学。

至此，我们提出在研究型高校的发展过程中，出现了新的参与者和新的形态。我国出现了发达地区地方政府、传统科研机构、传统研究型高校以及社会力量共同努力、多元参与世界一流大学建设的新局面。它主要有以下几种模式：①发达地区的地方政府独自出资建立地方型的新型研究型大学，如南科大；②传统的科研机构依托现有的研究力量创建自己的研究型高校,如中国科学院大学和中国社科院大学;③发达地区地方政府与传统科研机构合作办大学,如上海科技大学;④发达地区地方政府与传统的研究型高校合作建立研究型高校的分校,如哈工大(深圳);⑤发达地区地方政府与新型研究型高校合作,建立分校区,如中国科学院大学深圳校区;⑥发达地区地方政府、社会力量及学术精英合作建立民办研究型高校,如西湖大学;⑦社会力量与传统的研究型大学合作,在地方政府支持下,引进国外品牌,建立新的国际型研究型大学,如西交利物浦大学、上海纽约大学、昆山杜克大学等。

尽管这一阶段我国也不断出现其他新建地方高校或民办高校,但上述七种类型新建高校的特殊性在于,其在成立之初就以建成研究型高校为使命。这意味着我国研究型高校的建设突破了以往的路径。[①] 新型研究型高校在我国的发展时间很短,若以最早建立的西交利物浦大学为起点,也仅有不足 14 年的历史,但其发展势头强劲,部分高校在世界排名、国内招生及生均经费等方面,均有赶超传统研究型高校的趋势。

南科大自举办以来与办学质量和科研质量相关的指标在迅速提高。以自然指数(Nature Index)为例[②],2015 年,南科大自然指数在中国内地大学中排名第 55 位,2016 年升至第 44 位,2017 年为第 31 位,2018 年为第 26 位,2019 年排名升至第 20 位。[③] 在《美国新闻与世界报道》2020 年世界大学排名中,南科大的世界排名为第

---

① 以往的路径是指在原有高校基础上通过重点项目投入进行世界一流大学建设。
② 自然指数由施普林格·自然集团于 2014 年 11 月首次发布,对前一年各科研机构在 Nature、Science、Cell 等 82 种自然科学类期刊上发表的研究型论文数量进行计算和统计,所产生的一个排名指数。82 种来源期刊分为化学、地球与环境科学、生物科学和物理学四类。目前,自然指数已经成为评价科研机构高水平学术成果产出的重要指标。
③ 2015 年排名数据的来源为 2014 年 11 月至 2015 年 10 月,2016 年排名数据的来源为 2015 年 5 月至 2016 年 4 月,2017 年排名数据的来源为 2016 年。

685位，国内排名为第48位。① 根据2020年泰晤士高等教育世界大学排名，南科大的世界排名为第301位，国内排名为第10位。②

于2016年开始独立招生的哈工大（深圳），2017年就成为招生中的"黑马"。2017年，在广东省140多所高校中，哈工大（深圳）的理科提档分数线与广东省的传统研究型高校中山大学并列第一，在其他12个省份中，录取分数均超出一本线100多分。③2019年，哈工大（深圳）在广东的录取分数线已超过中山大学。同一年度，在多个省份，哈工大（深圳）的招生分数线高于其本部；甚至在黑龙江，哈工大（深圳）的招生分数也超过哈工大本部24分。④

新型研究型高校在生均教育经费支出等方面，也开始逐步超越由各种一流大学建设项目所支撑的传统优势高校。⑤ 根据高校公布的2019年决算数据，该年度南科大生均教育经费支出为54.93万元，上海科技大学为37.80万元，而清华大学和北京大学分别为22.28万元和12.60万元。这4所大学生均公共财政预算安排的教育经费支出则分别为51.62万元、34.07万元、6.21万元和6.30万元。与此同时，一些地方政府支持的地方高校的生均公共财政预算安排的教育经费支出也高于传统的中央高校。例如，2019年，深圳大学生均公共财政预算安排的教育经费支出高于清华大学和北京大学。在解读生均经费支出时，需要引起注意的是，处于建校阶段的高校其各种

---

① https://www.usnews.com/education/best-global-universities/rankings.
② https://www.hotcourses.cn/study/rankings/the-world-university.html?country=china&sortby=ALL.
③ https://www.sohu.com/a/161568271_99952154.
④ 2018年哈工大（深圳）在黑龙江理科招生中的分数线为644分，高于哈工大的643分，2019年哈工大（深圳）在黑龙江理科招生分数线为651分，高出哈工大24分。
⑤ 值得注意的是，生均教育经费支出与学校规模相关，新型研究型高校处于发展阶段，在校生规模较小；同时，处于建校阶段的新型研究型高校，有大量的基本建设支出，均会导致生均教育经费支出的提高；此外，不同的高校，本科、硕士、博士的学生结构有所不同，折合计算后，硕士、博士占比较高的学校，生均则会相应较低。

设备购置及基建费用会较多，导致生均经费支出高；规模较小的高校，因为基本设施等必须到位，麻雀虽小五脏俱全，也会使其生均经费支出较规模大的高校相对较高；由于我们对学生数进行了折算，硕士生和博士生给予的系数较高，因此，相对于研究生规模，本科生规模较大的高校，其生均经费的计算值较高。

（四）结语

我国优质高等教育资源的发展中出现了新的参与者，同时也出现了新的形态。这些新的形态带来竞争性和多样性，在增加优质高等教育资源供给的同时，促进我国高等教育的发展形成了新的格局。尽管地方政府可以为新型研究型高校投入大量的经费，但其赖以发展的一系列政策和制度资源并不掌握在地方政府手中，例如，博士学位点以及博士招生名额等。此类制度约束同样制约着地方高校的发展，受限于博士点的审批与招生名额的分配，部分大力进行人才引进的高校，如深圳大学，并不能做到每位博士生导师均有足够的招生名额[①]。这对高水平大学的发展至关重要，关系着学校的学科发展、教师队伍建设、生源质量的提高，以及这些高校是否能够持续发展为真正的世界一流高校。

作为本次讲座的结尾，我们可以思考，如果我国高等教育可以在多元化发展的情况下形成新的格局，它会是什么样子？我们回顾1993年，当时是一个多元化的格局，地方政府、各行业以及各部委均有自己的高校，并且各自主要负责其投入与发展。当时，从高校经费多寡来看，在经费收入排名靠前的高校中，既有教育部属高校，也有部委所属的行业高校，同时在各个区域也有相对排名靠前的地

---

① 这是未来教育论坛举办时的情况。如根据深圳大学研究生教育发展质量年度报告（2020年），当年深圳大学录取博士生176人，博士生导师342人，师均招生名额0.5人左右。https://gra.szu.edu.cn/info/1050/1493.htm

方高校，尽管此时是较低水平的多元化状态。

也许随着当前多元局面的进一步发展，我们可能会"回"到多元的状态。在各行各业均有具有竞争力的研究型大学，不仅有中央高校，也有地方高校。同时，各省不仅有精英型的研究型高校，而且逐步建立起自己的高等教育体系。从全国而言，我们可能逐步形成以经济发达省份为中心的几个"高原型"的高等教育生态系统，以区域间的竞争来促进高等教育的多元化发展。

讨论与对话摘录（二）

讨论 1

问：中央所属的高校在全国的分布是不均匀的，有些省没有，如河南等。有些省则很多，这些高校的资金来自中央财政。这涉及税收和财政的再分配，如某省有一个中央高校，中央的钱就会给到这个学校，实际上也就是给到这个地方。这意味着中央在教育财政拨款上出现了一种财政再分配的不公平。这个问题怎么看？

答：我尝试回答一下。如果把教育的财政投入当作一个再分配的工具，我们可以看到，在整个话语体系中它并不那么凸显。就像刚才讨论中提到的，我们的高校分化如此厉害，为什么能容忍？在中国情境下，我们较少会看到"纳税人的钱分配给不同阶层的学生"这样的说法。我们不会讨论这是纳税人的钱在不同阶层的学生身上的再分配，而是更多地探讨建设世界一流大学，增强国家的创新能力。

讨论 2

问：大学的分配，特别是研究型大学或者高水平大学的分配，遵循的不是学术标准，也不应该单用学术标准，而是一种政治决策。建设好大学对地方社会经济发展的影响很大。在国外，选举或者议会的政治压力会带来区域高等教育布局的平衡，但我们没有这个力量，靠的是中央和地方的博弈。在有资金的地方，这件事情很好办，但是在西部那些没资金的地方，就很难办好，因为区域经济发展不佳，地方是没有办法支持高校建设的。那么，按照现在的体制机制，西部是不是会变得越来越差？

答：我认为将会出现更加明显的区域差异，我们会看到深圳高校迅速崛起，而一些西部大学则更加沉沦。但即使某些西部大学往下走，中央财政也会对其进行强有力的干预、拯救。国家支持地方高校改革发展资金的一个重点方面，就是支持中西部高等教育发展，重点加大对困难地区和地方高校薄弱环节的支持力度，支持"部省合建"高校建设，提升办学能力和水平，推进中西部地区建设有特色、高水平大学。现在"双一流"是完全建立在评估基础上的治理模式，而之前则以项目为基础，需要真金白银的投入。现在用评估来牵扯大家的心，意味着它有一定的灵活度，即钱可能减少，但不能不参加这个游戏。所以我同意未来区域之间的教育差距可能会增大。

讨论3

在美国有一个分析框架，我还没想好怎样用它来刻画中国。美国教育经济学者凯罗琳·霍克斯比（Caroline Hoxby）认为，美国大学的商业模式非常明晰，它就是人才的风险投资。美国的精英大学，包括一些公立大学，其非常重要的一个财力支持是它们的捐赠基金。在一些知名大学，如普林斯顿大学，校友的捐赠比例非常高。霍克斯比认为，捐赠基金就是人才风险投资的回报。这就是美国大学的商业模式，它形成了一个闭环。在美国的一些私立精英大学，教师在做出好研究的同时也非常重视本科教学，要确保课程质量非常高，这是由它的商业模式决定的。

讨论4

欧洲的体制比较公平，所以它的大学水平是比较平均的，没有太好的，但也没有太差的。美国大学有的很好、有的差。中国政府在对体制做调节。

在德国，虽然大学没有太好的也没有太差的，但州立大学发挥了很关键的作用，社会需要这样一批学校。什么样的体系适合我们？是能够充分发挥社会主义制度优越性的，有这样的体系，就能把大学办得更好。我们要认识到，并不是一个国家的大学排名越靠前越好，重要的是大学要能为国家、为社会经济发展提供人才和学术支撑。日本、德国的大学在排名上可能不如我们，但是实际上它们对国家发展和社会进步提供了相应的支撑。

研究教育财政还要考虑最后的结果怎么样及如何影响结果。国家之所以支持高等院校，是因为作为"一种表面上凌驾于社会之上的力量"①，国家需要大学提供维护其发展和安全的知识产品。国家和高等教育的本质关系体现在两个方面，其一，在理工科方面，现代理工科和现代军事发展是密不可分的，所以自然科学等与军事现代化也密不可分。其二，在文科方面，国家为了保持合法性必定需要一些意识形态产品。而这些产品的部分制造者，就是大学的文科教授。早在2007年，美国联邦政府的研究与发展（Research and Development，R & D）经费中，有47%就是由美国国防部掌管和分配的。不是财政部，不是教育部，也不是科技部，而是国防部。所以，美国精英研究型大学中有非常高比例的科研经费来自"军口"。如果国家和国家之间的冲突越来越多，科研投入的天平必然会越发不均衡地倾向于与"军口"相关的一些学科，而文科得到的支持可能会进一步被削弱。

讨论 5

我始终不认为 QS② 的排名表示中国的高等教育水平在提高。我觉得"研究型大学"的提法彻底摧毁了中国的本科教育。什么叫研

---

① 恩格斯. 马克思恩格斯选集：第四卷 [M]. 北京：人民出版社，2012：187.
② 即 QS 世界大学排名，是由英国一家国际教育市场咨询公司（Quacquarelli Symonds，QS）所发表的年度世界大学排名。

究型大学？研究型大学真正的意义在于大学里的教授要创造知识，或者引领一个学科的发展。全中国至少有两三百所大学都在建设研究型大学，哪有这么多大学可以称作研究型大学？研究型大学是自然发展出来的，而不是建设出来的。而这迫使教授更加不重视本科教学。

如果本科教育越来越不重要，学生就会没有任何体验。研究生也没有体验，他们不是在从事知识的创造，而是在进行知识的"拷贝"，在帮助导师"搬砖"。这样不可能有任何新的知识被创造出来，也不会促进大学的提升，更谈不上创新能力的培养。我是研究自然科学（化学）的，希望有些结果永远可以重复。相对来说，在化学学科，伪造数据的比较少，因为如果你研究的东西很好，就会被别人重复，很多人会跟着你做。

讨论6

我最近在研究深圳。深圳有两个很典型的学校。一所学校是南方科技大学（简称南方科大），它的基本思路是按照现在的评估体系进行建设，发展非常快。在院士、文章等评价体系里，它做得非常出色。另一所学校是香港中文大学（深圳）[简称港中大（深圳）]，它采用的是另一种思路。它强调教育，强调学生的体验，动员一切力量给学生最好的体验。我们曾经到港中大（深圳）观察过老师的教学、书院体系，学生的体验确实非常好。与校长交谈，他非常强调学生的体验，把学生的成长和教育放在第一位。或许正因如此，港中大（深圳）的本科生提升才非常快。

港中大（深圳）也不是只做本科教育，在他们的规划中，将来研究生的数量会超过本科生的数量，并且还规划了科研与学术研究。但是就像刚才讨论的，它希望先把教育教学的文化确定下来，这是最重要的一件事情，这之后再去提升科研工作，即使科研提升会比较慢。但这个学校是一个健康的学校。

美国的学校教育之所以好,我认为是因为积淀效应。美国经常出一些新招,从大学刚建成就不断去改革,并且在改革的过程中,老的体系并没有被全盘扔掉。于是,美国的大学模式就变得非常多元化,最老的、最传统的往往也是最现代的、最面向未来的。欧洲则是以整体的概念齐步走,基本上保持统一。

将来中国的大学体系是什么样的?如何让未来的大学体系能够适合中国的发展?有一点是可以肯定的,未来中国需要的是多元化的大学体系,绝对不应该像欧洲这样单一(欧洲大学很好,但是对中国来说它可能太单一)。中国有14亿人口,社会需求如此多元,所以我们要提供的一定是既有精英的又有大众的,既有专业的也有通识的、多元化的教育体系。财政如何促进多元化体系的形成?这是教育财政要解决的一个关键问题。

讨论7

前两天,我推荐了《市场、头脑和金钱:为何美国能引领世界大学科研》(*Markets, Minds and Money: Why America Leads the World in University Research*)这本书。它是哥伦比亚大学经济学教授米盖尔·厄奎奥拉(Miguel Urquiola)的著作,他想用通俗的语言来回答美国的大学为什么如此杰出。实际上,这是一件很有意思的事情,因为其中对美国大学的强烈批判也非常多。作者认为,在美国的研究型大学中,有很多学生的体验非常不好,但大家都不在意。为什么长久以来这都得不到改变?因为学生在意的不是服务,而是社交网络;学生进入大学不计较老师教授的内容,而更在乎跟谁是同学;学生的体验更多的是一种身份的标志,如美国兄弟会等。以前精英式高校的学生大多来自贵族家庭,他们带进来的是一种阶层身份,于是大学成为他们彼此认识、互相抱团的平台。

我们做了一个关于中国教育财政的家庭调查,在同样的样本中,内蒙古大学做了一个"中国人的时间都到哪去了"的调研。他们发现,与国外相比,在中国人的一生中,只有大学这个阶段用于学习和工作的时间是较少的,只有这4年是比较轻松的。无论在基础教育阶段还是在毕业以后,中国人的工作时长或者是小孩子的学习时长都远远高于其他国家。与国外相比,中国人的成长曲线也不一样,国外学生到18岁就独立了,所以国外的本科生比我们的学生更加成熟。但如果对大学毕业后的几年进行观察,会发现中国人在30岁上下的时候会迅速成熟。

还有一个问题非常值得讨论,这是一个德国教授提出的:如果一个社会相信未来依赖于少数精英,那可能会产生一个美国式高教体系。如果一个社会相信未来是建立在众人的智慧之上的,那就会设想、规划出一个不同的高教体系。中国的选择是什么?

讨论8

我聚焦于生物医学数据的统计分析,今天的报告让我们看到很多信息,有些确实和我们的感受一致,但有些我们需要看到内在的一些东西。我也做招生工作,我认为现在的很多地方,比如,大学经费、每个学生投入的培养经费等,可能存在着很大的问题。

首先,不同类型的大学差别很大。举个极端例子,工学院对学生的人均投入和哲学系对学生的人均投入,是不可能用经费来衡量的。也许工学院的人均投入是哲学系的10倍,但其学生未必培养得更好。如果对学生的培养按经费来算,在统计学里肯定需要做分层的随机抽样,不能平均处理,否则这个差别特别大。人文科学的博士生,导师引导他们思考或辩论,或许就能培养得很好;理科可能需要长期的实验;而工科不仅仅需要实验,还需要投入设备和器材。成本与代价是完全不一样的。生均本科生跟生均研究生的培养成本也不同，北大、清华的研究生体量这么大，怎么能与职业性的大学或者以本科为主的大学进行比较呢？

另外，中国教育经费的投入偏向工科，偏向"大国重器"行业，报奖、评奖、评院士也都偏向这个领域。所以，几乎在所有的城市，只要是有相互竞争的大学，一定是工科学校占上风。从结果来看，这对综合性的大学，且更偏向文科的大学是不利的。如果把它们放在一起进行分析，可能会让我们越来越悲观。

讨论9

提个建议，将来教育财政要向着能影响整个教育体系的方向进行改革，宏观经费要能够引导学校走向多元化，或者帮助提升本科教育的质量和学生体验。最近我们做了一个报告，对中国、欧洲、美国的大学体系进行了比较，我们发现，政府能保证拨款，政府行为可以使大学办得不至于太差；但市场才能真正把大学办好，大学之间的竞争才能使教育体系多样化，才能让大学办得更杰出。任何大学的发展最终都要靠内在因素，而市场能启动大学内在的变革。

讨论10

我们探讨资源和财政，核心要关注三个问题。第一个是它的有效性，如何让这么多资源有效？第二个是分配问题，如何配置资源才合理？第三个是资源的投入产出比，怎么才能让产出比投入大？

我认为，中国教育的第一个方向是培养人，因为教育的核心是培养人，即它的有效性或者产出部分。第二个方向是在国家经济或者社会发展中突出教育的独特价值。教育就是百年树人，逻辑上理应如此，但中国在这些显性的部分没有花太多脑筋，反而在隐性的领域里让它显性化，以此来进行评比，相关排名都与此有关。在这几年的教育领域有两件事情是明显的，一个是规模，即不断地扩大规模；另一个是排行。用数据说话，实际上是利用一个显性概念。但是不管怎么理解，我认为，在教育的各种功能中，很重要的一个功能是评价大学有没有针对未来培养人，有没有针对未来的创造或者创新去做布局。

我们讨论资源应该在哪里配置？这是关于教育本身的第二个问题。也就是说，要贡献特殊价值的时候，到底贡献什么？它真正要贡献的是国家在未来的竞争力。典型的例子是印度，印度在计算机时代崛起，现在我们在商学里面提到最多的一个问题是美国大型企业的CEO为什么都是印度裔的，而不是中国裔的。这是因为，20年前，印度在其高等教育中推行以计算机为基础的学科教育。于是，20年后，印度学生成为美国各大巨头公司的CEO。我们没有做这方面的准备，当然不可能在20年后涌现出这样一批公司领导人。

第三个问题是，中国教育到底要走一条什么样的路？这与资源导向有关，资源是永远的"指挥棒"。我想从微观的角度去讨论这个话题。如果我来看资源和其有效性，在讨论资源配置的时候，我会提两个问题，也希望教育财政对此进行研究。一个问题是，在教育资源配置上，能不能有一种方式对未来的教育方向做一些配置？这实际上是一个非常关键的问题，关系到新兴学科的发展及新型人才的培养。现在的教育投入实际上是在原有的教育结构中去对资源进行分配。另一个问题是，能不能在教育资源的配置中，把培养的部分分拆出来？就像刚才提到北大的学生培养费是人均5万元，我想知道这个结构是怎样的，我特别担心这5万元钱都花在了饭卡、宿舍、饭堂、空间、黑板上。所以我想了解培养费的结构，通过结构才会看出投入是否能产出更大的效益。

举个例子，我是做企业管理的，如果我要快速改造一个企业，有一个方法特别简单，就是对它现有的产品结构进行分析，看看这些产品占了多少投入、产出是多少，然后把产出低的部分全关掉，专注于做产出高的部分。这在短时间里就能调整企业的成长性。而教育的难则是结构难搞清楚，但是我还是希望投入的结构是清楚的，也就是明确我们给学生、给老师的投入到底是多少。因为从创造性的角度来讲，要投入，人的创造性才会最高，但很有可能教育的所有投入都跟人没有关系。未来，我希望能做这样的分析，研究投入到底是投给了人，还是投给了物。这个研究可以不具体到某一个学校。

讨论 11

从教育财政的本位主义来讲，资金能解决的问题已经是非常简单的问题了，剩下的解决不了的问题都是资金不能解决的。比如，大学的自主权问题，政府和大学之间的关系问题等。关于"985 工程"，我认为在宏观战略层面，超过 50% 的"985"经费都用在了人身上，包括用在我们这些教师身上，它极大地提高了大学教职工的工资竞争力。

从更加微观的层面来看，我们曾经在 2008 年左右调研了 50 多所高校，分析高校内部的经费在教学等方面是如何使用的，以及高校内部的经费管理体制。当时我感到很多大学的管理水平非常落后。当然这已经是十几年前的事了，过去这些年，情况肯定发生了巨大的变化。不过，政府和大学之间的关系也要寻求一种平衡，如果政府管得太多，会使大学这方面的能力受到抑制。

裴坚[①]：大学教育要避免把"大一"变"高四"
——一个教书匠的非专业体会

> **导读**："未来·教育·对话"讲座沙龙邀请到北京大学化学与分子工程学院裴坚教授做了题为"大学教育要避免把'大一'变'高四'——一个教书匠的非专业体会"的主题汇报。裴坚教授介绍了高等教育中本科教育的问题与教学实践、教育的目的与坚守，以及未来学习的重要方式和方向等。裴坚教授发现，21世纪的教师面临巨大的挑战，他们成了疲于奔命的"空中飞人"，他们的负担越来越重，他们的学生获取知识的方式越来越多样。教师必须改变教育理念与教育方式，为那些准备投入社会的年轻人提供帮助。在主题汇报后，各位专家学者对相关话题进行了深入的研讨。本文为嘉宾演讲全文及对话摘录。

由于自身专业背景的问题，此次汇报的内容纯属我平时的切身体会。我将介绍两个方面的内容，一是期望和现状的落差；二是思考和坚守。中国高等教育中有很多热点问题，包括大学办学的相关问题，如一流学科与一流大学的建设、学科专业结构等，也包括学生培养的相关问题，如人才培养适应度等，还包括教师管理的相关问题，如教学理念和方法、师德建设、教学研究和教学建设问题等。但最大的内在问题是政府的目标与学生的需求不在同一个频道上。从政府角度来说，政府制定了一系列的规划，并提出了很多期望，如2035年建设成为全世界高等教学中心、打造"双一流"大学和学科、建设"金课"与一流课程、建立世界上最发达和最先进的网络教育等，现在又开始关注创新、基础研究等。从学生角度来说，他

[①] 裴坚，北京大学化学与分子工程学院教授、党委书记，北京大学博士，新加坡国立大学博士后。

们越来越内卷，对学习感到疲倦，感受着找工作难、收入微薄、与产业需求不对称的专业入口和要求矛盾，认为"化生环材"是"天坑"专业等。

钱学森曾经发出著名的"钱学森之问"："为什么我们的学校总是培养不出杰出人才？"据说，他给出的回答是："现在中国没有完全发展起来，一个重要原因是没有一所大学能够按照培养科学技术发明创造人才的模式去办学。"10年前，我曾经请一位美国教授来讲基础课。一年后，他的结论是，你们的教学，对学生的提高太少。我当时有点不开心：我这么努力并改革，怎么还被人说差？8年后，我又进行了思考，我问自己：我是为了改革创新而去努力解决表面的问题，还是在考虑教育的本质？

对我们的课程进行分析会发现，对比美国同类大学，我国"985"大学的课程更强调记忆，而在应用、分析、综合、判断、学业挑战度、师生互动水平等方面则相对落后。我们要认识到，低阶的能力——记忆、理解、应用，以教为主；高阶的能力——分析、评价、创新，以学为主。要培养创新性，需要课程符合时代性及前沿进展，教学要互动、高效、有层次，要使学生具备发现、提出、分析、解决问题以及设计、运行、评价方案的能力。但这具有一定的难度，需要学生的自主学习。

我开了"有机化学Ⅱ""中级有机化学"等课程，进行了四个方面的努力。一是调整授课框架，引导学生整体把握课程；二是查阅大量资料，提供启发学生思考的题目；三是针对不断变化的理论，鼓励学生质疑、和我讨论并提出新的理解角度；四是面批试卷。但尽管如此，我还是得到了"不理解""不接受"等诸如此类的反馈。比如，希望教师不要讲自己不会的东西，更不要考；希望教师在授课前能充分准备好自己的课程内容，如果实在没有准备好，请不要忙着"改革"，请按照以前的教案讲授；改革是好事，但是我们的学生不希望因课程改革的不完善而受害;希望教师在选择作业题目时能够更加精挑细选,不要从什么地方"不加选择地"找一些全英文的题目作为作业;希望老师在上课时能够表述得更加清晰,而不是说一些"大家都学到这个阶段了,我也不用多说了""这个大家都应该懂了"的话;等等。

21世纪的大学生成长的环境,是长达12年的非黑即白的标准答案式教学模式、越减越负的现状及千篇一律的课标。他们关于教育的观点有很多,比如,学习过程绝对不能有失误;对提高绩点的细节很了解,对大学的定位和社会作用很不了解。他们关注3年后的保研、每年的奖学金和优秀学生及绩点。国外的作业和国内的作业最大的区别在哪里?国外的习题前面会有很多铺垫,它会告诉你这个东西的前提是什么,然后通过这些前提引导你进行思考,它不一定有答案,更多的是启发你去思考。对于绩点制,现在很多人反对"去绩点"。管教学的反对,因为如果没有绩点,如何评奖学金、优秀干部,如何决定哪些人应该保研;学生也反对,没有绩点,如何出国、如何升学、如何保证公平?

作为老师或大学的管理者,我们最希望的是,学生要明白自己想成为什么样的人。但是现实是,教育政策的制定者、执行者以及家长也没有想明白,甚至从来没有想过我们的教育目标是为了培养怎样的人才,我们希望孩子成为怎样的人。学生更多地处在一种消耗精力的死循环中,处于一种无意识的过程中。

我们期许未来的学生能自主学习和自我教育,但前提是学生要对学习、对未知有兴趣。而现实是,我们的学校教育,从小学到中学,从教育理念、课程设置到测试方式、评价体系,都是被严格规定好的。课程和答案整齐划一、课业繁重、分数至上……学生仿佛一直在"打工"。对大多数学生来说,学习不是一件快乐的事情。没有兴趣,何谈自主学习。这严重阻碍了学生自我教育能力的培养。

有些学生会利用网络来进行自主学习，对于那种能力强的学生来说，网络教育是非常好的。北大的很多课程很难，如果他们能在网上找到相关课程，一定会大有帮助。但对于没有这种能力的学生，网络学习是有害的，他们只是被动地接受像潮水一样涌来的信息，成为海量信息的一个通道。他们没有分辨力，这些信息和他们的心灵、生活毫无关系，对他们不但没有促进，反而败坏了心智的成长。

我们还期许，年轻人拥有巨大的、无限的创造力，在教育过程中这种创造力会被加强，并且他们知道可以在哪里发挥创造力从而改变世界。但现实是，现在的年轻人只想找份工作，这是社会教会他们的，而且他们的自我评价不客观，也没有创造的动力。

我们也期许，学生会主动关心自己、他人和世界，希望学生有长远的目标，有使命感。但现实是，他们盲目或被动地选择、更改专业。我们希望学生按照自己的兴趣和发展需求去做出选择，但现实是，他们很少考虑自己的兴趣，更多考虑的是外界的评价。我们希望学生通过学习和任务的完成，实现自己的价值、获得期望的影响力，但现实是他们只按专业的具体要求学习。我们希望学生虚心接受学长对自己的指导，并自觉参与对学弟们的指导，但现实是他们与同学的工作领域，与学长的、与大学学习的专业无关。我们希望学生能随时随地参与到社会和世界的进程中，但现实是学生并不主动关心和了解社会和世界的发展。

我对自己的期许是，不去培养学生，而是引导学生。教育本质上是一种自我教育，学习本质上是自己探索未知。在人类文明的任何一个领域做出重大贡献、创造性贡献的人，都是自我教育的结果，而不是靠学校和老师教出来或培养出来的。对于教师而言，教育正如竺可桢所说："大学所施的教育，本来不是供给传授现成的知识，而重在开辟基本的途径，提示获得知识的方法，提升学生研究批判和反省的精神，以期学者有自动求智和不断研究的能力。"能否培养学生的研究意识和能力是衡量大学教学成功与否的重要标志之一。

21世纪的教师有六个特点，我将其概括为基础教育与高等教育完全脱节、疲于奔命的"空中飞人"、负担越来越重、本科教育"越来越重要"的年代、学生获得知识的方式越来越多样化，以及义务和责任分不清楚的时代。

学生希望老师的观念和学识应走在学生的前面，以把握教育过程中的关键和细节，但现实是老师的责任心和时间的缺失。他们贪图方便的教育方式，比如，更愿意采用PPT化的教学模式、越来越简单的考题和考试方式，以及迁就分数和学生评价的授课模式。老师虽然花了很多时间训练学生记住各种知识点，却花费很少的时间帮助他们像专业人士一样思考，理解学习这些知识的本质。

学生期望在网络课堂的冲击下，教师的水平能得以提高，责任心能增强。一个不能给学生的学习带来根本性改变的老师必将被学生淘汰，一个不能给学生的成长带来便利和启发的地方（学校）也将被学生诟病和逃避。网络教育"空前成功"，但网络仍无法代替课堂。在课堂上，学生和老师之间有现场互动和情绪交流。老师看着学生的眼睛讲课和对着屏幕讲课，听者和说者的感受都是不一样的。而且，学生的自我学习能力和自制力都比较差，上网课往往不专心，效果较差。因此，课堂仍应是教与学的主要场所。这一无可替代的特点不是保护伞，相反，它对教师的水平和责任心提出了更高的要求。

学生期望教师成为拥有专业实践经验的高级知识工作者，教师的工作应当具有高度的专业自主性。如果教学是传授预先准备好的知识，那么低质量的教师是可以接受的。另外，现在有一种倾向是告诉老师们政府想做什么、想怎样做，然后引导老师去做什么、应该怎样做，老师在课堂上的自主性越来越少，怎么办？未来是一个"能者为师"的时代，传统的教育教学体系正在被打破。若期望一个社会的教育质量达到高水准，必须由社会最精英也最愿意奉献的人来从事教育。这是我们的一个期许，也是一个非常理想化的状态。因为老师这个职业与其他职业不一样，老师对于社会是至关重要的。

我常回忆20世纪80年代的北大，那是一段美好的时光。经常有人会问我，你在意的到底是80年代的北大，还是你自己的青春时代？在那个年代，当我在北大上课的时候，我知道我遇到的是当时全中国的精英，也是最愿意奉献的老师。比如，中文系的赵祖谟老师，等我再见到他的时候，他已经不能自主走路，40年过去了，他仍在坚持着，只要有学生愿意跟他讨论，哪怕他打着杜冷丁也不会拒绝。这样的老师教会了我如何当老师，但我不知道我们这一代人能不能做到这种程度。我认为上大学实际上是自我求道、自我提高，而大学只有对学生进行科学的培养和引导，才能帮助他们实现这个目标。

在我看来，研究型大学的建设毁了本科教学。很多人根本不懂什么叫研究型大学，认为研究型大学是建设出来的，只要多给点钱、多发几篇SSCI[①]文章、在QS上排名排第几就能建成研究型大学。什么是研究型大学？能创造知识，而且这些知识要么能写到课本里，要么能变成货架上的商品，这样的大学才是研究型大学。全世界能真正称得上研究型大学的学校不足50所。这些大学是怎么成为研究型大学的？它们不是建设出来的，而是经历了一个不断完善的发展过程，它们的研究是全世界做得最好的。现在我们上网浏览一下国内各个大学的网页，会发现要把自己建设成研究型大学的不下百所。

---

① SSCI 即社会科学引文索引（SociaL Science Citation Index），由美国科学信息研究所创建，是目前世界上可以用来对不同国家和地区的社会科学论文的数量进行统计分析的大型检索工具，内容覆盖包括人类学、法律、经济、历史、地理、心理学等在内的社会科学领域。

但一所大学如果只关注 SCI[①] 文章的数量，就不是研究型大学。如果有一个人具备得诺贝尔奖的能力，只要你跟着他的课题去做研究、发文章，你自己也能发很多文章，但是你做了些什么事情，创造知识了吗？如果一所大学不能创造知识，怎么会成为研究型大学呢？任凭这种模式发展下去，老师们就会都去发文章，而本科教学会变得越来越不重要。事实上，如果有的学生因为要被退学而跳楼，这个学校就取消了退学制度，这是不合理的。有的学生因为考试不及格而轻生，难道以后这个学校的学生考试都必须及格吗？如果一个成年人不能对自己的事情负责任，最后所有的责任都要由大学来承担，大学怎么办？现在一所大学怎么可能保证学生 100% 毕业？如果真有这种可能，这些高毕业率的大学不过是高速公路的收费站。

现在有的学生因为学业成绩不及格，学校劝其退学，学生就选择轻生或威胁轻生，学校就取消了退学制度；老师也受到压力，在成绩评定上"放水"。这是不合理、不正常的。这是在大学强调科研、重视发表外，本科教学地位面临的又一挑战。大学不能保证每个学生、每门课程的考试都能及格，也不能保证学生 100% 毕业。成年大学生已经具有民事责任能力，应该也能够对自己的事情负起责任。大学教学因此而承受的压力，应该通过其他途径化解。

我们的高考制度这么严格，为什么不能给学生更多的选择？比如，大学入学一年后，如果某些学生不能适应这个大学，允许他以去年的高考分数申请其他大学。以北大为例，每年都会有一定比例的新生不能适应北大的学习方式，为何不能让他们在一年中再做一次自主选择？这些从大一开始就不能适应北大学习方式的学生往往最后也能毕业，但他们会变成没有自信的人，因为他们是被"抱"

[①] SCI 即科学引文索引（Science Citation Index），是目前国际上被公认的最具权威的科学技术文献检索工具。它所收录的期刊主要涉及数、理、化、农、林、医、生物等基础科学领域。

着毕业的。在这整个过程中,他们的自信心被彻底摧毁了。如果能早点给他一条出路,让他们能够去其他学校,或许他们可能会成为一个非常自信、有成就感的学生。

过去,我们认为我们大学的教学水平很高,学生的基础知识很扎实,即使到国外读书成绩也是最好的,真的是这样吗?20世纪80年代初就有大批学生被公派出国留学,这些学生都是从最艰苦的环境中考出来的,经历过1979年、1980年那些高考竞争最激烈的年份,但他们到美国读书后,有多少人成为某个领域的顶尖人才,有多少人成为能引领某个领域发展的人?从本质上来说,技术知识到底是在开拓学生的视野,培养他的能力,还是只是为了把他"框"住?在学生整个思维的培养上,在对其思维的引导上,以及对其思维边界的拓展上,大学到底发挥了多大的作用?我们的期许是大学能培养学生终身学习的能力。

另外,学生在大学4年里自由享受学校的资源,有些学生便因此认为所有资源只属于学校,校外的人进了图书馆,他们就会不满。如果大学培养的学生都像这样只考虑自己的利益,没有感恩心,他们将来进入社会后又怎么会对社会有感恩心?所以,我们希望所有的教育资源都能实现全社会共享,使大学成为学习共同体。

我们希望学生主动学习,希望每个学生都有创造力。实际上,现在的大学就像是一个知识孤岛,或者说是一个垄断机构,以知识的"掌管者"自居,学生来到学校,大学就教他们那些现有的、已知的、统一的知识,至于将来有没有用是另一回事,也不考虑学生应怎样提升、怎样激发学生的质疑。最终学生读高中是为了考大学,而读大学的前3年学习是为了保研。而且,大学这3年比高中3年更可怕,因为高中前两年学生可以玩,可以放松一些,只要第三年好好学习也能考个好成绩上北大,但大学不一样。大学里绩点决定一切,绩点是3年统一的、连贯的,如果学生在第一年的成绩不好,就意味着3年后可能得不到保研机会,所以大一、大二就成了"高四""高五"。现在的学生非常内卷,因为他们的确感受到了比高中时还大的压力,他们必须从一入学就获得好成绩,否则就会出现不好的结果。

我认为未来的教育应该是一种项目式学习。我们要彻底打破现有的课程体系,再也不要去教学生这是1、这是2、这是3、这是4,要更多地通过项目来引导学生学习,让学生就像玩游戏一样,逐渐掌握嵌入游戏中的每一个知识点。未来的教育还应该是一种主题式学习,针对某个课程想解决的问题,老师要把所有的东西融汇其中。未来的教育也应该是一种研究性学习,即没有答案,研究性学习本来就应该是没有答案的。除此之外,未来的教育还要进行合作式学习,我们不能孤立地去学习,要与全世界合作,这是一项更为重要的任务。

接下来,我要说说我对知识的几个层次的理解。第一个层次是常识,现在很多人都缺乏常识;在常识之上的是知识,在知识之上的是智慧;而精神则是比智慧更高的层次。我们最终都是需要有精神层次的,我想教育的最终目的不是培养为工作而做准备的年轻人,而是培养为自己的人生做好准备的年轻人。当你面对这个世界的时候,你可以决定自己想成为什么样的人,而不是别人决定你将成为什么样的人。人生不仅仅是为了获得一份工作,更重要的是为了获得内心体验并享受这个过程。

我们也需要培养真正能创新的人,这些人实际上是鹤立鸡群的人。中国的教育一向是从应用出发的,20世纪50年代,我们的国家刚从废墟上站起来的时候,对大学的要求是培养国家所需要的每个行业的专业人才。现在国家已经富裕了,已经可以平视世界了,我们应该培养那些能站得直、能引领世界发展的人才,这些人不仅需要专业知识,更需要宽广的胸怀。很多时候,我们不是从1到100,而是从0到1。我们每次骄傲地说中国的高速公路有多长、中国的高铁发展有多快时,要认识到,这是从1到100,而不是从0到1。

从 0 到 1 是一个更为艰难的过程，这需要创造性。因此，我们的基础教育、高等教育需要培养学生创新型思维模式，培养创造性人才。

我们究竟想要什么？

能做什么？

请想清楚了再去做！

讨论与对话摘录（三）

讨论 1

我想继续这个话题，因为在北大，我们的教学管理、课程和绩点评分制度，就把大一、大二学生变成"高四""高五"的样子。怎么变成？关于这个话题，有无数典型的例子，我想让大家感受一下。比如，我们的数学课是分级的，不同的学院课程难度不同。经管学院的学生不管原来是文科生还是理科生，都要学高数 B，如果学生在大一两个学期的高数 B 是 60 分，那么他在大学里已经不可能再有机会了。因为我们现在的学分是 420 学分，虽然大学是 4 年，但是，学生要想修满这些学分，实际上只有 3 年的时间，因为第五学期后学生要参加水平考试等，保研也已经结束了。所以，如果学生有 10 个学分的课程成绩是 60 分，就意味着他的成绩肯定低于 330 分，他在北大就不可能保研了。

但是，我们也要认识到几点。第一，大学的成绩不是绝对的分值，是相对的排位数。第二，大学之前的学习我们叫作抛弃式教育，大学则是背负式教育过程。大学教育要促使学生成为一个负责任的人，所以选课的时候一定要很认真，从大一开始就要考试。第三，我们的未来其实不在于成绩，因为大学的成绩与未来的成就不成正比。大学成绩好的人不见得是未来最有成就的人。但是大学的成绩与你下一次的选择高度相关。第四，大学是认识自己的过程，要探索自我学习模式以及自我成长渠道。

讨论 2

我在 1986 年以专业第一名进入经济地理系，当时我怀着极高的热情。裴老师您一直在讲 20 世纪 80 年代北大的教育，但是我觉得就课程体系而言，那个时候的质量未必比今天的高。

另外，大学的学习过程其实是一种体验。比如，加州大学伯克利分校与斯坦福大学每年的橄榄球赛是一年一度的大事，这场比赛的意义在于凝聚全校的精神，两所学校极尽所能塑造组织文化。为了提升学生的体验，学校会进行校园设计，会有露天剧场，兄弟会也会举办活动等，这些都可以帮助学生进行自我认知，塑造他们的精神。但中国的大学似乎没有达到这样的高度，更没有按这种高度来设计学校的设施。在课内外形成一体的学生体验，我觉得我们是可以做到的，但实际上没有做到。

裴坚老师还讲到了几个期望，这让我想起来，我之前访谈的很多校长都表示，中国教育最大的失败是价值观的失败。美国的大学教育就做得比较好，如加州大学伯克利分校就非常注重它们的使命，关注弱势群体，研究弱势群体的教育问题，讨论全人类共同体的建立。

讨论3

我觉得大学应该更多地给学生提供一些课堂之外的东西，给学生提供更多的课堂之外的空间。在大学，学生可以认识更多的老师，可以认识更多的不同的人，每个人给你提供的观点都是不一样的。我觉得这是很重要的一点，学校应该是多维度的，它不光是接受学生，也不只是上课。如果只是接受专业教育，每天上的都是专业课，这其实并没有太大的意义。

刚才说到价值观的问题，"大学到底是干什么的"确实是一个很重要的问题。新一代应该创造新的东西，无论是科学也好，还是其他的东西也好。除此之外，我们还要把握两个词——"独立"与"自由身"。独立就是需要认识自我，这非常难，因为认识自我要与自身所处的环境结合起来。自由身则要求学生具有自学能力或者自主能力。每个小孩都有创造性，但问题是很多时候孩子们越学创造性越少。怎么保证一个人天生的潜质能够充分地、自由地发挥出来呢？这是一个很大的教育问题。

讨论4

刚才大家谈的问题，实际上就是大学教育的目的到底是什么。大学的目的是传授知识，还是帮助人？很多时候，传统教育关注的是知识，老师讲完课之后就走了，并不关注怎么释放学生，怎么创造，但我觉得这些可能恰恰是教育中非常核心的东西，包括价值观怎么树立。在我看来，大学的发展经历了一个过程。一开始，大学并没有那么功利，但随着科学技术的发展，国家认为大学很重要，介入越来越多，于是大学知识的功利性越来越强，也越来越有用了。几百年、上千年前大学刚出现的时候，是没有外部介入的，因为就是几个人一起学习而已。但是今天国家对它非常重视，因为知识对国家竞争力的提升是非常重要的。于是，大学就变得功利了，这是一个必然趋势。现在大学的一个非常重要的问题是在这样一个功利的社会中，如何保持纯粹。教育改革是要建立一整套体系标准，不是零敲碎打就可以完成的。

讨论5

学生得到了正反馈，才会越来越好。就像我的学生，他做好了我给他的任务并得到正反馈，他解决问题的能力就会不断提升。一开始他只能解决一些小问题，但到后来他能解决很多大问题。他会经历一个不断向上的过程，从我的学生身上，我看到他是越来越向上的，能够很好地融入环境，能非常自信地答辩、讲解他的课题。进入职场后，他也知道哪些事情更重要，并努力争取，还会经常回来与师弟师妹们分享他的思想与变化。

我认为，导师是学生的培养者，同时也是学生的守护者。我们需要给学生设立一些小目标。从我做老师的经历来说，一开始我急于告诉学生一篇论文中的定理是什么含义、这个程序该怎么写，但八九年后，我会更加自信地告诉学生哪些事你该做，哪些事你不该做。这是我在北大成长过程中的一些体会。

我是北大的求学者、成长者，同时我也是一个海淀区妈妈。我在不断地反思，在教育过程中，我应该向我的学生和孩子传递什么？我的希望是什么？我希望我能成为一个好老师，而"好老师"的标准不是当上了"长江学者"或"杰青"，而是能够给学生带来更多的资源，让学生体会到读书的快乐，收获很多成长，懂得人生的道路该如何走。

讨论6

我想再讲讲课程体系的问题。我在北大管教学的时候，最遗憾的一件事情就是课程体系建设，到现在我也觉得没做好。1993年开教育改革会议时，我翻阅了一下德国20世纪20年代初的物理教材，跟现在的体系基本上是一样的。过了快100年了，科学进步那么大，为什么这个体系一直不变？我觉得，体系和专业深入的东西必须由这个学科领域水平最高的教授来做，因为他能理解这个学科的发展历史和将来的发展趋势。

时代发生了变化，课程到底应该怎样建设？首先，课程新体系应适应21世纪。由于一些原因，我们一开始没有把所有学科的课程体系搞清楚，如化学、物理，还有文科应该掌握什么知识，学化学的应该掌握多少数学知识、物理知识，这些问题应该搞清楚。如果能把各个学科的课程体系真正梳理清楚，虽然课程体系的建设可能仍然不是很理想（受到知识局限性的影响），但至少能比原来更进一步。

另外，知识体系现在已经发生了变化，这一点我能感受得到，尤其是物理、化学的内容慢慢超出了过去的知识体系。作为大学老师，怎么完善自己的知识体系？怎么营造不断接受教育的氛围？这些问题是更迫切需要解决的，甚至比用什么教育方式来改变学生更迫切、更重要，因为教育者的主动行为对教育至关重要。

讨论 7

我特别佩服裴坚老师，他的很多观点、很多观察都很系统、很深刻，我想讲一讲我的体会。裴老师讲到北大学生在发展中遇到的一些问题，如学生的自主学习能力不强、不是自我主导的学习者，以及学生的二元思维对立模式等。我是研究大学生发展的，更偏向学生心智这一领域。我认为，这些问题在大学中是比较普遍的，或者说是学生会经历的一个正常的发展阶段。即便是在美国，新生在刚入学的时候，普遍的思维模式也是二元对立的非黑即白的，通过大学的教育，通过大学里多元和异质性的教育活动，以及环境中各种观点的碰撞，才能逐渐让学生思考并认识到这种二元对立的非黑即白的思维模式是不足以分析、判断、理解社会的真实及复杂性的。

通过慢慢的引导，学生的思维模式才能从二元对立走向多样化。比如，高年级的学生可能会认为这个人的观点是对的，那个人的观点也有道理，而当他的思维模式实现多元化之后，他会逐步发展到根据情境、具体情况来判断各种观点，他会想："我要不要接受他背后的逻辑？在各种逻辑之间到底哪一种才是最优的？"我想，这是一个逐步发展的过程，学生在起步阶段就是会呈现出这样的特点，所以我们不必太悲观。

但我特别赞同裴坚老师关于现在的大学教育的确存在各种各样问题的看法。如教学，不管是课程体系还是教学方法，都没有与学生的现实情况紧密结合，都没有从学生的发展角度去进行设计。我们希望学生成为自我主导的学习者，但我们为引导他们成为自我主导的学习者做了什么？在这方面，我觉得无论是大学还是大学的老师做得都不够。在给学生讲解知识、讲解基本的教育理论时，老师并没有融入那些与学生的体验相关的故事，也没有结合那些实践性的内容。

在做高等理科教育改革的课题时，我们曾经访谈了东北师范大学地质系，他们的教学改革给我留下了深刻的印象。因为不太了解地质专业的发展前景，所以转专业的学生特别多，于是他们进行了一个改革——把高年级的实习放到大一的第一个学期，带着学生深入田野中，深入地质工作的一线中，让学生在具体情境中了解地质专业的知识结构是什么样的。他们会带上最先进的器材，让学生看到专业的发展，了解到未来的发展前景。像这样的探索，在我们的教育中特别少，学生在基础教育阶段就是坐在教室里、坐在知识的孤岛上"冰冷"地学习，到了大学后，这种模式仍在延续，学生仍然没有把知识与生活以及社会实践紧密结合起来。

所以，我非常赞同裴老师讲的项目式学习、探究式学习，我认为还应该加一个体验式学习。体验式学习的理论是美国教育家大卫·库伯（David Kolb）提出的。他还提出了双重知识论，认为知识包括理论知识和实践知识，对于人的学习来说，这两种知识都是特别重要的，所以他特别强调，一个完整的学习圈应该既有具体体验，也有抽象概括；既有反思性观察，也有主动实践。我们在设计学习的时候，应该把这四个环节都考虑进去，这样学生的学习才会是更有效的、更有意思的，学生对专业学习的投入才会更多。

去年我给学生上了一门课叫"教育与幸福"，但实际上我讲的是生涯教育。有一个学生的课后作业让我很感动。他说："通过学习我最大的收获并不是认识了自己，而是开始了认识自己的过程，开始深层次地思考自己到底是什么样的人，到底想要什么，到底怎样才能幸福。我现在还没有想清楚，或许要用一辈子来想清楚，又或许一辈子都想不清楚,但是想总比没想好,对我来说,清醒的痛苦比不错的快乐更好。在认识自己、认识幸福的道路上,我会举起火炬继续走下去。"这是学生在自我发展方面的体会,他前面还有一段特别感人,讲的是家国情怀,是未来怎么把个人发展与国家、社会的发展融合起来,让这个社会变得更美好。

讨论8

论坛的内容特别丰富,参加这个论坛让我收获特别大,我也想分享我的两个感想。第一,确实像林校长讲的那样,教育是一个基本的问题。高等教育不是独立存在的,只是教育中的一个阶段,所以,我们的学生是有"入口"的,他们来的时候带着基础教育的痕迹,带着家庭、社会给他初步的价值信号。我觉得,高等教育是对这些进行"微波"的。第二,我们的学生是有"出口"的,他们面对的是现代社会的价值引导。在这样一个环境下,高等教育是很难做的。这个时代与我们那时不一样,我们年轻时学生的价值观与当时社会的价值观是比较契合的,但现在这个年代,学生就像是夏日的骄阳,他们追求知识的愿望很强烈,但是有一种"燥"的感觉。

那么,立足于这种现状,我的期望是什么?我对学生最朴素的期望就是希望他们"感觉很好",有精气神、腰能挺起来。同时,我也希望他们有动力,相信自己有能力,并有变得更好的愿望。我希望学生是有尊严、有见识、有责任感的人。所谓尊严,就是自尊,是同时也会尊重别人、尊重社会、尊重科学、尊重知识、尊重人文理想。在这个过程中,我会给他们全力支持,帮助他们成长为这样的人。除此之外,我希望学生的成长不只体现在知识增长上,也体现在价值成长上,希望他们能成为一个对社会有价值的人,希望他们愿意追寻这样的价值,也相信自己能实现自我价值,对他人和社会都有责任感。总体而言,我对学生的期望不只是在学校学好一门课，更是在教育的过程中获得一种长久的动力。

讨论 9

我是心理学院的，做的是用计算建模的工具研究心理学和神经科学的工作。这次来参加这个论坛我觉得特别有收获，各位老师讨论的时候，我也在思考自己的问题。我是 2014 年年底到北大的，参与教学的时间只有短短 5 年。在此之前，我没有主动思考过作为一个教师我到底要给学生传授什么，也不曾有意识地去思考如何培养学生。在我们学院，学习心理学的目的是比较多元的，有一部分学生学习心理学，是因为他们对心理咨询感兴趣，想知道大家心里是怎么想的；有一部分学生是想解决一些心理问题；还有一部分学生是理工科的，他们想知道人脑是怎么工作的，人类的智能是怎样产生的，以及这些对人工智能有什么样的启示。

今天第一次来，我受到很多启发，我觉得应该让更多的老师参与进来并受益。我记得教化中心刚成立时，林校长给我一个任务：每年有五六十个新入职的青年教师，能不能把这些人以及其他关注教改的人吸引到这里，每周搞一次沙龙？在我看来，有几十个乃至上百个非常关心北大教学改革发展的人为学校建设提建议，会形成一种可观的力量。尽管现在的大环境不一定能让你做很多事情，但是我觉得这样一批人就像火种一样，也许哪天就会发挥作用。

从马莉萍的研究中我们能看出大学教育确实出了一些问题。但是教育本身是一个很复杂的问题，所以这次在两会上讨论"十四五"规划时我们就提了一些建议，比如，学校进行综合改革，应该把提高人才培养质量当成整个组织改革的核心，这样人才培养质量才能与学校的各项工作联系在一起，一定要抓住这个核心。

我们现在面临的问题主要分为三个方面。一是过去形成的专业教育这种思想与模式，导致学生的个性、个人成长及能力的全面发展不被重视。这是一个历史遗留问题，我们过去没有解决好，接下来还要继续解决。二是时代发生了变化。如今这个时代是知识开放的时代，知识的传播与过去大不一样。现在的知识不完全局限于学校，社会上也有很多教育资源、学术资源，未来我们一定要充分利用这些资源，让学生更好地成长。裴坚老师讲的项目式学习、体验式学习等，本质上就是更好地利用社会资源把教育做得更好。三是虽然有各种各样的因素导致教育的功利化，但我觉得现在仍然是做好学生教育的好时期。一方面，为了应对国际竞争，国家急需一批真正有创造力的人，这已经成为大趋势。另一方面，我们对教育的认识在逐渐加深，在我看来，教什么内容不是最重要的事，重要的是学生怎么学，未来教育改革的重心应该放在教育方式和学习方式上。每个老师都要深入地研究、思考自己的教学、学生的学习，做好自己的事情，未来是值得期待的。

讨论10

裴老师刚开始定下题目时就做了很多准备，我一直很期待裴老师的演讲。一方面，他对这个问题的看法很尖锐；另一方面，他对学生一直很好，对本科教育和学生是真正的热爱。今天的讨论给了我很多触动，现在大学教育难的原因在我看来有几个方面。一是学生变了。今天的学生非常多元化，过去我们可以把学生分为几类，现在我们已经无法对学生进行分类。学生的多元化导致需求的多元化，这是一个很大的变化。二是学习的途径变了。现在的学生有很多的知识来源，他们并不依赖于老师讲授的课程，甚至能自主解决一些问题。三是原来老师对自己最擅长的领域会有知识权威，但现在老师已经没有什么知识权威了，甚至有的学生知道的比老师还多，因为他们对新知识更敏感，他们的视野、能力以及各方面条件也比老师强。我们以前常说，你看了世界才会有世界观，现在学生看的世界比老师看的还广阔，老师的知识权威自然会被削弱。四是学校功能的进一步演变。我赞同建设研究型大学，但现在的问题是，不管是地方政府、社会还是高校排名，都没有把育人当成大学首要的功能。最近很火爆的一篇文章，对中国、印度、俄罗斯与美国4个国家的本科生培养进行了比较。看了这篇文章后，我最大的感受是，对于个人而言，大学文凭的收益是非常高的。大家都认为大学证书是有效的，其他东西的效力却没这么大，换而言之，大家对大学的期望变了，不再是育人了。我们讨论20世纪80年代之所以会感到兴奋，是因为那时候的大学最大的期望是培养人，但在时代的变迁中，学校功能发生了很大的变化。

最后，我想说一说我的三个感觉。第一，学生真的不是培养出来的，我认为学生是"遇"的。老师与学生相遇，相遇之后产生共鸣以及心灵互动，这可能就是教育的本质，教育就是唤醒心灵。第二，好学生总会遇到。第三，当老师其实是自我修炼的过程。我觉得当老师一定要达到一个很高的要求，就是修炼和奉献。从最后一个角度来讲，我很希望我们自己能活得好一点，一个不快乐的教师是很难把教育做好的。

马莉萍[①]：大学生能力水平及增值的国际比较

> **导读**："未来·教育·对话"讲座沙龙邀请到北京大学教育学院马莉萍副教授做了题为"大学生能力水平及增值的国际比较"的主题汇报。马莉萍副教授详细介绍了一项她和研究团队发表在 Nature 子刊《自然人类行为》(Nature Human Behavior) 杂志上针对中国、印度、俄罗斯及美国大学生能力的国际比较研究，对研究的背景、方法、结果及启示意义等做了相关分享。该项研究发现，无论是数学成绩、物理成绩还是批判性思维能力，中国学生在大学一年级和二年级均显著高于同年级的俄罗斯和印度学生，处于遥遥领先的位置。但是，中国学生的数学和物理成绩从大学一年级至二年级，以及批判性思维能力从大学三年级至四年级，均无明显增长。尤其是四年级，在与美国样本的批判性思维数据相比时，具有明显差距。在主题汇报后，各位老师对研究方法、本科 STEM 教育的再思考、人才培养质量及政策，以及高影响力教育实践等做了深入的研讨。本文为嘉宾演讲全文及对话摘录。

非常感谢林建华校长的邀请！

今天我要介绍的这个研究已经完成好几年了，之所以最近引起关注，是因为今年3月初在 Nature 上发表了。这原本是一篇学术论文，后来一个公众号介绍了这篇文章，并起了一个特别吸引眼球的标题——"美国鹤立鸡群，中国表现垫底"，文章中有些内容与原文并不完全相符。后来我们课题组受"一读"公众号的邀请，发表了一篇更加客观、公正的文章。前几天，《中国科学报》也特别关注了

[①] 马莉萍，北京大学教育学院长聘副教授，北京大学未来教育管理研究中心兼职研究员。北京大学、马里兰大学联合培养博士，斯坦福大学博士后。

这个研究，访谈了我们课题组的老师以及其他做批判性思维研究的相关老师，并发表了一篇文章。

我们为什么要做这样一个研究？我的专业是教育经济学，在这个领域中，大家共同关注的一个问题是教育与经济发展之间的关系。学者们做过很多研究来比较各国民众的受教育水平与社会经济发展之间存在何种定量关系。测量受教育水平的指标很多，比如，人均受教育年限、接受高等教育的人所占比例等，但是这些指标主要衡量的是一个国家的教育数量，而一个国家的教育质量即人才培养质量究竟对一个国家的社会经济发展有什么样的作用，仍然缺少实证研究。

在基础教育领域中，比较各国教育质量的著名测试是PISA（Programme for International Student Assessment），主要测试15岁学生的阅读、数学和科学。这一测试每3年组织一次，全球有60多个国家参加，也被称为"教育界的世界杯"。中国学生在测试中成绩优异，尤其是上海学生的成绩非常突出。斯坦福大学经济学家Eric A. Hanushek研究了各国PISA成绩与经济增长之间的关系，发现在控制了各国初始经济发展水平和人均受教育水平等变量的情况下，PISA标准分每增加1个单位，GDP增加2个百分点。

那么，在高等教育领域，我们如何评价各国大学人才培养质量及其与社会经济发展之间的关系呢？也许我们能想到的评价首先是大学排名，虽然大学排名广受关注，但是学界对它也有褒贬不一的评价，尤其是大学排名所包含的维度众多，如科研水平、国际化程度、学术声誉、教学等，而其中与人才培养质量相关的指标众多，且与多个维度有着千丝万缕的联系，完全剥离出来并进行比较并非易事。

除了大学排名之外，近年来兴起的另外一个评价大学人才培养质量的方式是学生发展调查，也叫作学情调查。美国印第安纳大学首先发起了 NSSE（National Survey of Student Engagement），面向学生开展问卷调查，由学生自己来评价在大学期间有哪方面的收获，包括认知能力及非认知能力等，同时评价大学期间的哪些课内外活动对自己的发展具有重要影响。除了 NSSE 之外，伯克利大学也发起了一项面向研究型大学的学生发展调查，叫作 SERU（Student Experience in the Research University），世界范围内包括北京大学在内的几十所研究型大学加入了此项研究联盟。除美国外，英国、澳大利亚等很多国家均有类似的学情调查项目，而这些项目都有一个共同的特点，就是学生的自我评价。我们知道，这种主观评价未必准确，尤其是我们做了这么多年的调查后发现，学生的自我效能感、社会期许效应等都会影响学生的自我评价。我所在的团队长期在中国的精英大学做学生发展调查，发现新生入学前对自己的评价非常高，而进入大学后的自我评价则显著下降，原因之一是对照组发生了变化——入学前他们是各所高中的佼佼者，而进入大学后则发现高手如云，比较之下的自我感受发生了变化，而并不是能力真的有所下降。我们还在河北省做了学生调查，发现地方本科高校的学生对学校软硬件条件、对身边的老师和同学、对自身发展都比较满意，分析其原因可能是学生本身的预期相对较低。上述这些现象都从侧面体现出主观评价调查本身的局限性。

鉴于此，OECD 在 2012 年前后发起了一项叫作 OECD-AHELO 的项目，全称是 the Assessment of Higher Education Learning Outcomes，通过开发一套标准化测试工具去测量学生的通用技能（General Skills）以及一些专业技能（如经济学、工学等）。这个项目的初衷是希望做成类似于 PISA 一样的国际性调查项目，用以比较各国人才培养的质量。尽管因为各种各样的问题，这个项目后来没有继续，但是在这个领域具有开拓性的贡献。我们的研究就是想延续这个思路，通过标准化测试来比较各个国家高等教育的人才培养质量。与该项目不同的地方在于，在众多学科门类中，我们希望将研究重点放在 STEM 专业。选择这些专业有很多原因，一方面，各个国家都非常重视 STEM 教育，并投入了大量的经费用于人才培养和科学研究。另一方面，STEM 专业的人才培养规模庞大，从中国、印度和俄罗斯这 3 个国家来看，培养的 STEM 专业毕业生在全球能占到一半。但是培养质量如何、产出怎么样，仍然缺少跨国的比较。

在这样的研究背景之下，我们的研究希望回答这样几个问题。第一，各国 STEM 专业大学生的能力水平如何？第二，不同国家、不同类型大学对学生能力的影响有无差异？经过大学 4 年的培养，学生能力上的增值是否一样？第三，更重要的是，到底哪些因素会影响学生能力的变化？

这个研究项目的发起人是斯坦福大学的 Prashant，他之前在北京大学工作过一段时间，我在 2012 年去斯坦福大学做博士后的时候开始与他合作。除了斯坦福大学之外，另外一个合作机构是美国的 ETS，就是做 GRE 和托福考试的机构，他们开发出一套批判性思维的标准化测试工具。研究团队中，还有来自俄罗斯高等经济研究院做教育测量和教育研究的学者，以及中国的几所大学的同行，包括清华大学、四川师范大学等。研究团队确定了，那么要在哪些国家做比较研究呢？我们最初的设想是比较金砖国家，但是由于在有的国家没有找到合适的合作者，所以将范围缩减到俄罗斯、中国和印度，之后又纳入了美国。

确定了参与比较研究的国家后，接下来要确定具体的专业。STEM 领域包含很多专业，经过多方调研和比较，最后确定了计算机科学类专业和电子工程类专业。之所以选择这两个专业，一是因为在各个国家，这两个专业的学生在 STEM 领域中的占比非常高。从中国来看，这两个专业的学生占到 STEM 所有专业的 34%，印度和俄罗斯均占 24% 左右，人才培养的体量很大。二是因为这两个专业的本科课程培养体系在这几个国家之间具有较强的可比性。

计算机类和电子工程类其实是两个专业的大类，里面分别还包含很多细分专业，如何确定研究哪些细分专业呢？我们的思路是这样的：第一，通过各种方式来获得各个国家各个专业的课程体系，并考察各相关专业中是否有相同的必修课。第二，通过比对来确定哪些细分专业有共同的必修课，由此来决定其是否被选中作为研究对象。

接下来的研究计划大概分成三步。2014年开始先做了一次预调查，我们选取个别学校来检验问卷和调查工具的信效度，并调整和完善之后的研究计划；2015年10月开始正式启动基线调查，调查对象是大一年级上学期和大三年级上学期的学生，即刚进大一年级和刚进大三年级的这两批学生；一年之后开展追踪调查，即这些学生进入大二年级末与大四年级末。中国与俄罗斯的调查是同时进行的，印度晚了两年，美国的研究比较特殊，之后再做详细介绍。

基线与追踪调查主要是调查什么呢？基线调查主要包括四个方面：一是数学的学科基础知识；二是物理的学科基础知识，原因是计算机大类和电子工程大类的专业中这两门科目都是所有学生的必修科目，以基线调查来考察他们的学科基础知识；三是批判性思维；四是量化基础。它们在一定程度上能够代表学生的高阶思维能力。在做追踪调查的时候，大一年级的学生升入大二年级，我们还会对他们的数学和物理进行追踪测试，但是在大三年级与大四年级追踪的时候就没有再做数学与物理追踪测试，因为到了高年级的时候，数学与物理学的内容已经很少了。追踪调查中所有学生都会再次参与批判性思维与量化基础的测试，以比较他们的发展变化。

除了标准化测试外，我们还通过问卷调查来了解学生的一些基本情况，包括学生的学习态度、学习动机、学习行为、教学评价等基本特征。课题组还设计了专门的教师问卷，了解教师的教学行为、科研情况等。除此之外，还调查了教学副院长或者教学主管，以了解专业的一些基本情况。

接下来，介绍一下测试工具是如何开发出来的。在数学与物理测试工具的开发中，我们首先对不同国家的学科专家进行访谈，了解不同国家在数学与物理当中是否有一些模块是都需要学习的，只有找到共同的知识模块与知识点来进行测试才有可比性。确定知识模块后，再围绕各个知识模块确定具体的考试题目，有的是高考题，有的是学生的平时作业题。题目确定后，进行专家访谈，验证题目的信效度。我们还进行了小规模实地调研，主要检测题目本身的信效度。之后再做大规模的实地调查和测量学分析，判断测试题目的信效度是否满足要求。当时做的专家访谈问卷里包含数学的知识模块和相应的知识点，会请学科专家来评价每个知识点对该专业人才培养是否重要，学生应该在什么阶段学会——大学低年级还是高年级，或是在高中的时候就应该掌握。我们还会邀请学科专家描述每个知识模块相关的知识点的难度，学生应该掌握到的程度，等等。由于开展追踪调查需要确定一年级到二年级中考试的内容是否一样，所以我们设定两年的测试中有40%的相同题目，即在大一基线和大二追踪测试的时候都会考这40%的题目，这部分分数是直接可比的。另外60%的题目是不一样的，因为学生在大一和大二学的内容并不一样。

题目确定之后，还需要对测试题进行翻译。不同国家的考试题目因语言的特点差别很大，为了保证同样的题目在不同国家的学生看来都是一样的，我们先把所有题目统一翻译成英语，然后把英语翻译回俄语和中文。同时再找另外一些专家把这些题目重新翻译成英语，以验证其与之前的英语版本之间有多大的差别，这是逆向翻译的一个过程。如果有不相符的地方，再找出差异的原因，是文化方面的还是语言方面的，以此来保证翻译的有效性。

为了保证题目对各国学生都有效,我们另外又找了一拨专家来专门检验测试题的语义是否清楚、难度是否合适、适用性如何、跟课程之间是否相关、估计学生大概需要多长时间完成这些题。等题项出来后,再来准确判定学生参加考试的时间以及在考试当中设置多少题项数更为合适。当时预调研的试卷包括物理、数学,主要是客观题,没有主观题。

预调研中,我们在中国与俄罗斯各找了40名大一年级的学生和40名大三年级的学生,先请他们把测试题目全部做一遍,再找老师跟他们做访谈,了解他们的想法,包括题目当中是否有语义不清楚的地方、题项难度如何、考试时间是否足够,再根据他们的成绩做一个信效度分析。在预调研之后,我们修改完善并最终确定了测试工具,大一年级和大三年级的数学和物理都是45道题。

除了学科基础知识之外,我们还希望通过测试学生批判性思维来了解他们的高阶思维水平。批判性思维到底是什么?英文所对应的概念是 Critical Thinking,翻译成中文时有人译为"批判性思维",有人译成"审辩式思维",后者可能更合适一些。但不管中文怎么翻译,它主要包含两个维度:一个是批判性思维的精神;另一个是批判性思维的能力,这两者并不一样。精神是指具有这种意识,愿意去质疑别人,愿意对别人的观点表达不同看法,这些都是他的态度、信念、意愿和倾向,与大家平时所理解的批判性思维是一致的。批判性思维的精神是指一个学生是不是可以独立思考,是不是愿意探究、愿意质疑、愿意评判,这些都是他的态度、意愿、信念和倾向。实际上很多人对批判性思维的印象都停留在精神维度。但批判性思维另外一个很重要的维度是指一种能力,英文叫 Skills。这种能力包括什么?包含可以归纳一些核心的论点,判断基于该论点的论据是否准确可信,从论据到论点整个推理过程是否具有一致性。可以站在不同的角度,收集不同的论据来论证一些论点,理解这些论点在多大范围内可以推广到其他场景。还可以建立事件之间的因果关系。比如，在新冠疫情期间，有人说双黄连可以抵抗新冠病毒，对这一观点是否接受需要找论据去论证，而不是人云亦云。在我们的研究中，所测量的是批判性思维的技能，而那些信念、态度、意愿与倾向，更多的是学生的主观判断或者外界给他的评价，这些很难通过考试测量出来。

批判性思维的测试工具有很多，我们最终确定使用的是ETS开发的HEIghten，网上有关于HEIghten工具的介绍。这个测试分为三个维度，即分析能力、综合能力、解释能力，主要考查学生的逻辑思维能力、决策能力、解决问题的能力，还包括如何评价给定的事实，如何分析论据，如何理解推论结论，如何论证，如何理解其中的因果关系。这个工具最初也是英文版，我们请专门的翻译公司对英文版进行了汉化，汉化后再翻译成英文，然后翻译成中文，用这种逆向翻译的方式来确定测量工具在中国学生当中的适应性。在俄罗斯与印度的调查做法也是一样的。

前面介绍了调查什么内容，以及两类测试工具是如何产生的。接下来要明确到底要调查哪些学校。我们在中国、印度和俄罗斯的抽样方式基本上是一样的，这里只介绍中国。在中国我们先选省份，包括北京、广东、山东、河南、陕西和四川，既有东部地区的省份，又有中部地区和西部地区的省份。在确定了6个省份之后，我们将这6个省份当中所有的学校名单列在Excel表格里面，然后从里面随机选，每个省份选6所学校，一共是36所高校。从每个学校中再来确定计算机与电子工程这两个专业包含多少班，再从所有班级中随机选取两个班，这两个班的所有学生都参加调查。采取的抽样方式是先分层随机，再整群抽样。

确定了被抽选的学校后，我们就一所一所地联系学校，想尽各种办法保证回收参与率。从基线调查的回收率来看，中国跟印度都在95%,俄罗斯是87%。一年之后再找同一拨人参与追踪调查,通过各种努力,中国学生的追踪率是80%,印度更高,因为印度教育部介入,自上而下去推动。俄罗斯的追踪率是90%。

中国调查的这36所高校中,有7所重点大学、29所普通大学。大一学生5 000多名,大三学生4 000多名。参与调查的印度高校一共50所,其中8所重点大学、42所普通大学。他们的学生多一些,大一学生8 000多名,大三学生9 000多名。参与调查的俄罗斯高校有34所,其中6所重点大学、28所普通大学,学生2 000多名。

确定了学校与学生之后,我们先做了基线调查。基线调查中每个学生都需要参加两个小时的测试,这两个小时中每个学生做的题目并不一样。我们把学生随机分成了4组。第一组1/4的学生先做数学再做物理,完成之后再做一个短问卷调查。第二组1/4的学生先做物理再做数学,然后做一个短问卷调查。第三组1/4的学生先做50分钟的批判性思维测试,之后是一个8分钟的想象力/创造力的测试,然后参加一个45分钟的长问卷调查。之所以有短问卷和长问卷,一个原因是想保证不同组学生参加测试的时长是一样的,另外一个原因是想多问一些问题,长问卷当中能够涵盖我们所了解的绝大部分信息,短问卷就是从长问卷里面抽取一些我们认为最重要的问题,时长约为20分钟。第四组1/4的学生先参加一个50分钟的量化基础的考试,之后是8分钟的想象力/创造力测试,最后参加长问卷调查。

我们想了一系列方法来保证调查质量。每次调查之前,会给每一位调研队长做培训,由他再给调研员做培训。一开始我们的设计是学生参加机考,还专门聘请了技术人员,并在每个学校都找了机房,最后发现笔考比较可行一些。在调研过程当中,每位调研老师都手持一份规范的调研模板,向被调研学生说明此次调查的目的,采用统一规范,尽量保证让每个学生参加考试的动机也一样。如果介绍内容不一样的话，有的学生可能特别想考好，有的学生可能觉得无所谓，所以统一的指导语和调查流程都是一致的。我们还设计了调研日志，详细记录调研过程中存在的问题和注意事项。比如，我们在其中某一所学校调查，因为是整班调查，所以选好时间后，这个班所有的学生都集中到一间或两间教室参加测试，要求隔位就座来防止学生中间交流，而且有严格的时间控制。批判性思维部分包括不同的模块，规定第一个模块必须做满 10 分钟，才能翻到第二页做第二个模块。

前面介绍了学生调查，对老师的调查是怎么做的呢？我们跟被调查学院里负责教学的老师联系，告知要调查的专业，请他提供课表，即在大一第一学期、第二学期、第三学期每一门课的开课时间，提供每位任课教师的姓名和手机号，我们主要通过短信给老师发送问卷调查的链接。除了任课教师调查外，还进行了院系管理人员的访谈和问卷调查。我们先请管理老师介绍院系的学生、教师规模和一些基本数据，如专业分布、学科排名等能反映学院培养质量的指标。之后再访谈院系的教学副院长，或科研副院长，邀请他们做问卷调查。

在回收了所有的教师和学生的调查数据后，我们专门做了测量学分析。因为测量的是不同年级而且是不同国家，所以数据收集后首先对数据进行可比化处理，保证大一和大二的比较、大三和大四的比较的确可以被判断为增值变化。经测量学分析后，我们也发现，考试题目当中有个别题目不太符合要求，后续分析的时候就将其删掉了，这样测试的信效度比较高，呈现单维的特点，且在不同年级与不同国家之间是可比的，可以在这个基础上分析增值。

中国、俄罗斯与印度的调查方式基本一致，但是在美国的研究受限于各种条件和因素，最终没有开展数学和物理测试，只做了批判性思维调查，而且批判性思维不是做的基线和追踪的调查，而是从 ETS 数据库中把所有在 2016—2018 年参加批判性思维的美国学生挑出来，构成美国的研究群体。需要强调的一点是，美国学生参加批判性思维是自愿报名的，尤其是在测试工具刚开发才两年的时候，只有那些非常希望知道自己批判性思维水平的学生才报名参与测试。这里面有可能是那些认为自己批判性思维水平高的学生去参加测试，也有可能是认为自己的批判性思维水平低的学生去参加测试。但不管怎么样，美国学生样本不是通过有代表性的抽样而得到，而是学生自愿参与的。另一个与其他国家研究对象的不同之处是，在美国只是一次性的截面测试，而没有对学生进行追踪测试。此外，从最终我们挑选的样本学生的学校分布来看，有 11 所学校是可以授予博士学位的研究型大学，大概占 69%；17 所是可以授予硕士学位的研究性大学，占 25%；还有 8 所是授予学士学位的大学，占 6%。而在美国的所有学校当中，研究型大学的学生占 67%，跟我们挑选样本中美国研究型大学 69% 的占比基本差不多，硕士学位跟学士学位的比例也都跟我们最终确定的学生构成基本一致。但即便是这样，我们仍然会发现，美国优质学校的学生比例要高于中国、印度与俄罗斯。以中国为例，36 所学校中有 27 所是一般大学，只有 9 所是重点大学。所以，在解读"美国学生的整体水平是不是比中国强"的时候，需要考虑样本的结构和可比性问题。

这个研究项目最难的部分是前期的设计和调研，而真正收到数据之后的分析就相对简单了。我们建立了一般线性回归模型，回归模型的因变量就是各种测试成绩，包括物理、数学和批判性思维；模型当中的自变量 X 代表此次调查是基线调查还是追踪调查的虚拟变量，这个变量的系数表示从大一到大二的变化或者从大三到大四的变化，这也是最简单的一个增值分析。在这个基础之上，我们还想知道，不同的国家是否会有不同的情况，于是在方程中增加了几个代表国家的虚拟变量。在这两个模型的基础之上，还通过增加一些交互项建立了第三个模型,来看不同国家中学生的增值是不是有差异。

接下来就进入研究发现这个部分。首先,我们来看一下学科基础知识。图6展示了中国、印度和俄罗斯的情况,上面是数学成绩,下面是物理成绩。三个柱状图分别代表大一年级、大二年级和一到二年级的变化。从中国的情况来看,从大一到大二学生的数学分数是下降的,说明学生在大二时的成绩相比他们大一的时候下降了;物理成绩同样也有所下降,但是在统计意义上是不显著的,这意味着中国学生从大一到大二期间数学成绩下降了,物理成绩并没有变化。跟其他国家相比,中国学生不管是大一还是大二的成绩都分别高于印度和俄罗斯,表明中国学生的物理和数学成绩都更好。但是

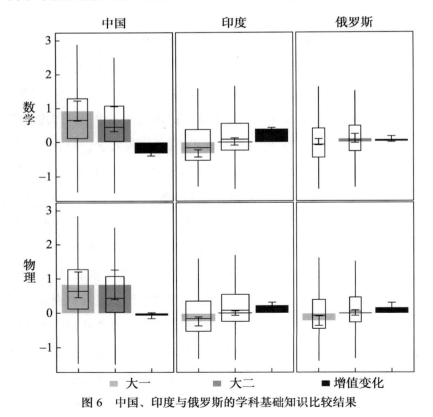

图6 中国、印度与俄罗斯的学科基础知识比较结果

如果看增值的话就会发现，印度学生的数学和物理成绩增值是显著的，表示从大一到大二期间印度学生的数学与物理成绩都有所提高。俄罗斯学生从大一到大二期间的数学和物理成绩均有提高，但统计意义上并不显著。总结来说，如果看绝对水平，那么中国学生的数学和物理都很好；但是如果看增值的话，就会发现中国学生的数学有所退步。

图7展示的是批判性思维，因为中国、印度与俄罗斯采用完全相同的调查方式，所以结果可以直接比较。美国的结果仅仅可以作为基准来参考，而不能直接比较。如果我们只看这3个国家的话，可以发现中国的柱子都挺高的，印度和俄罗斯都不如中国，所以中国学生批判性思维的绝对水平是不错的。但是问题就在于，从大一到大二这个数值仅提高了一点点，而且还不显著，意味着实际没变化。而从大三到大四的降幅非常明显，而且统计上是显著的，这意味着从大三到大四的时候大学生的批判性思维退步了。从印度和俄罗斯学生的变化来看，尽管从大三到大四也有下降，但是下降的幅度没有中国学生大。接下来再看美国。美国样本中大二和大三学生

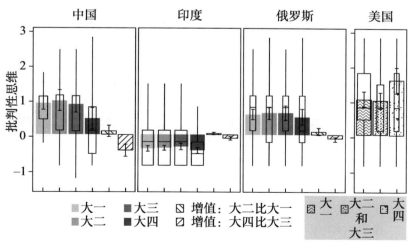

图7　中国、印度与俄罗斯的批判性思维比较结果（美国仅为参照）

的占比较少，所以我们将这两个年级的学生合并到一起。从绝对水平来看，美国学生的批判性思维比中、印、俄三国都要高，而且美国大四学生的批判性思维水平要显著高于大一、大二和大三的学生。

分析比较了不同国家整体水平之后，接下来看一下不同层次学校间的比较（见图8）。总体来说，中国各科目、各次测验平均成绩都高于印度和俄罗斯的同类学校，中国普通大学大一新生的数学和物理显著高于俄罗斯重点大学，数学上的差距在大二被追平，物理上的差距在大二仍然存在；中国普通大学大一新生的批判性思维高于印度重点大学，这一差距在大四时被追平。

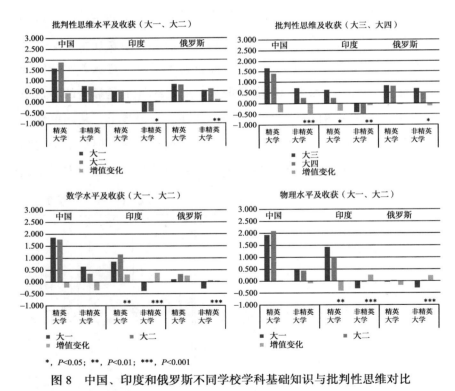

*，$P<0.05$；**，$P<0.01$；***，$P<0.001$

图8 中国、印度和俄罗斯不同学校学科基础知识与批判性思维对比

再来看增值，中国重点大学的学生在大一到大二期间批判性思维、数学和物理均无显著变化，而普通大学的数学成绩显著下降，物理成绩无变化。大三到大四期间，重点大学学生的批判性思维没

有显著变化，而普通大学学生的批判性思维显著下降。印度重点大学学生大一至大二的物理、大三至大四的批判性思维均显著下降，数学显著提升，普通大学大一至硕士的数学和物理均有显著提升，而批判性思维显著下降。俄罗斯重点大学学生大一至大二的数学有提升，大一至大二的物理和批判性思维没有显著变化，普通大学学生大一至大二的物理有提升，大一至大二的数学和批判性思维没有变化。

我们还做了关于性别差异的分析，原因是学界都很关心理工科专业中男生是否真的比女生表现得更好，以及经过大学教育之后，这种性别差异会不会发生变化。从研究发现来看，入学的时候这种性别差异挺小的，入学后在某些方面男女生之间的差异变得更小了。从增值变化来看，从大一到大二，男女生的批判性思维都有相同程度的提高，到了大四的时候，女生的批判性思维还会低一点，印度跟俄罗斯就差不多了。最有意思的是，因为我们在大一、大二主要测试数学和物理，这3个国家女生的数学成绩的进步其实都比男生要更大一些。到了大二末的时候，中国和印度两个国家里面男女生的性别差异已经不存在了，但物理上的这种性别差异还是存在的。也就是说，如果只关注中国的话，刚上大学的时候男生有优势，尤其是数学，但是随着学习的深入，这种优势可能就没有了，而男生在物理上的优势则是一直存在的。

以上是我们在这个研究中的一些主要结论，后面的部分是关于这个研究的发现，我们要怎么去解释它，或者说到底是因为什么原因造成的。在目前发表的这个版本的文章中，还没有基于问卷调查的数据来分析背后的原因。我们现在做的是，基于一些相关的研究来解释为什么会出现这种变化，所以在文章中都是推测可能的原因是什么，并不是直接能证明这些就是造成这一结果的原因。

第一，学生能力的变化实际上跟课程学习有关，为什么？因为我们调查了学生参与课外学习、课外辅导、课外补习的时间，发现这一比例特别低，所以不管学生的能力是提升的还是不变的，基本上都是由在校期间的课内学习所造成，换句话说，这个影响是由于大学正规教育所带来的。第二，学生这种能力的变化跟家庭关系或背景之间是什么关系？我们会发现，尤其是中国跟印度，即便是控制了家庭背景以及参加的校外活动之后，中国和印度学生还是有很大差异，说明家庭背景解释不了能力的差异。但是俄罗斯会有一点不一样，因为被调查的俄罗斯学生的家庭经济水平可能更好，父母当中受过大学教育的比例也更高一些，控制了这些变量之后会发现，家庭背景是会影响学生能力变化的。第三，一些国家尤其是美国大学本科的淘汰率特别高，而中国则属于"严进宽出"，不管学习得好不好，有没有能力提升，绝大多数学生都能按时毕业，这可能是学生学习积极性不高的一个原因。第四，同样的课程，中国学生的课后学习投入是很少的，一般来说，一学分的课时每周要花3个小时的时间来进行课后学习，但实际上中国学生基本上没有做到。第五，在STEM专业中，学校要求学生必修的人文和社会科学类的课程是相对较少的，这可能是造成批判性思维水平下降的原因。第六，这也是我们在调研当中发现的，一些普通大学学生在大四期间基本都在校外实习、兼职工作，完全离开学校，大学4年学制实际上就变成了3年，这可能是大三到大四期间学生表现下降的另一个重要原因。第七，在这4个国家当中，哪些学生会选择这两个专业有所不同，换句话说，专业的热门程度有所不同会使得学生的初始能力有所差异。如果某个专业在某个国家特别热门，那么进入这个专业的都是能力更强的学生；反之，如果这个专业在某个国家比较冷门，那么学生的能力可能没有那么强。这些都可能会影响不同国家大一学生的能力表现。

最后做一下总结。第一，基础可喜。中国学生的学科基础知识比较好，体现在学生刚进大学时的成绩及考试水平较高上。尤其在低年级的时候，各方面都比其他国家要更好，这在一定程度上验证了中国的基础教育不弱。我们的 PISA 成绩很好也说明了这一点，进入大学里的学生能力很强。第二，过程可忧。为什么中国学生的能力要么降低、要么不变？中国学生的数学和物理成绩从大一年级至大二年级，以及批判性思维能力从大三年级至大四年级，均无明显增长，尤其是在大四年级。尽管美国的数据与中、印、俄三国的数据收集的渠道不同，不具有直接的可比性，但是研究数据反映出来的我国大学生在学校期间不同程度的停滞或下降趋势，值得引起高度关注和重视。

本研究有以下几个方面的贡献。首先本研究在分析高等教育质量与一国经济发展之间的关系方面有所贡献。不同国家和大学之间学生在能力提升方面的差异凸显了研究大学期间学生能力发展的必要性。尽管有大量微观经济学的研究关注学生在大学入学机会、大学毕业以及基础教育阶段的能力发展，但对大学期间学生能力发展的研究还较少，尤其是基于客观测试的国际比较，所以本研究在这方面有所突破。但为什么大学能给学生带来增值？上了大学之后，工资收入明显就比没上大学的人工资高了，这是很有意思的。教育经济学认为教育有两种功能。一种功能是教育可以提高劳动生产率，即学生在大学学到了一些知识和技能。因此毕业之后可以找到收入更高的工作。另外一种功能是大学教育具有信号价值，也就是说，即便大学教育无法带来能力增值，但大学学位的获得也会让人认为这是能力很强的体现，后来收入的增加实际上是这种信号所带来的。所以就有人说，只要能招进来好生源，不管怎么培养，他未来的发展一定差不了，这背后隐含的假设就是教育的信号作用，是学生本身就好，而不是大学教得好。这个研究在一定程度上验证了大学教育的信号作用。

结　语

未来的教育应该是什么样的，如何回归教育的初心，给学生提供更好的学习和成长体验，这是一个很关键的问题。托尼·瓦格纳（Tony Wagner）在《教育大未来》中提到，怎样才是成功的教育，为什么教育跟不上时代的要求。在采访了数以百计的商界、非营利组织和教育机构的首席执行官后，瓦格纳指出，未来学生应该具备的一项重要技能是主动性和创业精神[1]。学生要是有自主的意愿行动，其实学生们可以非常有创意，我们不要把学生限制在课堂规则里，不应该用条条框框约束他们，应该让他们有更多的自由，去发挥自己的想象力和创新精神。

世界面临巨大变化，以云计算、大数据、人工智能与区块链等为代表的数字技术开始引领世界发展，各种生物医疗技术、新材料技术、新能源技术等交叉融合，人类生活不断被调整。尽管局部对抗与斗争时有发生，但全球化合作依旧是主流趋势。特别是数字技术得到进一步发展后，它能帮助我们有效地承载教育理念，教育的数字化、无边界化、民主化、国际化及终身化也将成为未来教育的主要特征。疫情之后，数字化的潜力已清晰地展现在我们面前。未来教育一定会带来新的学习成长空间。英国著名教育机构培生教育

---

[1] 实际上，瓦格纳提出了七项技能以让学生更好地适应未来，包括批判性思维和解决问题的能力（Critical Thinking and Problem Solving）、协作能力和领导力（Collaboration Across Networks and Leading by Influence）、灵活性和适应性（Agility and Adaptability）、主动性和创业精神（Initiative and Entrepreneurship）、有效的口头和书面沟通能力（Effective Oral and Written Communication）、获取和分析信息的能力（Accessing and Analyzing Information）以及好奇心和想象力（Curiosity and Imagination）。

集团2019年组织了一次"全球学习者调查",调查覆盖了19个国家10 000多名16～70岁的学习者。调查发现,学习者们获得教育的方式正在改变,他们不再仅仅依赖传统教育机构与方式,而是更愿意对自身教育采取"DIY(Do-It-Yourself)"的方式。而且终身学习的理念正在一步步走向现实,不再是"空中楼阁"。通过数字学习、碎片式学习以及各类多元化学习等,学习者可以"随时随地"实现自我学习和自我成长。

为了更好地解决中国大学发展中的关键问题,我们成立了未来教育管理研究中心。未来教育管理研究中心的基本理念是:"问题导向、跨界协同、知行合一、共创未来"。我们不单纯追求教育理论体系,而是针对中国大学发展中面临的实际问题和未来挑战开展研究,从实践中总结经验、寻找规律,并创造性地提出中国大学发展的一般方法和理论。在跨界协同上,聚集不同学科的学者和关心教育的社会人士,使我们能够从不同视角观察和分析中国教育面临的重大问题和挑战。多学科协同也会使我们以新的视角,发现、总结大学发展和办学的规律,为中国大学提出解决问题的综合方案。在"知行合一"上,我们将从多个维度传播研究成果,推动中国大学的改革发展和教育质量提升。我们也将为国家和大学提供科学务实的咨询建议,推动中国大学的教育和管理水平不断提升。我们要共创未来,面对未来的挑战,大学的教育和管理需要创新,也需要坚守。我们将以更宽广的视角,观察和分析新技术、新格局、新一代对大学教育和管理提出的新要求,探讨未来大学教育可能的新发展方向,帮助国家和大学制定应对未来挑战的发展战略和策略。我们相信,真正的教育应该是让学生如何成为更好的自己,让他们发挥最大潜能,做一个有激情、有责任、有理想、会生活的人。

大学教育应当面向未来。在快速变化的今天,未来世界充满了不确定性,每个学生的个性、志趣和抱负也各不相同,应当如何建立起更好的教育体系？我们认为，未来世界各国应该建立一个更广泛的教育生态系统，以满足学习者的学习需求，最大程度地激发学生的学习热情与努力。未来教育管理研究中心也将聚集国内外杰出的学者、企业家、政府人士，共同探讨技术进步、社会变化对教育和大学治理的新挑战与新机遇。我们将收集和整理国内外优秀大学对未来教育的思考和探索的案例。我们也将致力于形成科学务实的中国大学未来教育和发展共识，为中国大学的改革发展提供有益的参考和借鉴。我们将利用智能化教室、数字教材以及 VR、AR 与 MR 技术等推动数字化教育的发展。

在"2020 未来教育论坛"与"未来·教育·对话"讲座沙龙的基础上，我们将继续探索完善未来教育的理念与实践模式，继续开展深入的理论研究与案例分析，分享和传播适合未来的教育理念与最佳教育教学实践体系。我们期望，在充满变化和挑战的时代，能够帮助完善中国大学的治理体系，提高管理效率和水平。我们也期望，打造无边界的人才培养方案，以创新能力为核心，为学生成长营造世界一流的环境，打造世界一流的平台，提供世界一流的服务。我们还期望，发挥中国特色社会主义制度的优越性，进一步优化各类管理体制，给人才以充分的信任与尊重。我们相信，通过大力倡导和发展未来教育，帮助构建卓越大学，能够创新改变世界，能为社会提供领袖级人才，能推动技术向善和社会进步。